사주비기

사주비기

1판 1쇄 인쇄일 | 2007년 8월 16일
1판 1쇄 발행일 | 2007년 8월 26일

발행처 | 삼한출판사
발행인 | 김충호
지은이 | 박상의

신고 연월일 | 1975년 10월 18일
신고 번호 | 제305-1975-000001호

411-776 경기도 고양시 일산서구 일산동 1654번지
산들마을 304동 2001호

대표전화 (031) 921-0441
팩시밀리 (031) 925-2647

값 19,000원
ISBN 978-89-7460-120-1 03180

신비한 동양철학 · 79

사주비기

청월 박상의 편저

■ 머리말

이 책은 한국 역학계의 거장인 성공도 선생에게 사사한 추명학의 핵심이론을 위주로 집필했고, 한국추명학회에서 보급한 수많은 역술서 중에서 발표되지 않은 자료만을 모아 처음으로 공개하는 것이다. 한국추명학회는 우리나라에서 가장 오래된 역학 학술단체로, 1970년에 성공도 선생이 창립했다.

또한 성공도 선생은 1989년 법왕종의 창시자인 일붕 서경보 스님과 한국불교추명대학과 대학원을 설립하여 역학의 입지를 한층 격상시켰으며 전문역술인을 배양하는데 일조했다. 1970년 당시에는 국내 역학의 수준이 미미하여 중국의 고서나 일본의 역술서를 분별없이 표방했다. 이에 성공도 선생이 우리나라의 실상에 맞는 독자적인 이론을 정립하여 보급함으로써 국내 역술계의 초석을 이루며 발전을 이끌었다.

그러나 근래 건강상의 이유로 일선에서 물러나 필자에게 주옥 같은 추명술의 비법을 하사하고, 한국추명학회의 맥을 이으라고 당부하셨다. 이렇게 세상에 내놓게 된 이 책 『사주비기』는 성공도 선생의 오랜 역학연구를 통해 얻은 추명술의 진법이기 때문에 사주추명학의 기틀을 바로 세우는데 큰 역할을 할 것이라고 믿는다.

사주학의 올바른 체계를 정립하려면 먼저 근원을 알아야 하므로 중국의 고서를 답습할 필요가 있다. 하지만 중국의 고서에서 다루는 옛사람들의 사주만으로는 현실적인 접근이 어렵고, 실전의 감각을 터득하기가 쉽지 않다. 따라서 이 책에서는 고서의 이론을 근간으로 하여 근대의 사주들을 임상하여, 적중도에 의구심이 가는 이론들은 과감하게 탈피하고 통용될 수 있는 이론만을 수용했다. 따라서 기존 역학서의 아쉬운 부분들을 충족시키며 일반인도 열정만 있으면 누구나 자신의 운명을 감정하고 피흉취길할 수 있는 생활지침서로 활용할 수 있을 것이다.

靑月　朴相義

제1장. 사주학의 기초원리

1. 명리학의 역사

명리학의 역사와 관련된 인물들을 간략하게 살펴본다.

■ 역학의 시초
은(殷)나라 이전 전설시대에 하도낙서(河圖洛書)와 주역(周易)을 저술했다.

■ 주(周)나라 초기
주역(周易)의 괘사(卦辭)와 효사(爻辭)를 저술했다.

■ 주(周)나라 중·말기
음양오행론이 본격적으로 발아, 황제내경(黃帝內經)을 저술했다.

■ 당(唐)나라

이허중(李虛中)이 년주(年柱)와 납음(納音)을 위주로 생극제화(生剋制化)를 통하여 간명(看命)하였다.

■ 송(宋)나라

서자평(徐子平)이 일간(日干) 위주의 간명법을 정하여 명리학에 혁명을 일으켰다. 자평의 학문을 계승한 서대승(徐大升)이 자평법을 완성하여 연해(淵海)를 저술했으며, 이 책이 나중에 연해자평(淵海子平)으로 발전했다.

■ 원(元)나라

경도(京圖)의 적천수(滴天髓) 원문.

■ 명(明)나라

유백온(劉伯溫)이 주원장(朱元璋)을 도와 적천수(滴天髓)에 처음으로 주석을 달았음. 장남(張楠)이 명리정종(命理正宗)을 저술했고, 만육오(萬育吾)가 삼명통회(三命通會)를 저술했다.

■ 청(淸)나라 초기

작자 미상의 난강망(欄江網)을 기초로 궁통보감(窮通寶鑑)을 저술했다. 진소암(陳素菴)은 적천수집요(滴天隨輯要)와 명리약언(命理約言)을 저술했다.

■ 청(淸)나라 중·말기

심효첨(沈孝瞻)이 자평진전(子平眞詮)을 저술했고, 임철초(任鐵樵)는 1846년에 적천수천미(滴天髓闡微)를 저술했다. 서락오(徐樂吾)는 적천수징의(滴天髓徵義)·적천수보주(適天髓補註)·궁통보감평주(窮通寶鑑評註)·자평진전평주(子平眞詮評註)·자평수언(子平粹言)을 저술했다.

■ 중화민국

원수산(袁樹珊)이 명리탐원(命理探原), 위천리(韋千里)는 명학강의(命學講義)와 팔자제요(八字提要), 오준민(吳俊民)은 명리신론(命理新論), 화제관주(花堤館主)는 명학신의(命學新義), 하건충(何建忠)은 팔자심리학(八字心理學)을 저술했다.

■ 일본

아부태산(阿部泰山, 阿部熹作)이 사주추명학전집(四柱推命學全集)을 저술했고, 고목승(高木乘)이 사주추명학(四柱推命學)을 저술했다.

■ 대한민국

자강(自彊) 이석영(李錫暎: 1920~1983)이 사주첩경(四柱捷徑)을 저술했고, 도계(陶溪) 박재완(朴在玩 : 1903~1992)이 명리요강(命理要綱)을 저술했다.

2. 같은 사주에 대한 고찰

이 지구상에 같은 사주팔자를 타고난 사람이 몇이나 될까? 전 세계 인구를 60억으로 가정하고 계산해보자. 남녀의 비율을 절반으로 보면 남자 30억, 여자 30억 명이다. 그리고 지구에 사는 사람이 100세까지로 분포를 이룬다고 가정해보자.

나와 성별과 나이가 같은 사람의 수를 계산하는 방법은 30억 명을 100으로 나누면 된다. 3,000,000,000÷100=30,000,000이다. 따라서 나와 성별과 나이가 같은 사람은 전 세계에 3000,0000명 정도로 본다.

나와 같은 달에 태어난 사람의 수는 위에서 나온 30,000,000명을 12개월로 나누면 된다. 30,000,000÷12= 2,500,000이다. 따라서 나와 성별과 나이가 같은 사람은 2,500,000명이 된다.

나와 같은 날에 태어난 사람의 수는 위에서 나온 2,500,000명을 한 달을 30일로 보고 30으로 나눈다. 2,500,000÷30=83,333이다. 따라서 나와 같은 날 태어난 사람은 83,333명이다.

나와 같은 시간에 태어난 사람의 수는 83,333명 하루 12시간으로 나누면 된다. 83,333명÷12=6,944이다. 따라서 나와 같은 시간에 태어난 사람은 6,944명이다. 결론은 나와 사주가 같은 사람은 전 세계에 7,000여 명이 존재한다고 할 수 있다.

사주팔자를 불신하는 부류가 내세우는 가장 큰 이유는 같은 사주에 대한 문제이다. 사주팔자가 같은데 운명이 다른 것에 대한 답을 제시하지 못한다는 것이다. 이 부분은 명리학자들도 인정하고 타당한 대안을 제시할 필요가 있다. 사실 쌍둥이도 운명이 다른데 7,000여 명의 운명을 같게 해석하기는 무리가 있다. 필자 역시 사주학을 접하면서 이 부분이 가장 어려운 문제였고, 아직도 결론을 내리지 못하고 있다. 그나마 필자가 궁리한 바를 밝히면 다음과 같다.

우선 운명은 정해져 있지 않다는 전제에서 출발해야 한다. 운명은 정해져 있지 않다는 한 마디로 이 문제를 반론할 수 있다. 그러나 정해지지 않은 미래를 어찌 예측할 수 있느냐고 물을 것이다. 이것이 가장 큰 맹점이나 다른 관점에서 생각해보자. 운명은 타고나지만 운명을 따르는 것은 인간의 의지에 달렸다. 인간과 로봇의 차이는 바로 이 의지이다. 인간은 의지에 따라 끊임없이 발전하지만 로봇은 설계된 상태에서 머무른다는 것이다. 그렇다면 인간의 의지는 사주팔자로 알 수 있는 대목이 아니라는 결론에 이른다. 열 길 물 속은 알아도 한 길 사람 속은 모른다는 말이 있다. 즉 사주팔자로 성향은 대략 분석되지만 어떤 문제를 선택하고 결정하는 것은 인간만의 의지인 셈이다.

같은 사주라도 어떤 문제에 직면했을 때 선택하는 것은 다르다. 가령 사주팔자에 올해의 운이 좋으니 투자를 하면 재물운이 따른다고 했을 때, 두 사람은 다른 선택을 할 수 있다. 운은 같아도 결국 선택은 자신의 몫이 되는 것이다. 길운이 같게 들어오는 것은 사주팔자의 영향이고, 선택하는 것은 개인의 몫인 것이다. 후자만 생각하면 마치 운명은 개인이 결정하는 것처럼 생각되지만 좋은 운이 들어오는 것을 알 수 있는 것은 사주팔자의 몫인 것이다.

다시 말해 사주팔자는 길흉의 시기를 아는 것이고, 길운에 성공하려는 의지는 본인의 선택이다. 그리고 사주팔자로 신분의 지위를 가늠할 수 있다. 이것 또한 자신의 가치관에 따라 달라진다. 큰 그릇을 타고났어도 성취하는 것은 자신의 선택에 달려 있다. '평양감사도 저 싫으면 그만'이라는 말이 있지 않은가.

예전에 어느 텔레비전 프로그램에서 김영삼 전 대통령과 같은 사주의 사람을 찾아보고 농부라는 것을 보도하면서 사주팔자의 문제를 지적한 적이 있었다. 그러나 그렇게 사주팔자를 불신하기 전에 그 농부가 대통령이 되려는 포부나 의지가 있었는지를 먼저 물어봐야 했다. 즉 생각을 달리했다면 얼마든지 운명의 변화가 있었을지도 모른다.

사주에 타고난 그릇이 아무리 커도 그릇을 쓰지 않으면 녹이 슬 것이다. 그릇에 어떤 것을 담는가는 본인의 선택이며 의지이다. 그런데 이러한 것을 무시하고 운명의 성패는 개인의 선택과 의지에 달렸다고 생각하면 곤란하다. 왜냐하면 팔자에 없는 사람이 출세하거나 흥운에 성공하는 경우를 보지 못했기 때문이다. 그래서 어쩌면 사주팔자가 나쁜 것은 맞고, 좋은 것은 맞지 않는다는 말이 나왔는지도 모른다.

세상에는 사람의 운명에 변화를 주는 요소가 많다. 그 중에 가장 큰 영향을 주는 것이 사람과의 인연이다. 타고나는 가정환경은 어쩔 수 없다고 해도 살아가면서 후천적으로 개발하여 자신에게 유리한 환경으로 만드는 것은 본인의 노력에 달렸다. 지성이면 감천이라는 말이 있다. 인간의 지극한 노력으로 운명의 변수를 기대해 볼 수 있는 것이다. 비록 팔자가 나빠도 갑절의 노력을 한다면 신이 인간에게 설계해준 팔자의 굴레를 벗어날 수 있을 것이다.

신이 인간에게 의지를 부여하지 않고 모두가 성공하고 행복한 삶을 살도록 설계했다면 어떨까. 하지만 실패와 불행없이 성공과 행복이란 관념도 가질 수 없는 것이다. 즉 성공과 행복을 인식조차 하지 못한다는 것이다. 인간이 만들어 놓은 어떤 물건이 지시대로 움직였을 때 편리하기는 하지만 존엄함을 느끼기는 어렵다. 신이 인간에게 의지를 허락했기 때문에 신의 뜻을 거역해도 신은 인간을 존중하며 사랑한다. 마치 부모가 장애가 있는 자식을 낳더라도 애정을 베푸는 것과 같다.

비록 사주팔자가 나빠 고생하더라도 인간에 대한 신의 사랑은 여전하다. 불행과 실패도 신의 축복이다. 자유의지는 신이 인간에게 준 가장 소중한 선물이다. 그러니 사주팔자가 나빠도 하늘을 탓하지 말고 모자라는 부분을 보충하면서 감사한 마음으로 살아야 한다. 인간의 자유의지는 무엇보다 값진 것이다.

같은 사주에 대한 부분은 필자 역시 개운하게 설명하기 어렵다. 운명은 정해져 있다고 믿으면서도 정해져 있는 부분에 대해 어디까지 알 수 있는지에 대해서 결론을 내리지 못하고 있다.

3. 사주팔자의 의미

사주(四柱)는 태어나 년월일시인 년주(年柱)·월주(月柱)·일주(日柱)·시주(時柱) 4기둥을 말하고, 팔자(八字)는 천간(天干 : 甲乙丙丁戊己庚辛壬癸) 4글자와 지지(支地 : 子丑寅卯辰巳午未申酉戌亥) 4글자를 합한 8글자를 말한다. 생년을 년주(年柱), 생월은 월주(月柱), 생일을 일주(日柱), 생시를 시주(時柱)라고 한다.

▲년주(年柱)는 근(根)이라 하고, 조부모궁 자리이며 초년으로 본다. ▲월주(月柱)는 묘(苗)라 하고, 부모궁과 형제궁 자리이며 중년으로 본다. ▲ 일주(日柱)는 화(花)라 하고 자신으로 본다. 남자는 아내궁, 여자는 남편궁 자리이며 장년과 중외년으로 본다. ▲ 시주(時柱)는 실(實)이라 하고, 자손궁 자리이며 말년으로 본다.

年柱	月柱	日柱	時柱
根	苗	花	實
조부·조모, 초년	부모·형제, 중년	자신·배우자, 장년과 중외년	자손, 말년

사주팔자는 생년·생월·생일·생시의 4기둥으로 구성하고, 그 4기둥 속에 음양(陰陽)과 오행(五行 : 木火土金水)이 있어 그 사람의 성격을 비롯하여 인격·도량·재능·직업·재물·부모·형제·아내·자식 등 육친의 길흉을 판단한다. 이것을 사주학(四柱學)이나 명리학(命理學) 또는 추명학(推命學)이라고도 한다.

4. 사주 세우는 방법

1. 년주(年柱) 세우는 방법

년주(年柱)를 세우는 것은 간단하다. 출생한 년도, 즉 태세를 그대로 기록한다. 예를 들어 경인(庚寅)년에 태어났으면 경인(庚寅), 임진(壬辰)년에 태어났으면 임진(壬辰)을 기록하면 된다. 그러나 이외에 특별한 경우가 있다. 입춘절이 들기 전 시간까지는 전년도로 하고, 또 12월생이라도 입춘절이 들었으면 그후에 태어난 사람은 신년도로 한다.

예를 들어 갑신(甲申)년에 태어났다고 가정해보자. 갑신(甲申)년 입춘은 정월 초3일 오(午)시에 들었기 때문에 갑신(甲申)년 정월 초3일 오(午)시 전에 태어난 사람은 신년도에 태어났어도 갑신(甲申)생이 아니라 전년도 계미(癸未)생으로 본다.

또 갑신(甲申)년에 태어났다고 가정해보자. 갑신(甲申)년 12월 25일 인(寅)시에 태어났으면 을유(乙酉)년에 입춘이 들었기 때문에 갑신(甲申)년에 태어났어도 갑신(甲申)생이 아니라 을유(乙酉)생으로 본다.

다시 정리하면 입춘을 기준으로 태세를 정하는 것이기 때문에 입춘 입절 시간까지는 전년도 생으로 하고, 입춘 입절 후부터는 신년생으로 보는 것이다.

2. 월주(月柱) 세우는 방법

태어난 달을 월주(月柱)나 월건(月建)이라 하는데, 생월의 간지 (干支)는 만세력에 있는 각 월의 월건(月建)에 의한다. 주의해야 할 것은 년주(年柱)를 정할 때 입춘을 기준으로 했듯이 월주(月柱) 를 정할 때도 절입시기를 표준으로 한다. 예를 들어 남자가 1966(丙午)년 정월 5일 인(寅)시에 태어났으면 을사(乙巳)년 기축 (己丑)월이 된다. 이유는 정월 5일은 입춘이 들기 전이기 때문이다. 또 여자가 1967(丁未)년 정월 30일 인(寅)시에 태어났으면 정미(丁 未)년 계묘(癸卯)월이 된다. 정월 30일은 경칩절이고 입춘 후이기 때문이다.

정월 : 인(寅)월, 입춘(우수)
2월 : 묘(卯)월, 경칩(춘분)
3월 : 진(辰)월, 청명(곡우)
4월 : 사(巳)월, 입하(소만)
5월 : 오(午)월, 망종(하지)
6월 : 미(未)월, 소서(대서)
7월 : 신(申)월, 입추(처서)
8월 : 유(酉)월, 백로(추분)
9월 : 술(戌)월, 한로(상강)
10월 : 해(亥)월, 입동(소설)
11월 : 자(子)월, 대설(동지)
12월 : 축(丑)월, 소한(대한)

월간지 조견표

生月 \ 出生年 節名		甲己年	乙庚年	丙辛年	丁壬年	戊癸年
정월	立春	丙寅	戊寅	庚寅	壬寅	甲寅
2월	驚蟄	丁卯	己卯	辛卯	癸卯	乙卯
3월	淸明	戊辰	庚辰	壬辰	甲辰	丙辰
4월	立夏	己巳	辛巳	癸巳	乙巳	丁巳
5월	芒種	庚午	壬午	甲午	丙午	戊午
6월	小暑	辛未	癸未	乙未	丁未	己未
7월	立秋	壬申	甲申	丙申	戊申	庚申
8월	白露	癸酉	乙酉	丁酉	己酉	辛酉
9월	寒露	甲戌	丙戌	戊戌	庚戌	壬戌
10월	立冬	乙亥	丁亥	己亥	辛亥	癸亥
11월	大雪	丙子	戊子	庚子	壬子	甲子
12월	小寒	丁丑	己丑	辛丑	癸丑	乙丑

월주(月柱)를 세울 때는 앞의 조견표를 참조하면 되지만 조견표 없이 월건(月建)을 세우는 방법도 있다. 바로 갑기지년(甲己之年)은 병인두(丙寅頭)이다. 이는 갑(甲)년이나 기(己)년은 정월이 병인(丙寅)이 되고, 2월은 정묘(丁卯), 3월은 무진(戊辰), 4월은 기사(己巳), 5월은 경오(庚午) 순이다. 갑기합(甲己合)인 토(土)를 생하는 오행은 화(火)인데 양화(陽火)인 병화(丙火)를 기준으로 정월은 병인(丙寅)이고, 2월은 정묘(丁卯), 3월은 무진(戊辰)의 순이다.

나머지도 이와 같이 ▲을경년(乙庚年)은 무인두(戊寅頭), ▲병신년(丙申年)은 경인두(庚寅頭), ▲정임년(丁壬年)은 임인두(壬寅頭), ▲무계년(戊癸年)은 갑인두(甲寅頭)가 된다.

3. 일주(日柱) 세우는 방법

일주(日柱)는 만세력을 보고 태어난 년월을 찾아 태어난 일진(日辰)을 기록하면 된다. 만세력이 필요한 이유는 일진(日辰)을 알기 위해서이다. 육갑(六甲)과 월건법(月建法)·시두법(時頭法)만 알면 년주(年柱)·월주(月柱)·시주(時柱)는 어렵지 않게 알 수 있으나 일주(日柱)는 작성할 수 없기 때문이다. 만일 일주(日柱)를 잘못 세우면 전혀 다른 사주가 된다. 이처럼 일주(日柱)는 사주를 구성하는 기준이니 면밀하게 살펴 착오없게 해야 한다. 사주를 감명할 때 큰 오차가 생기면 일주(日柱)를 다시 확인해보기 바란다.

4. 시주(時柱) 세우는 방법

생일 일진(日辰)이 유(酉)시이면 임(壬)일을 보고, 다시 횡으로 유(酉)시 난을 찾아보면 기유(己酉)시로 되어 있다. 따라서 임오 (壬午)일 유(酉)시는 기유(己酉)시가 된다. 다른 일진(日辰)도 이 와 같이 본다.

시간지조견표(時干支早見表)를 보지 않고 시주(時柱)를 세우는 법을 시두법(時頭法)이라 하는데 월건법(月建法)과 비슷하다. 월건

시간지 조견표

生時 \ 生日	甲己日	乙庚日	丙辛日	丁壬日	戊癸日
子	甲子	丙子	戊子	庚子	壬子
丑	乙丑	丁丑	己丑	辛丑	癸丑
寅	丙寅	戊寅	庚寅	壬寅	甲寅
卯	丁卯	己卯	辛卯	癸卯	乙卯
辰	戊辰	庚辰	壬辰	甲辰	丙辰
巳	己巳	辛巳	癸巳	乙巳	丁巳
午	庚午	壬午	甲午	丙午	戊午
未	辛未	癸未	乙未	丁未	己未
申	壬申	甲申	丙申	戊申	庚申
酉	癸酉	乙酉	丁酉	己酉	辛酉
戌	甲戌	丙戌	戊戌	庚戌	壬戌
亥	乙亥	丁亥	己亥	辛亥	癸亥

법(月建法)은 합하여 나오는 오행을 생하는 것이고, 시두법(時頭法)은 극하는 오행을 기준으로 하는 것이다.

갑기(甲己)일에 자(子)시는 갑자(甲子)시, 축(丑)시는 을축(乙丑)시, 인(寅)시는 병인(丙寅)시가 된다. 갑기합화(甲己合化)인 토(土)를 극하는 오행인 목양간(木陽干)이 시두(時頭)로 순차적으로 짚어나가면 된다.

사주를 작성할 때 야자시(夜子時)와 정자시(正子時)에 따라 시주(時柱)가 달라져 학설이 분분하나 보편적인 방법만 소개한다. 야자시(夜子時)는 밤 11에서 밤 12시 사이를 말하고, 정자시(正子時)는 밤 12시에서 밤 1시 사이를 말한다. 정자시(正子時)를 조자시(朝子時) 또는 명자시(明子時)라고도 한다. 이것을 구별하여 사주를 세우려면 야자시(夜子時)생은 생일을 새 날을 세우지 않고 시간만 새 시간을 세운다.

예를 들어 갑자(甲子)일 야자시(夜子時)생의 일진(日辰)은 갑자(甲子)일, 새 시간인 을축(乙丑)일에 대한 시간 병자(丙子)시를 잡아 갑자(甲子)일 병자(丙子)시로 정한다. 다음 정자시(正子時)는 갑자(甲子)일 밤 12시에서 새벽 1시 사이에 태어났으면, 갑자(甲子)일 밤에 태어났으나 밤 12시로 자정이 지났으니 다음날 을축(乙丑)일 병자(丙子)시로 한다.

예를 들어 야자시(夜子時)생 남자가 1949년 정월 20일 밤 11시 30분에 태어났으면 사주는 기축(己丑)년, 병인(丙寅)월, 무인(戊寅)일 갑자(甲子)시생이 된다. 밤 11시가 지났으나 자정인 밤 12시가 되지 않아 야자시(夜子時)생으로 보는 것이다.

또 정자시(正子時)생 남자가 1951년 5월 5일 밤 12시 10분에 태어났으면 사주는 신묘(辛卯)년, 갑오(甲午)월, 신사(辛巳)일, 무자(戊子)시생이 된다. 5일 밤이지만 자정이 지나 태어났기 때문에 정자시(正子時)생으로 보는 것이다.

시주(時柱)는 야자시(夜子時)의 문제뿐 아니라 시간에 대해서도 의문점이 있다. 우리나라는 우리나라를 기준으로 하는 시계가 없고, 일본의 기준 시계를 본다. 지구가 태양을 중심으로 도는데 각도에 따른 시간차가 발생한다는 것이다. 1도는 4분의 차이가 나는데 일본과 우리는 7.5도 정도 차이가 있으므로 4분에 7.5도를 곱하면 약 30분 정도 차이가 난다. 따라서 일본 기준의 시간은 우리의 표준시로 볼 때 30분 정도 빠르다.

그렇다면 우리 기준으로 표준시를 정하면 자시가 23~1시까지라면 30분을 더하여 23시 30분~1시 30분이 된다. 만세력에 표시되어 있는 각 절기의 절입시간도 일본 시간을 기준으로 하기 때문에 항상 30분을 늦추어야 한다는 것이다. 지금은 일본의 시간을 사용하지만 과거 1954년 3월 21일~1961년 8월 8일까지는 우리나라 기준의 시간을 사용한 적도 있기 때문에 그 기간에 태어났으면 30분을 뺄 필요가 없다.

시주(時柱)의 정확성을 기하려면 시간의 개념이 바로 서야 한다는데 공감한다. 그러나 과연 이러한 차이가 실질적으로 적용되는지는 의문이다. 더구나 30분은 각도에 따른 시간차이기 때문에 우

썸머타임 시행기간

1948년	5월 31일 자정~9월 22일 자정까지
1949년	3월 31일 자정~9월 30일 자정까지
1950년	4월 1일 자정~9월 10일 자정까지
1955년	5월 20일 자정~9월 29일 자정까지
1959년	5월 3일 자정~9월 19일 자정까지
1960년	5월 10일 자정~10월 11일 자정까지
1987년	5월 10일 새벽 3시~10월 10일 새벽 3시까지
1988년	5월 8일 새벽 2시~10월 7일 새벽 2시까지

리나라의 시·도에 따라서도 오차가 발생한다는 것을 염두해야 한다. 또한 썸머타임제가 있어 시간을 잡는데 더 복잡하다. 그러나 일단 짚고 넘어갈 필요가 있다.

 가령 썸머타임 기간인 1948년 6월 1일에 태어났으면 1시간 앞당겼기 때문에 본래 출생시간에 1시간을 더해야 한다. 그렇다면 원래 시간을 찾으려면 1시간을 빼야 한다. 만약 0시에 태어났으면 1시가 되는 것이다. 필자는 개인적으로 우리나라의 표준시가 법으로 정해지기 전까지는 일본의 동경시로 보는 것이 당연하고, 지역별로 차등을 두지 말고 기록된 시간으로 시주(時柱)를 작성하는 것이 무난하다고 생각한다. 또한 썸머타임 문제도 당시 법이 그랬다면 이 또한 하늘의 뜻이니 굳이 1시간의 오차를 적용할 필요가 없다고 생각한다. '민심은 천심이요, 국법은 곧 하늘의 법'이 된다고 믿고 더 이상 이 문제로 고민하지 않을 생각이다.

어쨌든 필자는 시간에 관하여 어떤 정의를 내릴 수는 없다. 이 부분은 시시비비를 따지기 전에 공감할 수 있는 통계학적 수치를 검증하여 객관적인 논리로 입증해야 한다. 어떤 결론이 나오기 전에는 각자 개개인이 적중도로 확인해보고, 합당한 이론을 수용하면 된다고 본다.

5. 대운(大運) 정하는 방법

양남음녀(陽男陰女)는 순행(順行) : 미래절
음남양녀(陰男陽女)는 역행(逆行) : 과거절

양남음녀(陽男陰女)와 음남양녀(陰男陽女)는 생년의 천간(天干)이 양간(陽干)인지 음간(陰干)인지를 보아 정한다. 년상(年上)의 갑병무경임(甲丙戊庚壬)은 양인데, 남자는 양남(陽男)이라 하고 여자는 양녀(陽女)라고 한다. 년상(年上)의 을정기신계(乙丁己申癸)는 음간(陰干)인데, 남자는 음남(陰男)이라 하고 여자는 음녀(陰女)라고 한다.

대운은 월주(月柱)를 기준으로 다음날 월건(月建)을 향해 순행하는지 역행하는지로 본다. 순행의 예를 들면 월주(月柱)가 무오(戊午)이면 기미(己未)·경신(庚申)·임술(壬戌) 순으로 순행한다. 역행(과거절)의 예를 들면 월주(月柱)가 무오(戊午)이면 정사(丁巳)·병진(丙辰)·을묘(乙卯) 순으로 역행한다.

대운을 작성할 대는 대운수를 기록해야 한다. 계산 방법은 각자의 생일부터 절기까지를 계산하여 3일에 1운식을 정한다. 그 계산 끝에 2일이 남으면 반올림하여 1운을 올리고, 1일이 남으면 버린다. 일명 사사오입 방식과 같다. 양남(陽男)의 예를 들면 다음과 같다.

건명 1944년 5월 1일 술(戌)시생(5대운)

				75	65	55	45	35	25	15	5
戊	丙	庚	甲	戊	丁	丙	乙	甲	癸	壬	辛
戌	辰	午	申	寅	丑	子	亥	戌	酉	申	未

년간(年干)의 갑목(甲木)은 양이며 남자가 되어 양남(陽男)에 해당한다. 월건(月建)이 경오(庚午)월이니 순행이므로 신미(辛未)·임신(壬申)·계유(癸酉) 순이다. 대운수도 미래절인 소서가 5월 17일에 입절했고, 생일이 1일이기 때문에 17-1=16이 된다. 미래절 16일을 1운인 3으로 나누면 5가 되고 1일이 남는다. 1이 남으면 버려야 하니 대운수는 5가 된다. 만약 2가 남으면 대운수는 6이 된다.

■ 대운을 정확하게 계산하는 방법

1년은 365.242196일이다. 따라서 위 곤명의 경우를 계산해보면 26일 17시 19분이므로 24일은 8대운이 나온다. 문제는 나머지인 2일 17시간 19분인데, 3일을 1년으로 보므로 2일 17시간 19분을 연기준으로 환산하면 331일 8시간 8분이 된다. 이를 출생일 기준으로 더하면 9 대운 4월 2일 19시가 된다. 양력 2013년 4월 2일 19시부터 대운이 들어온다. 물론 대운은 갑자기 들어오는 것은 아니라 그 전부터 조금씩 기운이 들어오기 시작하여 본격적으로 들어온다.

5. 역법(曆法)

1. 태양력(太陽曆)

■ 율리우스력

기원전에 로마의 율리우스 케사르가 역법을 개정했다. 1년을 365일로 하되 4년에 한 번씩 윤년을 두어 366일로 정한 것이다. 이는 1년이 평균 365.25일이 된다.

■ 그레고리력

율리우스력이 128년에 1일의 오차가 있어 1582년 그레고리는 이를 개정했다. 4년에 한 번씩 윤년을 두되 서력 기원 연도가 100으로 나누어지지 않고 400으로 나누어지는 연도에만 윤년을 두었다. 이는 1년이 평균 365.2422일이 된다. 그러나 이도 3300년에 1일의 오차가 있으니 정확한 1년은 365.242196일이기 때문이다. 어쨌든 현재 세계 공통의 표준역법은 이 그레고리력이다.

2. 태음력(太陰曆)

음력은 달의 운행을 기준으로 한다. 그믐(합삭일 : 달이 보이지 않는 날)을 음력 초하루로 정하여 다음 합삭일까지의 주기는 29.53일이다. 그래서 음력은 큰(大)달과 작은(小)달로 구분한다. 큰 달은 30일, 작은 달은 29이다.

3. 24절기

24절기는 태양의 운행에 의한 것으로 양력이다. 따라서 계절의 변화와 정확하게 일치한다. 음력은 위에서 본 것과 같이 계절의 변화와 일치하지 않기 때문에 24절기를 만들어 사용한 것이다. 농사를 지으려면 계절의 변화를 정확히 알아야 하기 때문이다. 따라서 우리 조상들은 태음력과 24절기에 의한 태양력을 동시에 사용했던 것이다. 이를 태음태양력이라고도 한다. 명리학에서도 이 절기가 가장 중요하며 월을 계산할 때는 이 절기에 의하여 정한다. 즉 1월은 음력 1월 1일에 시작하는 것이 아니라 입춘에서 시작하고, 3월은 청명에서 시작한다.

4. 윤달 정하는 방법

음력은 1년이 354.367일이 되므로 태양력보다 11일이나 짧다. 3년이 되면 무려 1개월의 차이가 생긴다. 따라서 계절변화와도 맞지 않으므로 19년에 7번 윤달을 두어 24절기와 맞추었다.

윤달을 정하는 방법은 어떤 달에는 절기만 있고 중기(中氣)가 없는 경우가 있는데, 이를 윤달로 정하여 전 달의 이름을 따른다. 이와 같이 중기(中氣)가 없는 달을 윤달로 하는 것을 무중치윤법 (無中置閏法)이라고 한다. 간혹 1년에 중기(中氣)가 없는 달이 2번 들어오는 경우가 있는데, 이때는 처음 중기(中氣)가 없는 달을 윤달로 정한다.

그러나 어떤 경우에도 지켜야 하는 법이 있다. 그것은 11월에 동지가 들어오도록 해야 하는 것이다. 이는 불변의 원칙이다. 2033년에는 중기(中氣)가 없는 달이 3번이나 나타난다. 일반 만세력에서는 7월을 윤달로 정했는데, 최근 한국천문연구원에서 간행한 만세력에는 11월을 윤달로 정했다.

제2장. 음양오행론(陰陽五行論)

1. 음양(陰陽)

  사주추명학의 원리의 핵심은 음과 양이 맞서는 음양이론의 상대
성원리에 있다. 모든 것은 홀로 있을 수 없고 반드시 짝이 있어 그
것이 짝지어지거나 대립하므로 통일 또는 변화하는 세계가 이루어
진다. 모든 변화는 이 음과 양의 대립에서 생긴다. 대립이 없는 곳
에서 변화가 있을 수 없다. 하늘과 땅을 비롯하여 천지만물은 모두
음양이원론으로 성립된다.

  양과 음, 하늘과 땅, 태양과 달, 아버지와 어머니, 남자와 여자, 크
다와 작다, 봄과 가을, 여름과 겨울, 불과 물, 동남과 서북, 이승과
저승, 선과 악, 높다와 낮다, 밝다와 어둡다, 장점과 단점, 미래와 과
거, 좋다와 나쁘다, 홀수와 짝수, 성공과 실패, 자비와 무자비, 전진
과 후진, 처녀와 비처녀, 유부녀와 과부, 장수와 단명, 경찰관과 도

둑놈, 도매상과 소매상, 진심과 망심, 고기압과 저기압, 중상과 경상, 고혈압과 저혈압, 유형과 무형 등 천지의 모든 형상과 무든 사물을 음양으로 구분할 수 있다는 것이다. 하늘은 양이고 땅은 음이다.

이렇게 천지를 음양의 원질, 하늘은 양의 원질, 땅은 음의 본체로 하여 우주의 모든 것을 음양으로 구분한다. 음양의 배합으로 모든 것이 이루어지고 음양의 유전으로 모든 것이 변한다. 하늘(양)과 땅(음)이 있어 천지 사이의 삼라만상이 나고 자랄 수 있고, 남(양)과 여(음)가 있어 인간의 새로운 생명이 탄생할 수 있는 것이다. 하늘에서 비를 내리고 빛을 비춰주므로 땅은 그것을 받아 비로소 만물을 낳아 기르며 항상 묵묵히 하늘에 순종하며 협력하여 조용히 제 할 일을 하여 땅으로서의 보람이 있고 행복이 있는 것이다.

사람에 있어서도 아내(음)는 남편(양)을 도와 가정의 행복을 꾸려갈 때 보람과 기쁨이 있는 것이며, 부하(음)는 상사(양)를 도와 묵묵히 일할 때 발전의 소지가 있는 것이다. 하늘(양)만으로 하늘의 큰 경영은 이루어 질 수 없고, 땅(음)만으로 땅의 큰 사업은 성취될 수 없을 것이다. 인간도 같다. 남자(양)만으로 또는 여자(음)만으로 인간의 생존은 계승될 수 없다.

음양은 고정되거나 정체하지 않는다. 부단히 흐르고 바뀐다. 모든 형상은 궁극에 도달하면 변화가 생기며 새로운 국면이 전개된다. 음양의 대원리는 모든 것이 항상 변한다는 것이다. '모든 것이 변한다' 는 천지의 이치를 간파한 것으로 오늘에 와서도 그 진리는 빛나는 것이다. 태양(양)은 중천에 떠오르면 곧 지기 시작한다. 그리고 밤이 오면 달(음)이 떠오른다. 여름(양)과 겨울(음)이 교체하여 1년을 만든다. 이렇게 음양은 항상 흐르고 바뀌면서 서로 작용하여 한 상황은 다른 상황을 낳는다. 그리하여 우주의 모든 현상은 항상 나고 새롭고 새로워서 영원히 발전과 번영을 계속한다는 것이다.

음양의 조화로 모든 것은 생성하고 발전하는 것이니 인간관계는 남편과 아내, 아버지와 아들, 임금과 신하, 지도자와 피지도자 등으로 모든 인간과 인간과의 관계를 서로 화합하는 것이 발전과 번영의 기초가 된다는 것이다. 그러므로 인화(人和)를 가장 중요시하는 것이 음양학이다. 하늘은 높은 곳에 땅은 낮은 곳에 있다. 그리하여 높고 낮은 것의 위치가 정해진 것이다.

인간에 있어서도 상하의 질서가 지켜져야 한다는 질서의 윤리를 역설하고 있다. 양은 능동적이고 음은 수동적이다. 음은 양의 움직임에 따라 순응하며 협력한다. 인간에 있어서도 아내(음)는 남편(양)의, 신하는 임금의, 피지도자는 지도자의 의사와 판단에 따라 호응하고 협력하는 것이 바른 길이며 윤리라고 가르치고 있다. 이와 같이 하나 하나 예를 들면 끝이 없다.

음양학은 오랜 세월을 두고 동양인의 마음자세에 지대한 영향을 미쳤다. 현대인인 우리들은 이른바 운명이라는 것이 존재한다는 것을 믿으려 들지 않는다. 그러나 운명이라는 것이 존재하지 않는다고 단언할 근거 또한 없다. 어쨌든 우리 인간에게는 자기 뜻대로 되지 않는 일이 많다.

사람의 생애에는 기복이 있고, 사람의 하는 일에는 성패가 있다. 모든 사람이 행복하고 성공하기를 바라건만 불행한 일이 있고 실패하는 예도 많다. 사람은 무엇인가 보이지 않는 커다란 줄에 매달려 끌려가는 것 같은 느낌을 갖게 한다. 무엇인가 거대한 힘이 우리를 지배하고 있는 것 같은 느낌이다. 인간의 삶은 어딘가 불가사의한 것이 있다. 이런 것을 운명이라고 생각하면 어떨까?

음양학에서는 사람에게 운명이 존재한다고 전제하고 인간의 운명을 다루지만 그 운명은 사람의 마음에 따라 개척할 수 있다고 본다. 항상 변하는 음양의 법칙을 자신의 것으로 신념화하고 생활화하여 주어진 여건에 대처하는 마음자세와 그리고 노력한다면 운명의 방향을 바꿀 수 있는 것이다. 불운한 상황에 있을 때는 머지않아 행운의 날이 올 것이라고 믿으며, 그 내일을 맞이하기 위하여 준비하면서 한 걸음 물러서서 기다릴 줄 알아야 한다는 것이다.

이런 것이 바로 인간이 자신의 운명을 자주(自主)할 수 있는 능력이라는 것이다. 그러기에 인생을 성공적으로 건설하느냐 실패로 전락시키느냐 하는 가장 중요한 관건은 운명에 있는 것이 아니라 각자의 마음의 자세에 있다는 것이다. 이래서 우리는 음양의 깊은 진리를 익히고 배우는데 보람을 느낀다. 아! 성인만이 아시는가? 나갈 때와 물러설 때를 알며, 번영할 때와 망할 때를 알며 반성하여 바른 도를 잃지 않음을!

■ 십간(十干)의 음양(陰陽)

갑병무경임(甲丙戊庚壬) : 양(陽)

을정기신계(乙丁己辛癸) : 음(陰)

— 자수(子水)의 용(用)은 음이다(子 중 癸水).

— 계수(亥水)의 용(用)은 양이다(亥 중 壬水).

— 사화(巳火)의 용(用)은 양이다(巳 중 丙火).

— 오화(午火)의 용(用)은 음이다(午 중 丁火).

■ 음양의 통변

— 음일생 여명이 상관(傷官)이 있으면 먼저 아들을 낳는다.

— 음일생 여명이 식신(食神)이 있으면 먼저 딸을 낳는다.

— 양일생 여명이 식신(食神)이 있으면 먼저 딸을 낳는다.

— 양일생 여명이 상관(傷官)이 있으면 먼저 아들을 낳는다.

사주에 8양과 8음이 있으면 팔통사주라고 한다. 팔통사주가 양으로만 되어 있으면 양팔통사주라 하고, 음으로만 되어 있으면 음팔통사주라 한다. 팔통사주는 부모와 인연이 박하여 고향을 떠나 자립성가하고, 독선적이지만 인정과 의리가 많다. 여명은 남편과 인연이 박하나 직업을 갖고 인내하면 길하다. 양이 많으면 강하고 음이 많으면 유하다.

2 오행(五行)의 성질

오행(五行)이란 목화토금수(木火土金水)를 말한다.

— 갑을인묘(甲乙寅卯)는 목(木)이다(小陽).

— 병정오사(丙丁午巳)는 화(火)이다(太陽).

— 무기진술축미(戊己辰戌丑未)는 토(土)이다(모든 것을 포함).

— 경신신유(庚辛申酉)는 금(金)이다(小陰).

— 임계해자(壬癸亥子)는 수(水)이다(太陰).

— 진토(辰土)는 습토(濕土)이다(辰 중 癸水).

— 술토(戌土)는 조토(燥土)이다(戌 중 丁火).

— 축토(丑土)는 습토(濕土)이다(丑 중 癸水).

— 미토(未土)는 조토(燥土)이다(未 중 丁火).

금목수화(金木水火)의 사상(四象)을 떠받치고 있는 만유의 어머니인 토(土)는 사상(四象)처럼 일정한 계절과 방위는 없지만 사상(四象)과 계절 그리고 방위 등에 중요한 역할을 한다. 사상(四象)과 토(土)를 합한 것을 오행이라고 한다. 사주는 오행의 이합집산에 의한 변화를 관찰하는 것이 핵심이므로 오행의 근본을 정확하게 파악하는 것이 사주를 연구하고 이해하는 선행조건이다.

1. 목(木) : 갑을인묘(甲乙寅卯)

대개 목(木)을 단순한 나무로만 생각하지만 오행은 세상만물을 통털어 5가지로 분류한 우주의 집약체이듯이 목(木)에는 큰 의미가 있다. 목(木)은 한일(一) 자의 지평선에서 뾰족이 터오르는 한 포기의 싹과 그 밑에 세 가닥의 뿌리가 뻗어 있는 형상으로, 지구 상에 한 점을 차지하는 모든 생물을 가리키는 생물의 대명사이다. 그 여러 가지 생물을 보편적으로 대변할 수 있는 상징적 문자로 목(木)을 택한 것이다. 따라서 단순히 나무로만 생각하거나 판단하면 큰 오산이다.

생물은 동물과 식물, 새와 물고기, 맹수와 가축, 거목과 화초 등 다양하다. 어떻게 이 많은 생물을 분류하고 설명할 수 있는가 하는 문제가 있다. 그러나 이는 앞서 말한 음양의 이치로 선명하게 설명할 수 있다. 가령 움직이고 크고 둥글고 밝고 강하고 높고 뜨거운 것은 양의 속성이다. 움직이는 동물이나 큰 고래를 비롯해 높이 나는 큰 새, 강한 짐승, 둥근 잎, 밝은 꽃, 열정적인 동물은 모두 양나무(甲)에 속하고, 움직이지 않는 식물과 약한 동물을 비롯해 작은 새, 크는 잎, 어두운 박쥐, 차가운 물고기 등은 모두 음나무(乙)에 속한다.

목(木)은 이제 막 싹이 터 자라나는 어린시절의 나무요 생명이요 인생이기 때문에 천진난만하고 애정이 풍부하며 희망과 포부가 푸른 하늘처럼 부풀고 착하고 어진 반면에 강한 자나 방해자를 만나면 싸우고 극복할 힘이 없어 그대로 순종하는 약점이 있다.

목(木)은 방위로는 동방, 계절로는 봄, 하루로는 아침, 인류사회로는 동양과 동양인에 속한다. 그래서 동양인은 어질며 착한 소년처럼 따뜻한 애정을 즐기고, 부모나 남에게 의지하는 마음이 강하며, 강자 앞에서는 쉽게 무릎을 꿇는다. 역사상 인간이 인간을 지배하는 군주정치가 가장 먼저 발생하고, 또 오랫동안 유지된 곳이 바로 동양이라는 사실은 결코 우연이 아니다.

나무는 평소에는 거침없이 뻗어나가지만 바위 등의 장애에 부딪히면 그대로 방향을 바꾸어 굽어버린다. 소년은 꿈을 먹고 사는 동시에 아직 미성년이기 때문에 기분과 감정에 치우치고, 무엇이든 하다가 힘에 겨우면 그대로 포기하고 다른 것을 선택한다. 만사가 시작은 있어도 끝이 없고, 꿈은 크나 행동과 실천이 약하다.

이와 같이 동양인은 꿈이 많고 감정과 기분이 풍부하며 경험이 없는 일을 하다가 십중팔구는 도중하차하고, 애정과 감정이 생활을 지배하며, 강자 앞에서는 꼼짝하지 못하면서 약자에게는 큰 소리를 친다. 남에게 의지하려는 의존심이 강하여 성공과 실패의 열쇠가 자신의 능력이 아니라 배경에 따라 달라지는 경향이 있다. 부모를 잘 타고나면 부귀영화를 누리지만 부모덕이나 배경이 없는 사람은 아무리 똑똑해도 가난과 천대 속에 몸부림친다. 특히 동양인 중에 사주에 목(木)이 많거나 목(木)일에 태어난 사람은 이런 경향이 더욱 두드러진다.

이렇게 오행은 말이 없고 형체도 없지만 성품과 기질은 에누리

없이 뚜렷하게 나타난다. 여기에 음양오행의 신비함과 위대한 힘이 있다. 모든 것은 우연이 아니라 음양오행의 이치라는 것을 입증할 수 있다. 그 구체적인 실증을 위하여 다음 오행을 살펴보기로 한다.

2. 화(火) : 병정오사(丙丁午巳)

나무는 자라면 화려한 꽃이 피고, 소년이 자라면 청년이 되고, 아침에 해가 뜨면 남방의 중천에 이르고, 봄이 지나면 뜨거운 여름이 되고, 미성년이 배우며 단련하면 물리에 밝고 체격이 강한 성년으로 발전한다. 그 화려한 꽃과 정열적인 청년, 뜨거운 정오의 해와 무성한 여름, 그리고 문명이 발달하고 사리에 밝은 문화인 등을 상징하는 오행이 바로 화(火)이다. 뜨거운 불과 밝은 태양과 낮은 대표적인 화(火)의 상징이지만 이것이 화(火)의 전부는 아니다.

화(火)는 남방에 속한다. 그래서 인류문명은 남방에서 싹트고 꽃 피웠다. 화(火)는 양이고, 양은 정신이다. 정신은 태양의 정기로 태양과 가까우면 정기와 정신이 왕성하고 정신문명과 정신세계의 개발이 자연적으로 발생하고 촉진된다. 그와 반대로 태양에서 버림받은 북방은 정기와 정신이 한냉하여 정신문명과 정신세계의 개발에 늦고 외면한다. 남방인이 태양과 신령을 그리는 종교를 생활로 삼는데 반하여 북방인이 종교를 아편이라고 배격하는 것은 바로 그 대표적인 실증이다.

청년기는 정열적이면서 과감하고 무엇이든 확대하고 전진하며 진실을 밝히며 발전하려 든다. 그래서 사주에 화(火)가 많은 사람은 틀림없이 정열과 결단성이 강하고 매우 능동적이며 진취적이고, 용감하며 적극적인 성격과 행동을 나타낸다. 남방인이 어느 인종보다 정열적이며 양기가 왕성하고 과격한 것은 토질 때문이 아니라 오행 때문이다. 만일 남방인이 종교를 통한 정신적 자제와 예의가 없다면 남녀관계가 극도로 어지러울 것이다. 정열과 사랑의 도시로 변했을 것이다.

여름의 불길은 뜨겁고 과격하다. 참고 견디는 것이 매우 어렵다. 이와 같이 남방인 특히 아랍인들은 성미가 급하고 과격하다. 전쟁을 해도 10일이나 한 달 정도로 후다닥 해치운다. 불이 밝고 사리로 통하면 예의범절을 따지고 소중히 지킨다. 남방인이 어느 인종보다 남녀간의 예의를 비롯하여 엄격한 율법을 지키는 것은 바로 이 화(火) 오행 탓이다.

3. 토(土) : 무기진술축미(戊己辰戌丑未)

청년이 되면 아기를 낳듯이 만물은 여름의 무성한 열기 속에 제2의 생명을 생산한다. 감나무에는 감이 열리고, 호박넝쿨에는 호박이 열리듯이 고구마 뿌리에는 고구마가 달리고, 밤나무·배나무·사과나무 등 모든 과일나무에는 과일이 열린다. 아기를 낳는 것은 어머니 뿐이다. 어머니를 음양에서는 곤(坤)이라고 한다. 곤(坤)은 땅을 말하므로 토(土)를 의미한다.

여름 다음에는 가을의 금(金)이 오는 것이 상식인데, 화(火)와 금(金) 사이에 토(土)를 넣는 것은 바로 그 어머니의 생산과정을 구체적으로 설명한 것이다. 토(土)는 동서남북 방방곡곡에 있으므로 사상과 달리 일정한 계절이나 방위는 없다. 유독 중앙토(土)라고 한 것은 땅을 금수목화(金水木火)의 사상에 의해서 동서남북으로 나누다보니 중앙에 공터가 생겼고, 토(土)를 배치할 곳이 없다보니 중앙에 배치한 것이다.

사실 금수목화(金水木火)는 저마다 일정한 계절과 방위가 있는데 반하여 토(土)는 주소가 없다. 금수목화(金水木火)가 동서남북을 경유했으니 설 땅이 없다. 그러나 땅을 동서남북으로 나누다보니 중앙에는 공지가 없고, 그 공지는 같은 땅이면서 순수하고 알차고 강하여 토(土)의 보금자리로는 위대한 존재로 작용하지만 그 자체는 아무 힘이 없다. 모든 것이 피동적이다. 나무를 심으면 산이되고, 집을 지으면 집터가 되고, 운동장을 만들면 운동장이 되고, 공원을 만들면 공원이 되고, 경마장을 만들면 경마장이 될 뿐이다. 무엇이든 점유하는 것이 주인이다. 강자와 약자의 대결장이 바로 토(土)이다.

지리적으로 중앙은 중국에 해당한다. 중국사상 전쟁이 끊인 적이없었다. 춘추전국시대를 절정으로 하여 강자와 영웅들은 주인공이되려고 아귀다툼을 했다. 누구든 무력으로 점령하면 주인이 된다. 땅은 중앙뿐이 아니라 세계 어디에나 흩어져 있다. 그와 같이 중국인은 이 세상 어느 곳에나 화교로 흩어져 살아간다.

금수화(金水木火)는 성격이나 기질이 명백하지만 토(土)는 그렇지 않다. 다만 환경에 따라 순응하고 동화할 뿐이다. 봄이 되면 따뜻한 난토(煖土)가 되고, 여름이 되면 뜨거운 조토(燥土)가 되며, 가을이되면 신선한 건토(乾土)가 되고, 겨울이 되면 차가운 습토(濕土)가 된다. 칠면조처럼 철따라 변한다. 주체성과 능동성과 독립성이 없다. 같은 토(土)이면서 여름 토(土)만은 만물을 생산하는 어머니 토(土)로 새로운 생명을 창조한다. 낳고 기르는 생산과 성장과정이 바로 화(火)와 금(金) 사이의 토(土)이다.

모든 것이 여름에 생긴 일이므로 토(土)는 화(火)의 남방에 같이 배치한다. 계절상으로는 여름 다음의 가을로 화생금(火生金)이 상식이지만 생명의 진행과정으로서는 분명히 화(火) 다음에는 토(土)를 거쳐 금(金)이 오기 마련이다. 여기서 토(土)는 생명을 부화하는 생명의 발전과정으로 모성의 역할을 하는 것이 특징이다.

4. 금(金) : 경신신유(庚辛申酉)

봄에 뿌린 씨가 여름내내 자라거나, 여름에 생긴 열매가 뜨거운 폭양 속에서 무럭무럭 자라면 성숙의 계절 가을이 온다. 가을은 오곡과 백과가 무르익는 결실의 계절이다. 추수한 곡식과 과실은 시장에 나가 현금이 된다. 그 돈을 금(金)이라고 한다. 황금을 말하는 것이다. 황금은 경제의 핵이다. 이처럼 금(金)은 오행 중에서 경제를 관장하는 실리와 소득과 부의 별이다.

하루의 해가 서산에 기우는 석양과, 한 해가 무르익는 가을과, 인생이 알차게 철드는 장년이 금(金)에 해당한다. 아들 딸이 주렁주렁 매달린 중년기에는 기분이나 감정을 떠나 생활과 실리와 경제와 현실에 치중하듯 금(金)은 속이 알차고 빈틈이 없으며 돈과 실리만을 따진다. 벼가 익으면 고개를 숙이듯 철든 인생은 친절하고 부지런하다.

금(金)은 서방에 위치한다. 그래서 서양인은 옛부터 경제와 실리 위주로 생활하고 개발하며 발전하여 마침내 세계와 인류경제의 중추적 역할을 한다. 무엇이나 경제와 현실을 떠나서는 생각하고 행동할 수 없다. 기분이나 감정으로 생활하는 동양인과는 정반대다.

성장한 장년은 남의 지배를 받지 않고 자주독립을 한다. 때문에 서양에서는 인간이 인간을 지배하는 군주정치가 처음부터 싹트기 어려웠고 성장할 수 없었다. 모두가 대등하고 자유롭고 자주적인 평등질서 민주사회가 이 지구상에서 가장 빨리 그리고 강력히 싹트고 성장해왔다. 경제적인 주종관계는 이루어질 수 있어도 계급적인 군신관계는 성립되기 어려운 것이 서방세계의 풍토다. 장원제도에 의한 자주와 기사는 바로 군신이 아닌 토지라는 경제에서 성립된 주종관계이다. 절대적인 군주 앞에 절대추종하는 동양의 군신관계와는 근본적으로 다르다. 사주에 금(金)이 왕성한 사람은 이와 똑같은 성격과 기질이 있다.

5. 수(水) : 임계자해(壬癸子亥)

성숙한 과실이나 참깨를 짜면 꿀같은 단물과 기름이 나온다. 만물이 먹고 사는 생명수다. 쌀이나 밀이나 보리나 생선이나 고기를 먹는 것도 따지고 보면 그 물체에 있는 영양질 생명수를 흡수하고 섭취하기 위해서다.

수(水)는 북방에 위치한다. 그래서 북방에는 기름기가 가득하고, 북방인은 기름기가 많아 살이 찌고 체구가 크며 강대하다. 나무를 심어도 무럭무럭 자라고 거목이 되어 울창한데 비하여 남방은 기름기가 적어 가지만 치고 굵게 자라기가 힘들고, 체질 또한 기름지며 살찌고 거대하기 어렵다.

북방은 춥고 어둡다. 태양에서 버림받은 물질세계인지라 정신세계와는 거리가 멀다. 모든 것은 본능적이고 육체적이며 현실적이다. 한냉한 지대인지라 농사가 어렵고 동물사냥에만 의지하여 처음부터 산짐승과 싸우는 수렵과 짐승을 치는 목적으로 생활을 해왔다. 사냥에는 강자가 으뜸이다. 약자는 자연 도태되고 강자만이 생존하고 발전할 수 있다.

짐승을 사냥하던 포수는 점차 먹이가 부족하다. 남방의 경작인을 사냥하는 무장강도로 변했고, 그 무장강도는 무장된 군대로 조직화하여 마침내 인류사회에 살육과 전쟁의 씨를 뿌렸다. 남방의 문화는 자유를 짓밟은 침략자는 모두가 북방에서 남하한 수렵과 유목민들이고, 지금도 북방은 어두운 장막에 가려진채 남방의 평화와 자유를 파괴하려는 침략준비에 광분하고 있다.

 물은 불처럼 밝고 높이 치솟는 것이 아니라 땅에 엎드려 기어가는 도둑처럼 땅에 붙어 소리없이 흐르기 때문에 발뒷꿈치에 닿을 때까지도 분간을 못한다. 슬며시 와서 와락 휩쓰는 것이 흡사 도둑과 같다. 그래서 물은 밤도둑과 침략군대의 별명인 현무라고 일컫는다. 물은 해가 지고 다시 뜨는 사이의 암흑과 밤, 그리고 눈보라 치는 겨울과 방 안에 누워 있는 노년기에 해당한다. 밤과 암흑과 겨울과 노인은 모두가 장막에 싸이고 울에 갇힌 형태로 햇빛과 평화와 자유가 없다.

 살려면 머리를 써야 하고 꾀가 많은 사람만이 승리하고 잘 살 수 있다. 그래서 수(水)를 지혜 또는 권모술수라 한다. 음모와 작전과 술책에 뛰어난 천재의 생산공장이 바로 북방세계다. 북방의 공산국이 하나에서 열까지 모두 침략하기 위하여 위장하는 것은 바로 오행 때문으로 수(水)의 근성을 생생하게 보여주는 것이다.

3. 오행(五行)의 상생상극(相生相剋)

 오행이란 목화토금수(木火土金水)를 말하며, 상생법(相生法)·상극법(相剋法)·상비법(相比法) 3가지로 나눈다. 상생법(相生法)은 사랑을 주고 받는 것이고, 상극법(相剋法)은 미움을 주고 받는 것이며, 상비법(相比法)은 나와 같은 자를 말한다.

오행의 상생상극도

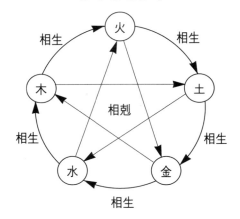

■ 상생법(相生法)

— 목생화(木生火) : 목(木)은 화(火)를 생한다.

— 화생토(火生土) : 화(火)는 토(土)를 생한다.

— 토생금(土生金) : 토(土)는 금(金)을 생한다.

— 금생수(金生水) : 금(金)은 수(水)를 생한다.

— 수생목(水生木) : 수(水)는 목(木)을 생한다.

■ 상극법(相剋法)

— 목극토(木剋土) : 목(木)은 토(土)를 극한다.

— 수극화(水剋火) : 수(水)는 화(火)를 극한다.

— 화극금(火剋金) : 화(火)는 금(金)을 극한다.

— 금극목(金剋木) : 금(金)은 목(木)을 극한다.

■ 상비법(相比法)

— 목비목(木比木) : 나와 같은 자이다.

— 화비화(火比火) : 나와 같은 자이다.

— 토비토(土比土) : 나와 같은 자이다.

— 금비금(金比金) : 나와 같은 자이다.

— 수비수(水比水) : 나와 같은 자이다.

■ 오행의 역극(逆剋)

 역극(逆剋)이란 극을 받는 쪽에서 오히려 극하는 쪽을 치는 것을 말한다. 예를 들면 목극토(木剋土)가 아니라 토극목(土剋木)이 되는 경우이다. 이런 현상은 토(土)가 많고 목(木)이 적을 때 일어난다. 즉 토(土)가 목(木)의 극을 받지만 목(木)이 적어 허약하면 토(土)가 목(木)을 우습게 역으로 치는 것이다. 다른 오행도 마찬가지로 이해하면 된다.

 상생(相生)의 관계에서도 생하는 것이 지나치면 오히려 해가 된다. 예를 들어 수(水)가 목(木)을 생하나 수(水)가 지나치게 많으면 목(木)의 뿌리가 썩고 물 위에 뜬다. 목(木)이 화(火)를 생하나 목(木)이 많고 불씨가 적으면 목(木)이 타지 않고 연기만 나서 불이 꺼지는 경우이다. 이처럼 오행의 역극원리는 과유불급이란 말로 대신할 수 있다. 생과 극은 지나치면 병이 되는 것이다.

4. 오행(五行)의 배속별 특성

오행의 배속별 특성을 구분하여 설명하면 다음과 같다.

1. 계절

— 목(木)은 봄(春)이다.

— 화(火)는 여름(夏)이다.

— 토(土)는 토용(土用)이다.

— 금(金)은 가을(秋)이다.

— 수(水)는 겨울(冬)이다.

■ 좋은 달은 언제인가?

— 목(木)이 용신(用神)이면 봄인 인묘(寅卯)월이 길하다.

— 화(火)가 용신(用神)이면 여름인 사오(巳午)월이 길하다.

— 토(土)가 용신(用神)이면 진술축미(辰戌丑未)월이 길하다.

— 금(金)이 용신(用神)이면 가을인 신유(申酉)월이 길하다.

— 수(水)가 용신(用神)이면 겨울인 해자(亥子)월이 길하다.

— 목화(木火)가 희신(喜神)이면 봄과 여름이 길하다.

— 화토(火土)가 희신(喜神)이면 여름과 토용(土用)이 길하다.

— 토금(土金)이 희신(喜神)이면 토용(土用)과 가을이 길하다.

오행의 배속표

구분 \ 오행	木	火	土	金	水
천간	甲乙	丙丁	戊己	庚申	壬癸
십이지	寅卯	巳午	辰戌丑未	申酉	亥子
상생	木生火	火生土	土生金	金生水	水生木
상극	木剋土	火剋金	土剋水	金剋木	水剋火
기후	豊	熱	濕	燥	寒
계절	춘	하	환절기	추	동
오방	동	서	중앙	남	북
수리	1, 6	2, 7	3, 8	4, 9	5, 10
오색	청	적	황	백	흑
오상	仁	禮	信	義	智
오궁	눈	혀	입	코	귀
오장육부	간담	심장	비장, 위장	폐, 대장	신장, 방광
오체	근육	혈관	살	피부	뼈
오미	신맛	쓴맛	단맛	매운맛	짠맛
오음	궁	상	각	치	우
오과	오얏	살구	대추	복숭아	밤
오축	개	양	소	닭	돼지

— 금수(金水)가 희신(喜神)이면 가을과 겨울이 길하다.

— 수목(水木)이 희신(喜神)이면 겨울과 봄이 길하다.

■ 좋은 날은 언제인가?

— 목(木)이 용신(用神)이면 인묘(寅卯)일이 길하다.

— 화(火)가 용신(用神)이면 사오(巳午)일이 길하다.

— 토(土)가 용신(用神)이면 진술축미(辰戌丑未)일이 길하다.

— 금(金)이 용신(用神)이면 신유(申酉)일이 길하다.

— 수(水)가 용신(用神)이면 해자(亥子)일이 길하다.

— 목화(木火)가 희신(喜神)이면 인묘(寅卯)일과 사오(巳午)일이 길하다.

— 화토(火土)가 희신(喜神)이면 사오(巳午)일과 진술축미(辰戌丑未)일이 길하다.

— 토금(土金)이 희신(喜神)이면 진술축미(辰戌丑未)일과 신유(申酉)일이 길하다.

— 금수(金水)가 희신(喜神)이면 신유(申酉)일과 해자(亥子)일이 길하다.

— 수목(水木)이 희신(喜神)이면 해자(亥子)일과 인묘(寅卯)일이 길하다.

■ 어느 시간이 좋은가?

— 목(木)이 용신(用神)이면 인묘(寅卯)시가 길하다.

— 화(火)가 용신(用神)이면 사오(巳午)시가 길하다.

— 토(土)가 용신(用神)이면 진술축미(辰戌丑未)시가 길하다.

— 금(金)이 용신(用神)이면 신유(申酉)시가 길하다.

— 수(水)가 용신(用神)이면 해자(亥子)시가 길하다.

— 목화(木火)가 희신(喜神)이면 인묘(寅卯)시와 사오(巳午)시가 길하다.

— 화토(火土)가 희신(喜神)이면 사오(巳午)시와 진술축미(辰戌丑未)시가 길하다.

— 토금(土金)이 희신(喜神)이면 진술축미(辰戌丑未)시와 신유(申酉)시가 길하다.

— 금수(金水)가 희신(喜神)이면 신유(申酉)시와 해자(亥子)시가 길하다.

— 수목(水木)이 희신(喜神)이면 해자(亥子)시와 인묘(寅卯)시가 길하다.

2. 오방(五方)과 육신(六神)

— 목(木)은 동방(東方)이며 청룡(靑龍)이다.

— 화(火)는 남방(南方)이며 주작(朱雀)이다.

— 토(土)는 중앙(中央)이며 등사(螣蛇)이다.

— 금(金)은 서방(西方)이며 백호(白虎)이다.

— 수(水)는 북방(北方)이며 현무(玄武)이다.

■ 이사는 어느 방향이 좋은가?
— 목(木)이 용신(用神)이면 동방이 길하다.
— 화(火)가 용신(用神)이면 남방이 길하다.
— 토(土)가 용신(用神)이면 중앙이 길하다.
— 금(金)이 용신(用神)이면 서방이 길하다.
— 수(水)가 용신(用神)이면 북방이 길하다.

— 목화(木火)가 희신(喜神)이면 동남간이 길하다.
— 화토(火土)가 희신(喜神)이면 남방과 중앙이 길하다.
— 토금(土金)이 희신(喜神)이면 중앙과 서방이 길하다.
— 금수(金水)가 희신(喜神)이면 서북간이 길하다.
— 수목(水木)이 희신(喜神)이면 동북간이 길하다.

■ 집과 묘는 어느 좌향(坐向)이 좋은가?
— 목(木)이 용신(用神)이면 동향이 길하다.
— 화(火)가 용신(用神)이면 남향이 길하다.
— 토(土)가 용신(用神)이면 중앙향이 길하다.
— 금(金)이 용신(用神)이면 서향이 길하다.
— 수(水)가 용신(用神)이면 북향이 길하다.

— 목화(木火)가 희신(喜神)이면 동남향이 길하다.

— 화토(火土)가 희신(喜神)이면 남향과 중앙향이 길하다.

— 토금(土金)이 희신(喜神)이면 중앙향과 서향이 길하다.

— 금수(金水)가 희신(喜神)이면 서북향이 길하다.

— 수목(水木)이 희신(喜神)이면 동북향이 길하다.

3. 수리(數理)

— 목(木)은 3·8에 해당한다.

— 화(火)는 2·7에 해당한다.

— 토(土)는 5·10에 해당한다.

— 금(金)은 4·9에 해당한다.

— 수(水)는 1·6에 해당한다.

■ 어느 숫자가 좋은가?

— 목(木)이 용신(用神)이면 3이나 8이 좋다.

— 화(火)가 용신(用神)이면 2나 7이 좋다.

— 토(土)가 용신(用神)이면 5나 10이 좋다.

— 금(金)이 용신(用神)이면 4나 9가 좋다.

— 수(水)가 용신(用神)이면 1이나 6이 좋다.

— 목화(木火)가 희신(喜神)이면 3과 8 또는 2와 7이 좋다.

— 화토(火土)가 희신(喜神)이면 2와 7 또는 5나 10이 좋다.

— 토금(土金)이 희신(喜神)이면 5나 10 또는 4나 9가 좋다.

— 금수(金水)가 희신(喜神)이면 4나 9 또는 1과 6이 좋다.

— 수목(水木)이 희신(喜神)이면 1이나 6 또는 3과 8이 좋다.

4. 오색(五色)

— 목(木)은 청색이다.

— 화(火)는 적색이다.

— 토(土)는 황색이다.

— 금(金)은 백색이다.

— 수(水)는 흑색이다.

■ 무슨 색이 좋은가?

— 목(木)이 용신(用神)이면 청색이 길하다.

— 화(火)가 용신(用神)이면 적색이 길하다.

— 토(土)가 용신(用神)이면 황색이 길하다.

— 금(金)이 용신(用神)이면 백색이 길하다.

— 수(水)가 용신(用神)이면 흑색이 길하다.

— 목화(木火)가 희신(喜神)이면 청색과 적색이 길하다.

— 화토(火土)가 희신(喜神)이면 적색과 황색이 길하다.

— 토금(土金)이 희신(喜神)이면 황색과 백색이 길하다.

— 금수(金水)가 희신(喜神)이면 백색과 흑색이 길하다.

— 수목(水木)이 희신(喜神)이면 흑색과 청색이 길하다.

5. 오상(五常)

— 목(木)은 인(仁)이다.
— 화(火)는 예(禮)이다.
— 토(土)는 신(信)이다.
— 금(金)은 의(義)이다.
— 수(水)는 지(智)이다.

— 목(木)이 용신(用神)이면 인자하다.
— 화(火)가 용신(用神)이면 예의가 바르다.
— 토(土)가 용신(用神)이면 신의가 두텁다.
— 금(金)이 용신(用神)이면 의리가 있다.
— 수(水)가 용신(用神)이면 지혜롭다.

— 목(木)이 기신(忌神)이면 끈기가 없고 즉흥적이며 계획성이 없고 소심하다.
— 화(火)가 기신(忌神)이면 다혈질이며 난잡하고 불급이면 예의가 없고 표현력이 없다.
— 토(土)가 기신(忌神)이면 신용과 믿음이 없고 의심이 많으며 유아 독존격이다.

— 금(金)이 기신(忌神)이면 성질이 급하며 분별력이 없고 결단력이 부족하다.

— 수(水)가 기신(忌神)이면 총명하지 못하고 일만 벌리고 뒷수습을 하지 못한다.

6. 오궁(五窮)

— 목(木)은 눈에 해당한다.

— 화(火)는 혀에 해당한다.

— 토(土)는 입에 해당한다.

— 금(金)은 코에 해당한다.

— 수(水)는 귀에 해당한다.

— 목(木)이 용신(用神)이면 눈이 아름답고 총기가 있다.

— 화(火)가 용신(用神)이면 얼굴색이 좋고 풍채가 좋다.

— 토(土)가 용신(用神)이면 입이 반듯하고 선이 뚜렷하다.

— 금(金)이 용신(用神)이면 코가 크고 높다.

— 수(水)가 용신(用神)이면 귀가 크고 부드럽다.

7. 오장육부(五臟六腑)

— 목(木)은 간장과 담에 해당한다.

— 화(火)는 심장과 소장에 해당한다.

— 토(土)는 비장과 위장에 해당한다.

— 금(金)은 폐장과 대장에 해당한다.

— 수(水)는 신장과 방광에 해당한다.

8. 오체(五體)

— 목(木)은 근육에 해당한다.

— 화(火)는 혈맥에 해당한다.

— 토(土)는 살에 해당한다.

— 금(金)은 가죽에 해당한다.

— 수(水)는 골수에 해당한다.

— 목(木)이 용신(用神)이면 힘줄과 살결이 부드럽다.

— 화(火)가 용신(用神)이면 혈액순환이 잘된다.

— 토(土)가 용신(用神)이면 살결이 아름답다.

— 금(金)이 용신(用神)이면 피부가 곱다.

— 수(水)가 용신(用神)이면 골수가 튼튼하다.

9. 오미(五味)

— 목(木)은 신맛에 해당한다.

— 화(火)는 쓴맛에 해당한다.

— 토(土)는 단맛에 해당한다.

— 금(金)은 매운맛에 해당한다.

— 수(水)는 짠맛에 해당한다.

■ 어떤 음식이 좋은가?

— 목(木)이 용신(用神)이면 신것이 좋다.

— 토(土)가 용신(用神)이면 단것이 좋다.

— 금(金)이 용신(用神)이면 매운것이 좋다.

— 수(水)가 용신(用神)이면 짠것이 좋다.

— 목화(木火)가 희신(喜神)이면 신것과 쓴것이 좋다.

— 화토(火土)가 희신(喜神)이면 쓴것과 단것이 좋다.

— 토금(土金)이 희신(喜神)이면 단것과 매운것이 좋다.

— 금수(金水)가 희신(喜神)이면 매운것과 짠것이 좋다.

— 수목(水木)이 희신(喜神)이면 짠것과 신것이 좋다.

10. 오음(五音)

— 목(木)은 아음(牙音)에 해당한다.

— 화(火)는 설음(舌音)에 해당한다.

— 토(土)는 후음(喉音)에 해당한다.

— 금(金)은 치음(齒音)에 해당한다.
— 수(水)는 순음(脣音)에 해당한다.

— 목(木)이 용신(用神)이면 인내심이 있다.
— 화(火)가 용신(用神)이면 언변이 좋다.
— 토(土)가 용신(用神)이면 비밀을 잘 지킨다.
— 금(金)이 용신(用神)이면 치아가 튼튼하다.
— 수(水)가 용신(用神)이면 입술이 아름답다.

11. 오과(五果)

— 목(木)은 오얏에 해당한다.
— 화(火)는 살구에 해당한다.
— 토(土)는 대추에 해당한다.
— 금(金)은 복숭아에 해당한다.
— 수(水)는 밤에 해당한다.

■ 어떤 과실이 좋은가?
— 목(木)이 용신(用神)이면 오얏이 좋다.
— 화(火)가 용신(用神)이면 살구가 좋다.
— 토(土)가 용신(用神)이면 대추가 좋다.
— 금(金)이 용신(用神)이면 복숭아가 좋다.

— 수(水)가 용신(用神)이면 밤이 좋다.

— 목화(木火)가 희신(喜神)이면 오얏과 살구가 좋다.
— 화토(火土)가 희신(喜神)이면 살구와 대추가 좋다.
— 토금(土金)이 희신(喜神)이면 대추와 복숭아가 좋다.
— 금수(金水)가 희신(喜神)이면 복숭아와 밤이 좋다.
— 수목(水木)이 희신(喜神)이면 밤과 오얏이 좋다.

12. 오축(五畜)

— 목(木)은 개에 해당한다.
— 화(火)는 양에 해당한다.
— 토(土)는 소에 해당한다.
— 금(金)은 닭에 해당한다.
— 수(水)는 돼지에 해당한다.

■ 어떤 고기가 좋은가?
— 목(木)이 용신(用神)이면 개고기가 좋다.
— 화(火)가 용신(用神)이면 양고기가 좋다.
— 토(土)가 용신(用神)이면 쇠고기가 좋다.
— 금(金)이 용신(用神)이면 닭고기가 좋다.
— 수(水)가 용신(用神)이면 돼지고기가 좋다.

— 목화(木火)가 희신(喜神)이면 개고기와 양고기가 좋다.

— 화토(火土)가 희신(喜神)이면 양고기와 쇠고기가 좋다.

— 토금(土金)이 희신(喜神)이면 쇠고기와 닭고기가 좋다.

— 금수(金水)가 희신(喜神)이면 닭고기와 돼지고기가 좋다.

— 수목(水木)이 희신(喜神)이면 돼지고기와 개고기가 좋다.

5. 오행(五行)과 질병

■ 목(木) : 갑을인묘(甲乙寅卯)

병근(病根) : 위장·간장

병원(病原) : 머리·담·수족·신경·간·혈관·흉부·눈

병증(病症) : 간장병·담석증·황달·산기(산증)·신경쇠약·투
　　　　　　통·뇌염·눈병·우울증

■ 화(火) : 병정사오(丙丁巳午)

병근(病根) : 심장·뇌(머리)·눈

병원(病原) : 소장·어깨·인후·치아·얼굴·심장·가슴(흉부)·
　　　　　　머리·눈

병증(病症) : 심장병·패혈증·관절염·중풍·각기병·뇌일혈·눈
　　　　　　병·다한증

■ 토(土) : 무기진술축미(戊己辰戌丑未)

병근(病根) : 늑골·아랫배·자궁병

병원(病原) : 위장·피부·가슴(흉부)·요통·다리·비장·위장·

근육

병증(病症) : 위장·치아·창독·건망증·무기력증

■ 금(金) : 경신신유(庚辛申酉)

병근(病根) : 호흡기·눈·성병

병원(病原) : 대장·폐·머리·골격·치질·위·호흡기·코·눈·
늑막

병증(病症) : 폐염·늑막염·기관지염·폐결핵·천식·치질·산기
(산증)·축농증·눈

■ 수(水) : 임계해자(壬癸亥子)

병근(病根) : 신장·아랫배·태병(胎病)

병원(病原) : 자궁·방광·오줌·허리·신장·귀·각기병·요도·
국부

병증(病症) : 신장방광염·뇌일혈·임질·오줌소태·부인병·전립
선·각기병·복만증

6. 간지(干支)와 인체

— 갑목(甲木)은 머리에 해당한다.

— 을목(乙木)은 이마에 해당한다.

— 병화(丙火)는 어깨에 해당한다.

— 정화(丁火)는 가슴에 해당한다.

— 무토(戊土)는 갈비에 해당한다.

— 기토(己土)는 배에 해당한다.

— 경금(庚金)은 배꼽 부위에 해당한다.

— 신금(申金)은 다리에 해당한다.

— 임수(壬水)는 정갱이와 허벅지에 해당한다.

— 계수(癸水)는 발에 해당한다.

— 자(子)는 음소에 해당한다.

— 축해(丑亥)는 다리에 해당한다.

— 인술(寅戌)은 넓적다리에 해당한다.

— 묘유(卯酉)는 갈비에 해당한다.

— 진신(辰申)은 창자에 해당한다.

— 사미(巳未)는 어깨에 해당한다.

— 오(午)는 머리에 해당한다.

천간(天干)과 지지(地支)에서 형충(刑沖)하는 운에는 인체에 장해가 올 수 있으니 주의해야 한다. 가령 계축(癸丑)생은 술미(戌未)운이 오면 축술형(丑戌刑)한다. 축(丑)은 다리 부분이니 다리가 부러질 수 있다.

— 갑(甲)일생이 토금(土金)이 많으면 머리가 상한다.

— 을(乙)일생이 토금(土金)이 많으면 이마가 상한다.

— 병(丙)일생이 금수(金水)가 많으면 어깨가 상한다.

— 정(丁)일생이 금수(金水)가 많으면 가슴이 상한다.

— 무(戊)일생이 수목(水木)이 많으면 갈비가 상한다.

— 기(己)일생이 수목(水木)이 많으면 배가 상한다.

— 금(金)일생이 목화(木火)가 많으면 배꼽 부위가 상한다.

— 신(辛)일생이 목화(木火)가 많으면 다리가 상한다.

— 임(壬)일생이 화토(火土)가 많으면 정강이가 상한다.

— 계(癸)일생이 화토(火土)가 많으면 발이 상한다.

7. 생월(生月)로 본 질병

인(寅)월생 : 담병·관절염·근맥병·만성신경계통 질환으로 본다.

묘(卯)월생 : 간장병·근맥병·신경쇠약·불면증·수지장해 등으로 본다.

진(辰)월생 : 척추병·피부병·소화기관 질환 등으로 본다.

사(巳)월생 : 인후병·감기·치통·치아손상 등으로 본다.

오(午)월생 : 심장허약·시각고장·미각장해 등으로 본다.

미(未)월생 : 호흡기병·비장장해·건망증·권태증·입술·팔 등에 지장이 있다.

신(申)월생 : 호흡기병·폐병·대장병·치질 등으로 본다.

유(酉)월생 : 하혈·토혈·뇌일혈·완부병(腕部病)·소장질환 등으로 본다.

술(戌)월생 : 하반신부질병·자궁병·치질·소아마비 등으로 본다.

해(亥)월생 : 배설기관병·신장염·요도염 등으로 본다.

자(子)월생 : 생식기병·방광염·청각고장 등으로 본다.

축(丑)월생 : 흉부·늑막염·위장·비장·각부질환 등으로 본다.

8. 십이지(十二支)와 사지오체(四肢五體)

자수(子水) : 방광·수도(水道)·귀산기·복신경통 등으로 본다.

축토(丑土) : 위장·비장·위암·자궁·건강증 등으로 본다.

인목(寅木) : 담·중풍·털·힘줄·살·손·팔다리 등으로 본다.

묘목(卯木) : 손가락·눈·두통·신경통 등으로 본다.

진토(辰土) : 피부·어깨·위장 등과 가슴·머릿골·관절염·건망
증·요통 등으로 본다.

사화(巳火) : 얼굴·목구멍·치아·심장병 등으로 본다.

오화(午火) : 눈·심장·복부·고혈압·심근경색·뇌졸증 등으로
본다.

미토(未土) : 위장병·비장·흉부·요통·척추 등으로 본다.

신금(申金) : 대장의 경락·기침·호흡기·치질·두통·신경통 등
으로 본다.

유금(酉金) : 정혈과 소장·폐·간·축농증·기관지염 등으로 본다.

술토(戌土) : 명문(命門)·퇴족(腿足)·창독(瘡毒)·자궁 등으로 본다.

계수(亥水) : 머리·신장·간·자궁 등으로 본다.

사주에 십성(十星)을 접목하여 조상의 질병을 유추할 수 있다.

壬 乙 丙 癸
午 酉 辰 丑

축토(丑土)의 질병은 위장병·비장병·위암 등이다. 이 사주는 계수(癸水) 편인(偏印)이 조부인데 축토(丑土)와 동주하니 조부가 위암에 걸려 돌아가셨다는 것을 추측할 수 있다.

9. 지장간(支臟干)

지장간(支臟干)이란 십이지지(十二地支)에 저장된 천간(天干)을 말한다. 원리는 적시천문(赤是天文) 기상학에 의한 것이고, 둘 혹은 셋의 천간(天干) 오행이 그 시령(時令)과 배분을 관장한다. 음력 정월 인(寅)시를 예를 들면, 시령(時令) 인(寅) 중에 무병갑(戊丙甲)이 들어 있는데 입춘 절입 후 7일간은 무토(戊土)가 관장하고, 그후 7일간은 병화(丙火)가 관장하며, 그후 경칩까지 16일 동안은 갑목(甲木)이 관장한다.

　지지(地支)에 소장된 오행은 천근의 근(根)이며 왕세강약을 측정하는 척도가 되는 것으로 십간(十干)으로는 천원(天元)이라 하고, 십이지지(十二地支)로는 지원(地元)이라고 한다. 사람은 천지의 중간에 사니 지지(地支) 중의 장간(藏干)을 인원(人元)이라고 한다.

　이처럼 지지(地支)에 암장(暗藏)된 천간(天干)이 인명을 지배하기 때문에 월률분야장간(月律分野藏干)은 인원(人元)·명원(明元)·운원(運元)의 역할을 하는 가장 중요한 항목이다. 따라서 지지장간(地支藏干)을 용신(用神) 즉 수용(需用)의 신(神)이라고 한다.

　월률분야장간(月律分野藏干)은 초기(여기)·중기·정기로 나눈다. 초기를 받아 출생했는지 중·정기를 받아 출생했는지에 따라 체신(體神)으로 격국(格局)과 용신(用神)을 정한다. 월률분야장간(月律分野藏干)은 그 달의 기후변천으로 나타낸다. 월수는 지지(地支)의 계통을 표시하여 설명하려고 한다.

― 자오묘유(子午卯酉)는 사전(四專) 또는 사왕(四王)이라고 한다.
― 진술축미(辰戌丑未)는 사묘(四墓)라고 한다.
― 인신사해(寅申巳亥)는 사생(四生)이라고 한다.

월률분야 오행장간표

系	地支	初氣	中氣	正氣
四專	子	壬(10일 3시간)	-	癸(20일 1시간)
	午	丙(10일 3시간)	己(10일 1시간)	丁(11일 2시간)
	卯	甲(10일 3시간)	-	乙(20일 6시간)
	酉	庚(10일 3시간)	-	辛(20일 6시간)
四生	寅	戊(7일 2시간)	丙(7일 2시간)	甲(16일 5시간)
	申	戊(7일 2시간)	壬(7일 2시간)	庚(16일 5시간)
	巳	戊(7일 2시간)	庚(7일 2시간)	丙(16일 5시간)
	亥	戊(7일 2시간)	甲(7일 2시간)	壬(16일 5시간)
四墓	辰	乙(9일 3시간)	癸(3일 1시간)	戊(18일 6시간)
	戌	辛(9일 3시간)	丁(3일 1시간)	戊(18일 6시간)
	丑	癸(9일 3시간)	辛(3일 1시간)	己(18일 6시간)
	未	丁(9일 3시간)	乙(3일 1시간)	己(18일 6시간)

제3장. 합충형파해론(合沖刑破論)

1. 합(合)

1. 천간합(天干合)

甲己合土	乙庚合金	丙辛合水	丁壬合木	戊癸合火

천간합(天干合)은 상극(相剋)된 두 오행(五行)이 서로 다른 음양(陰陽) 배합에 따라 합(合)으로 이루어지며, 음양합(陰陽合)이라고도 한다. 천간합(天干合)은 사랑하는 연인과 같이 끌리고 다정하며 유정하다. 따라서 사주에 많이 있으면 대개 정이 많아 대사를 그르칠 수 있고, 냉철하지 못하며 우유부단한 면이 있지만, 온유하며 유연하다. 또한 천간합(天干合)은 사주의 고저를 결정하는데 중요한 작용을 하는데 천간(天干)이 길신을 합하면 역적이 있어 대사를 그르치는 것과 같고, 흉신을 합하면 흉이 변하여 길하게 되어 훌륭한 귀인을 만나 큰 일을 도모한다.

2. 지지육합(地支六合)

子丑合化土	寅亥合化木	卯戌合化火	辰酉合化金	,巳申合化水	午未合無化

지지육합(地支六合)은 천간합(天干合)의 변화를 돕기도 하고, 지지충(地支沖)을 해소하거나 육친간의 결속·화합을 의미한다. 다음의 예는 진유합(辰酉合)으로 묘유충(卯酉沖)이 해소된 경우이다.

　　0　　0　　0　　0

　　0　辰　　酉　卯

합하는 운에 새로운 인연을 만나거나 어떤 일의 원인이 생기는데, 희기는 사주의 격용에 따라 다르다. 즉 합이 길할 수도 있고 흉할 수도 있다. 그러니 무조건 합은 길하고 충은 흉하다고 보면 안된다.

3. 삼합(三合)

申子辰水局	巳酉丑金局	寅午戌火局	亥卯未木局

삼합(三合)은 육합(六合)과 같이 2개가 아닌 3개의 지지(地支)가 서로 결합한 것으로, 중심되는 지지(地支) 즉 자오묘유(子午卯酉)의 오행으로 변한다. 삼합(三合)은 변하는 오행으로 국(局)을 이루었다고 하는데, 이는 삼합(三合)으로 인해 격국(格局)의 변화를 가져올 수 있다는 것을 의미한다. 격국(格局)은 주로 월지(月支)에서

투출한 천간(天干)에서 정하지만 삼합(三合)이 결합하면 변하는 오행으로 격(格)을 정한다. 예를 들면,

```
0  庚   0  0
0  戌  寅  午
```

경금(庚金) 일간(日干)이 인(寅)월에 태어나면 재격(財格)인데, 인오술(寅午戌) 화국(火局)을 이루면 정관격(正官格)으로 변할 수 있는 것이다.

육합(六合)이 육친 가족간의 결속과 화합을 의미한다면, 삼합(三合)은 왕지(旺地)를 중심으로 군신간의 화합이니 대의를 중시하고 원대한 포부를 갖지만 가정이나 작은 것에 소홀하기도 한다. 육합(六合)이 다정다감하다면 삼합(三合)은 원칙적이며 냉철하다고 볼 수 있다.

지지육합(地支六合)은 천간합(天干合)에 따라 합하여 변할 수 있는데, 삼합(三合)은 그 결속력이 매우 강하여 천간(天干)과 상관없이 오행의 변화를 가져올 수 있다.

삼합(三合)은 왕지(旺地)를 중심으로 두 글자만 있어도 합화(合化)할 수 있다. 가령 인오합화(寅午合火), 오술합화(午戌合化)할 수 있지만 인술합(寅戌合)은 합도 안되고 변하지 않는다. 삼합(三合) 중 두 오행의 결합을 반합(半合)이라고 한다. 그리고 삼합(三合)은

육합(六合)처럼 지지충(地支沖)을 해소할 수 있다. 다음의 예는 신자합(申子合)으로 자오충(子午沖)이 해소된 경우이다.

```
○    ○    ○    ○
辰    申    子    午
```

4. 방합(方合)

寅卯辰木局	巳午未火局	申酉戌金局	亥子丑水局

방합(方合)은 계절과 방위의 합이라 할 수 있고, 삼합(三合)처럼 투간(透干)된 천간(天干)을 능가하는 역량이 있다. 그러니 월지(月支) 삼합(三合)하여 변하는 오행으로 격국(格局)을 정해야 한다.

방합(方合)과 삼합(三合)의 차이는 방합(方合)은 두 글자로는 합화(合化)하지 않는다는 것이다. 예를 들어 삼합(三合)은 묘미(卯未)가 합하여 목국(木局)으로 변하지만 방합(方合)은 묘진(卯辰)이 합하여 목국(木局)으로 변하지 않는다.

2 충(沖)

1. 지지상충(支地相冲)

子午沖	丑未沖	寅申沖	卯酉沖	辰戌沖	巳亥沖

지지상충(支地相沖)은 지충(支沖)이라고도 하는데, 상충(相沖)이란 서로 힘과 힘으로 대결하는 살이다. 따라서 사주에 상충(相沖)이 있으면 이탈·배반·부부 생사이별·충돌·언쟁·고독·불구·잔질·감금·교통사고 등이 따른다.

— 년지(年支)와 월지(月支)가 상충(相沖)하면 조부와 아버지가 따로 산다.
— 일지(日支)와 시지(時支)가 상충(相沖)하면 부부궁과 자손궁에 한탄할 일이 생긴다.
— 일지(日支)와 월지(月支)가 상충(相沖)하면 부모와 같이 살기 어렵고 형제간에도 우애가 없다.
— 천간(天干)이 같고 지지(地支)가 상충(相沖)하면 항상 마음고생이 많고 조업을 깨트린다. 그러나 공망(空亡)이 충되면 화가 변하여 좋아진다.
— 여명이 일지(日支)가 충되고 간합(干合)이 있으면 파란이 많고, 일지(日支)가 충되면 남편에게 헌신하고도 배신당한다.
— 여명이 식상(食傷)이 형충(刑沖)되면 음식솜씨가 없고 그릇을 잘 깨트리며 유방이 짝짝이다.
— 남명이 식상(食傷)이 충되면 부하나 아랫사람의 덕이 없다.
— 비겁(比劫)이 상충(相沖)되면 동업이 불길하고 형제가 흉사한다. 그렇지 않으면 형제덕과 친구덕이 없다.
— 인성(印星)이 상충(相沖)되면 문서에 관한 일을 조심해야 한다.

— 관성(官星)이 상충(相沖)되면 학업중단·직장변동·관재구설이 따른다. 특히 여명은 남편이 흉사한다.

— 재성(財星)이 상충(相沖)되면 재산에 손해가 따른다. 특히 남명은 아내가 흉하다.

— 대운이나 세운에서 충되면 부부궁에 불행·신액·관액 등이 따른다.

— 시(時)가 충파(沖破)되면 자손궁에 근심이 생긴다.

— 흉신을 충하면 오히려 복이 되고, 길신을 충하면 화가 생긴다.

— 겁살(劫殺)이나 망신살(亡神殺)을 충하면 범죄에 걸리기 쉽고, 사절(死絶)을 충하면 폐질이나 장환으로 고생하고, 건록(建祿)을 충하면 복록이 줄어들며 파란이 많다.

1) 자오상충(子午相沖)

자오상충(子午相沖)은 남녀가 다투고, 남과 북이 나뉘며, 음양이 갈라지는 형상이다. 따라서 사주에 이 살이 있으면 부부 생사이별 수가 있고, 항상 일신이 불안하며, 성병에 걸리기 쉽다.

질병은 신장이나 심장 계통을 조심해야 한다. 심장마비가 따르고, 허열이 생기고, 혀가 굳어지고, 경풍이 일고, 양기가 마르고, 안목이 충혈되고, 뇌일혈이 올 수 있다. 여러 개의 자(子)가 하나 있는 오(午)를 충하면 뜻밖의 액이 따른다.

사주에 자(子)가 있는데 대운이나 세운에서 오(午)가 충하면 자(子) 계수(癸水)가 당하고, 오(午)가 있는데 대운이나 세운에서 자

(子)가 충하면 오(午) 정화(丁火)가 당한다.

2) 축미상충(丑未相沖)

축미상충(丑未相沖)은 동성(同星)의 충으로 형제간에 불화한다. 다른 마음을 품으며 재물을 다투고 은혜를 원수로 갚으며 모든 일이 막히고 파란이 많다.

질병은 위장·비장·요통을 조심해야 한다. 미(未)월생이 축(丑)이 충하면 남자는 여자의 배 위에서 죽는 경우가 있으니 조심해야 한다. 담부의 상해, 사지 순환계 쇠약, 머리 탈모, 위신경 질환, 협통이 따른다. 축(丑)과 미(未)가 3~4개씩 있어 혼잡하면 더욱 심하여 신경계 질환까지 따른다.

사주에 축(丑)이 있는데 대운이나 세운에서 미(未)가 충하면 축(丑) 계수(癸水)와 신금(辛金)이 당하고, 미(未)가 있는데 대운이나 세운에서 축(丑)이 충하면 미(未) 정화(丁火)와 을목(乙木)이 당한다.

3) 묘유상충(卯酉相沖)

묘유상충(卯酉相沖)은 골육이 다투는 형상이다. 따라서 부부간에 불화하고 친한 사람을 배반하며 근심이 많다. 질병은 성병이나 간장·담·폐장·대장 계통을 조심해야 한다. 사지에 통증·풍증·마비가 따르고, 간담에 질환이 생긴다.

유(酉)와 신술(申戌) 등 금(金)에 해당하는 여러 개의 지지(地支)가 하나 있는 묘(卯)를 맹타하면 목(木)을 부지하기 어렵다.

사주에 묘(卯)가 있는데 대운이나 세운에서 유(酉)가 충하면 묘(卯) 을목(乙木)이 당하고, 유(酉)가 있는데 대운이나 세운에서 묘(卯)가 충하면 유(酉) 신금(辛金)이 당한다.

4) 인신상충(寅申相沖)

인신상충(寅申相沖)은 소년과 소녀가 부딪치는 형상이다. 따라서 이성문제가 생기지만 다정다감한 경향도 있다. 역마(驛馬)와 지살(地殺)이 상충(相沖)할 때는 교통사고를 조심해야 한다. 특히 여자는 주먹질을 잘하는 남편과 인연이 있어 항상 마음고생이 많다.

질병은 간장·담·폐장·대장·중풍·심장을 조심해야 한다. 간 기능 약화·두통·신경계통과 안목 약화·수족 무기력 등이 따른다. 만일 2~3개의 신(申)이나 신유술(申酉戌)이 하나 있는 인목(寅木)을 집단공격하면 간신경 계통에 마비가 오고, 목(木)에 거하면 심한 피해가 따른다.

사주에 인(寅)이 있는데 행운에서 신(申)이 충하면 인(寅) 병화(丙火)와 갑목(甲木)이 당하고, 신(申)이 있는데 대운이나 세운에서 인(寅)이 충하면 신(申) 임수(壬水)와 경금(庚金)이 당한다.

5) 진술상충(辰戌相沖)

진술상충(辰戌相沖)은 늙은 남녀가 다투는 형상이다. 귀하고 천함이 분명하지 않고, 기쁘고 슬픔이 뚜렷하지 않다. 친절한 마음이 있어 부부가 화목하지 못하니 가정이 쓸쓸하고 노복이 도주한다.

질병은 신장·심장·위장·요통을 조심해야 한다. 정혈이 부족하고, 신장이 약해진다. 3~4개의 진술(辰戌)이 목기(木氣)를 일방적으로 공격하여 체내의 진액을 소멸시킨다. 이는 토극수(土剋水)하기 때문이다.

사주에 진(辰)이 있는데 대운이나 세운에서 술(戌)이 충하면 진(辰) 을목(乙木)과 계수(癸水)가 당하고, 술(戌)이 있는데 대운이나 세운에서 진(辰)이 충하면 술(戌) 신금(辛金)과 정화(丁火)가 당한다.

6) 사해상충(巳亥相沖)

사해상충(巳亥相沖)은 명암이 다투는 형상이다. 작은 일이 커지고, 처음에는 얻었다가 나중에는 잃고, 같은 풍파를 거듭 겪는다. 특히 부부궁이 불길하고, 쓸데없이 남의 걱정을 많이 하며, 변덕스럽고 권태가 심하다.

질병은 간장·담·폐·대장·신경 계통과 특히 정신병을 조심해야 한다. 양기(陽氣)를 충동시키고 해자축(亥子丑) 수성(水星)이 회집하여 하나 있는 사화(巳火)를 공격하면 광명이 흐리고 혀가 굳어지며 피로가 빨리 오고 안목에 충혈이 심해진다.

사주에 사(巳)가 있는데 대운이나 세운에서 해(亥)가 충하면 사(巳) 경금(庚金)과 병화(丙火)가 당하고, 해(亥)가 있는데 대운이나 세운에서 사(巳)가 충하면 해(亥) 갑목(甲木)과 임수(壬水)가 당한다.

2. 천간충(天干沖)

戊壬沖	己癸沖	壬丙沖	癸丁沖	丙庚沖	丁辛沖	庚甲沖	辛乙沖	甲戊沖	乙己沖

　천간충(天干沖)이란 천간(天干)의 상극(相剋)을 말한다. 만일 자동차와 자동차가 충돌하면 어떻게 되겠는가? 경상을 입을 수도 있고, 중상을 입을 수도 있고, 사망하는 수도 있다. 따라서 사주에 천간충(天干沖)이 있으면 이탈·배반·부부 생사이별·충돌·언쟁·고독·조난·감금·불구·잔질·교통사고 등을 암시한다.

■ 경금(庚金)이 갑목(甲木)을 충다(沖多)하면
　머리·두통·간·안면풍이 온다.

■ 신금(辛金)이 을목(乙木)을 충다(沖多)하면
　담에 상해를 입고, 사지순환계에 경화증이 일고, 목이 구인하고, 중풍기가 있다. 신금(辛金)의 강타가 심하면 손발을 절단하게 된다.

■ 임수(壬水)가 병화(丙火)를 충다(沖多)하면
　심장마비가 위태롭고, 안목의 광명이 흐리고, 눈물이 나오고, 허열이 생기고, 기억력이 없고, 귀신의 난이 일고, 혀가 굳어지고, 양기가 없고, 손발이 차고, 졸도할 염려가 있다. 또한 방광·좌골신경통·척추신경통이 일어나 냉의 원인이 된다.

■ 계수(癸水)가 정화(丁火)를 충다(沖多)하면
　명문(命門)에 양이 소진되고, 대소장이 냉해지고, 하초에 혈액순환이 안되고, 성욕이 없고, 심장이 격동하고, 얼굴에 기미가 생기고, 방광에 중착증이 생기고, 비방과 위장에 산이 많아지고, 소변량이 많어지고, 냉이 흐른다. 또한 인생이 처량해며 춘양(春陽)의 기를 잃으면 주변이 쓸쓸해진다.

■ 갑목(甲木)이 무토(戊土)를 충다(沖多)하면

비장과 위장에 장해가 생기고, 오장육부가 자양을 흡수하지 못하며, 폐의 기운이 허약해지고, 안면이 창백하고, 기육이 당기고, 식욕이 없고, 비위가 약하고, 입술에 창색이 돌고, 중심을 잃는다.

■ 을목(乙木)이 기토(己土)를 충다(沖多)하면

비장·위장·폐가 약하고, 자양이 부족하고, 신경과 고집이 강하고, 신장의 기가 강해지고, 양기가 소진된다. 신의가 약하고, 안면과 입술과 눈 흰자위에 푸른빛이 돌고, 눈두덩이에 기미가 많아진다.

■ 병화(丙火)가 경금(庚金)을 충다(沖多)하면

폐에 열이 심해지고, 각혈을 하고, 코가 건조해지고, 이명증이 생기고, 신수(腎水)가 고갈되고, 대장에 출혈이 오고, 치질이 생기고, 혈압이 올라가고, 입에 백태가 생기고, 치아가 견실하지 못하며 솟고, 충혈이 심하고, 머리에 열이 생기고, 밭은 기침을 하고, 소변이 붉고, 자궁에 염증이 생긴다.

■ 정화(丁火)가 신금(辛金)을 충다(沖多)하면

대장에 열이 생겨 하혈이 많고, 자궁에 염증이 생기고, 복막염이 생기고, 입 안이 마르고, 골수가 마르고, 치아가 상하고, 상기(上氣)가 심하고, 폐에 열이 생기고, 호흡이 조화롭지 못하고, 머리가 무겁고, 편도성이 일어나고, 피부병이 생기고, 소화가 안되고, 혈기가 부족하여 빈혈이 생기고, 열이 생기고, 소변이 자주 나오며 붉다.

■ 무토(戊土)가 임수(壬水)를 충다(沖多)하면

신장이 마르고, 신석증이 생기고, 피가 부족하고, 소변량이 적고, 요도가 막히고, 두통이 일어나고, 골수가 허약하여 간담이 약해지고, 우둔하며 명쾌하지 못하고, 치아가 빠지고, 귀가 들리지 않고, 머리 탈모증이 온다.

■ 기토(己土)가 계수(癸水)를 충다(沖多)하면

정혈(精血)이 말라 성욕이 줄고, 빈혈이 많고, 사지가 구인되고, 신경계가 약하고, 모발이 빠지고, 청각이 둔하고, 치아가 유난히 누런 빛을 띠며 부실하고, 광명이 흐리고, 눈의 초점에 흰색이 덮히며 사색(死色)을 띤다.

이상으로 천간충(天干沖)의 질병을 기술했는데 유의할 점이 있다. 가령 기토(己土)가 계수(癸水)를 충다(沖多)한다는 것은, 기토(己土)가 계수(癸水)를 충극(沖剋)하는 것이 본분인데 계수(癸水)가 3~4개가 있고 기토(己土)가 1개 있으면 기토(己土)가 계수(癸水)를 극제(剋制)하지 못한다. 계수(癸水)가 약한데 여러 개의 기토(己土)가 공격하면 계수(癸水)는 반드시 상한다. 따라서 충해(沖害)를 알려면 이와 같은 이치와 경중교량을 잘 알아야 한다.

3. 적천수(滴天髓) 합충론(合冲論)

생방파동고의개(生方破動庫宜開)
패지봉충자세추(敗地逢冲子細推)

인신사해(寅申巳亥)의 생지(生地)가 충(冲)하면 항상 좋지 않으니 꺼린다. 그 이유는 양쪽이 모두 패하여 손상되기 때문이다. 예를 들면 인신충(寅申冲)은 신(申) 경금(庚金)이 인(寅) 갑목(甲木)을 극하는데, 인(寅) 병화(丙火)는 반대로 신(申) 경금(庚金)을 극하니 흉한 것이다.

진술축미(辰戌丑未)가 충(冲)하면 고(庫)가 열리니 지장간(支藏干)의 어느 신이 사령(司令)했는지, 사령(司令)신이 용신(用神)인지 기신(忌神)인지에 따라 달라진다. 아래 지산지이충위충(支神只以冲爲重) 구절을 참고하기 바란다.

자오묘유(子午卯酉)의 패지(敗地)는 잡기가 섞이지 않은 기운이므로 길흉이 상반된다. 예를 들어 금수(金水)가 용신(用神)이면 기신(忌神)을 충하니 해로울 것이 없지만, 목화(木火)가 용신(用神)이면 용신(用神)이 충을 당하니 흉하다. 그래서 자세하게 추상해야 한다고 한 것이다. 그러나 또 변수가 있다. 만일 금수(金水)가 약하고 목화(木火)가 왕성하면 쇠신(衰神)이 왕신(旺神)을 충하니 목화(木火)는 해를 당하지 않는다. 다음의 왕자충쇠(旺者冲衰) 참조.

지신지이충위중(支神只以冲爲重)
형여천혜동부동(刑與穿兮動不動)

진술충(辰戌冲)인데 진(辰) 을목(乙木)이 사령(司令)하고, 술(戌) 신금(辛金)이 사령(司令)하면 신금(辛金)이 을목(乙木)을 극한다. 이런 경우 신금(申金)이 용신(用神)이면 좋으나 을목(乙木)이 용신(用神)이면 충되어 흉하다.

진술충(辰戌冲)인데 진(辰) 계수(癸水)가 사령(司令)하고, 술(戌) 정화(丁火)가 사령(司令)하면 계수(癸水)가 정화(丁火)를 극한다. 계수(癸水)가 용신(用神)이면 좋으나 정화(丁火)가 용신(用神)이면 흉하다.

진술충(辰戌冲)인데 진(辰) 무토(戊土)가 사령(司令)하고, 술(戌) 무토(戊土)가 사령(司令)하면 서로 비화(比和)이니 나쁠 것이 없다. 만약 토(土)가 용신(用神)이면 충동하여 발생하니 오히려 좋다. 따라서 묘고(墓庫)가 충(沖)을 만나면 좋은 경우도 있고 나쁜 경우도 있으니 무조건 좋은 것으로 보면 안된다.

임철초(任鐵樵)는 다음과 같이 주장하였다. "형(刑)은 자형(自刑)이라면 본기(本氣)인데 형(刑)이라 하는 뜻이 성립되지 않는다. 자묘형(子卯刑)은 상극(相生)인데 어찌 형(刑)이라 하며, 삼형(三刑)역시 신빙성이 부족하다. 심(穿)은 육해(六害)라 하나 축오(丑午)와 인해(寅亥)는 상극(相生)인데 어찌 해(害)인가? 파(破)는 해(害)가 아니면 형(刑)이 겹치니 더욱 불경하다. 이 모두 부당하니 파헤쳐 모두 없애야 한다. 오직 생극제화(生剋制化)로 논함이 타당하다." 정법(正法)으로만 본다면 맞는 말이나 형충파해(刑沖破害)는 오래도록 같이 보아왔으니 판단은 독자에게 맡긴다.

암충암회 우위희(暗沖暗會尤爲喜)
피충아혜개충기(彼沖我兮皆沖起)

암충암회(暗沖暗會)란 대운과 세운에서 희신(喜神)이나 기신(忌神)을 회합(會合)하거나 충하는 것이다. 희신(喜神)을 나로 보고, 기신(忌神)을 상대방으로 본다.

충이 있는데 합이 오거나, 합이 있는데 충이 오면 길한 경우도 있고 흉한 경우도 있다. 희신(喜神)이 오(午)인데 자(子)가 충하면 상대가 나를 충한 것이다. 이때 인술(寅戌)이 와서 회합(會合)하면 화국(火局)을 이루니 희신(喜神)으로 변하여 좋다. 또 희신(喜神)이 자(子)인데 자(子)가 오(午)를 충하면 내가 상대를 충한 것이다. 이때 인술(寅戌)이 와서 회합(會合)하면 화국(火局)을 이루어 기신(忌神)이 되니 흉하다.

또 희신(喜神)이 자(子)인데 신진(申辰)이 오면 신자진(申子辰) 수국(水局)을 이루어 희신(喜神)이 되어 길하다. 그러나 희신(喜神)이 해(亥)인데 묘미(卯未)를 만나 목국(木局)을 이루면 기신(忌神)으로 변하여 흉하다.

또 사주에 인오술(寅午戌) 화국(火局)이 있는데 화(火)가 기신(忌

神)이고 대운에서 충이 오면 발복한다. 대운과 세운에서 자수(子水)와 진토(辰土)가 함께 오면 화국(火局)을 깨트리니 병을 제거하여 발복한다.

왕자충쇠 쇠자발(旺者冲衰衰者拔)
쇠신충왕 왕신발(衰神冲旺旺神發)

왕성한 것이 쇠약한 것을 충하면 쇠약한 것은 뿌리가 뽑히고, 쇠약한 것이 왕성한 것을 충해도 왕성한 것은 상하지 않는다. 왕자충쇠(旺者沖衰)일 때 희신(喜神)이 왕성하면 기신(忌神)을 충거(沖去)하여 이롭고, 반대로 희신(喜神)이 쇠약하면 불리하다.

쇠신충왕(衰神沖旺)일 때 왕신이 격노할 수 있으니 흉신은 화를 당하고, 희신(喜神)은 비록 화는 당하지 않아도 복을 받을 수는 없다. 예를 들어 묘유충(卯酉沖)이면 묘목(卯木)이 충을 당한다. 그러나 만약 묘목(卯木)이 왕성하면 오히려 묘(卯)가 유(酉)를 충거(沖去)할 수 있다.

천전유자가(天戰猶自可)
지전급여화(地戰急如火)

천간(天干)의 기는 순수하므로 지지(地支)에서 안정되면 쉽게 제화(制化)되어 가하다. 그런데 지지(地支)의 기는 여러 기운이 섞여

잡되니 쉽게 제화(制化)되지 않아 싸움을 말리기 어려우니 불같이 급하다. 천간(天干)은 정(靜)하면 좋지 않고 동(動)하면 좋다. 동(動)하면 쓰임이 있기 때문이다. 지지(地支)는 정(靜)해야 하고 동(動)하면 좋지 않다. 동(動)하면 뿌리가 상하기 때문이다. 따라서 지지(地支)에 충이 있어 동(動)하면 삼합국(三合局)을 이루어 안정시키는 것이 좋다. 갑인(甲寅)과 경신(庚申), 을묘(乙卯)와 신유(辛酉), 병인(丙寅)과 임신(壬申), 정묘(丁卯)와 계유(癸酉) 등은 천지가 함께 싸우니 비록 합이 있어도 싸움을 말리기 어렵다.

1개로 2개를 충하지 못한다는 것은 잘못된 말이다. 인(寅)이 2개 있고 신(申)이 1개 있으면 인(寅)을 1개 충거(沖去)시키고 1개가 남는 것이다. 만일 신(申)이 2개 있고 인(寅)이 1개 있으면 인(寅)은 뿌리가 뽑힌다.

용신(用神)이 고장(庫藏)이거나 합을 만나 쓸 수 없으면 오히려 충이 있어야 동하여 용신(用神)으로 쓸 수 있다. 용신(用神)이 충을 만나면 오히려 합이 있어야 안정되어 쓸 수 있다. 이처럼 합충(合沖)은 경우에 따라 마땅한 것도 있고 마땅치 않은 것도 있다.

합유의불의(合有宜不宜)
합다불위기(合多不爲奇)

합이 있어 길한 경우에는 매우 좋으나 합을 꺼릴 때는 오히려 충보다도 흉하다. 충은 합을 만나면 안정되기 쉬우나, 합은 충을 만나면 동하기 때문에 그다지 좋다고 할 수 없다.

희신(喜神)이 합을 만나 희신(喜神)이 되거나, 화신(化神)이 희신(喜神)을 도와주면 좋다. 예를 들어 경금(庚金)이 희신(喜神)인데 을목(乙木)을 만나 금(金)으로 화하면 다시 희신(喜神)으로 화하니 좋다. 또 흉신이 합을 만나 제거되면 좋다. 예를 들어 갑목(甲木)이 흉신인데 기토(己土)와 합하여 제거되니 좋다.

한신(閑神)이 흉신을 만나 희신(喜神)으로 변할 수도 있다. 가령 계수(癸水)가 흉신이고 무토(戊土)가 한신(閑神)이면 합하여 화(火) 희신(喜神)으로 변하니 좋다. 또 한신(閑神)과 기신(忌神)이 합하여 희신(喜神)으로 변할 수도 있다. 예를 들어 임(壬) 한신(閑神)과 정(丁) 기신(忌神)이 합하여 목(木) 희신(喜神)으로 변하는 것이다.

희신(喜神)이 충되면 합으로 구제하는 것이 좋다. 예를 들면 자오충(子午沖)인데 오(午)가 희신(喜神)이면 축(丑)이 와서 자축합(子丑合)되면 자(子)는 합을 탐하여 오(午)를 충하는 것을 잊는다. 또 인신충(寅申沖)인데 인(寅)이 희신(喜神)이면 해(亥)가 와서 합이 되면 충이 해소된다.

기토(己土)가 기신(忌神)인데 갑목(甲木)이 합하면 기신(忌神)으로 화하니 흉하다. 을(乙)이 희신(喜神)이고 경(庚)이 기신(忌神)이면 합이 되어 기신(忌神)으로 화하니 흉하다. 묘유충(卯酉沖)에서 묘(卯)가 희신(喜神)인데 진(辰)이 와서 유(酉)와 합하면 금(金)이 되어 묘(卯)를 다시 극하고, 사해충(巳亥沖)에서 사(巳)가 희신(喜神)인데 신(申)이 와서 사(巳)와 합하면 수(水)로 변하여 다시 사(巳)를 극하니 흉하다. 이 모두 합이 있어 흉한 경우이다. 희신(喜神)이 합이 있어 희신(喜神) 작용을 못하는 것을 기반(羈絆)이라고 한다.

화득진자지론화(化得眞者只論化)
화신환유기반화(化神還有機般話)

화상(化象)이니 갑(甲) 일주(日柱)가 월(月)이나 시(時)에서 기토(己土)를 만나고, 진술축미(辰戌丑未)월에 태어나고, 지지(地支)에 수목(水木)이 없으면 진화(眞化)라 하며 합화격(合化格)을 이룬다. 위와 같이 지지(地支)에 인수(印綬)와 비겁(比劫)이 없어야 기토(己土)로 종(從)하여 화격(化格)을 이룬다.

화격(化格)도 역시 설상방조(洩傷幫助)의 법을 따른다. 천간(天干)이나 지지(地支)에 병정(丙丁)이나 사오(巳午)가 태과(太過)하면 합신(合神)을 설기(洩氣)하는 금수(金水)운으로 가야 좋다. 사주에 금수(金水)가 많고 화(火)가 없으면 부족한 것이니 화토(火土)운으로 가야 좋다.

합인데도 불화하는 것은 좋지 않다. 갑기합(甲己合)에서 무기(戊己)가 많이 나타나면 투쟁이 일어나고, 갑을(甲乙)을 많이 만나면 강약을 따져보아야 하고, 군겁쟁재(群劫爭財)가 일어나면 흉하다.

가화지인역다귀(假化之人亦多貴)
고아이성능출류(孤兒異姓能出類)

　가화격(假化格)을 말하는 것이다. 합신(合神)이 참되어도 일주(日
柱)가 약한 것이 있고, 화신(化神)이 왕성해도 일주(日柱)가 뿌리
를 내리는 경우도 있다. 이미 합한 화신(化神)인데 일주(日柱)가
인수(印綬)나 비겁(比劫)을 만나 생조(生助)받는 경우도 있고, 합
화(合化)했는데 한신(閑神)이 와서 화신(化神)을 손상시키는 경우
도 있다.

　참된 화상(化象)이 되려면 지지(地支)에 비겁(比劫)이나 인수(印
綬)가 없어 합신(合神)으로 종(從)해야 한다. 그러나 지지(地支)에
비겁(比劫)이나 인수(印綬)가 있어 일주(日柱)를 도우면 참된 화상
(化象)이 되지 못한다. 그러나 이런 가화격(假化格)에서도 대운과
세운에서 합신(合神)을 생조(生助)하는 운을 만나면 역시 화신(化
神)이 참되어 발복한다.

4. 자평진전(子平眞詮) 합충론(合冲論)

■ 희신(喜神)이 합하여 불리해지는 경우
　갑(甲) 일주(日柱)가 신금(辛金) 정관(正官)을 쓰는데 병화(丙火)
가 투출(透出)하여 신금(申金)과 합하면 정관(正官)이 정관(正官)
구실을 하지 못하고, 갑(甲) 일주(日柱)가 계수(癸水) 인수(印綬)

를 쓰는데 무토(戊土)가 천간(天干)에 투출(透出)하여 계수(癸水) 와 합하면 인수(印綬)가 제구실을 하지 못한다. 이와 같이 희신(喜神)이 합하여 제구실을 하지 못하면 불리하다. 일간(日干)이 갑목(甲木), 월간(月干)이 기토(己土), 년간(年干)이 갑목(甲木)이면 년월이 합했으니 남명은 재물이나 여자를 빼앗기는 꼴이 된다.

■ 기신(忌神)이 합하여 유리해지는 경우

갑(甲) 일주(日柱)가 경금(庚金) 칠살(七殺)을 만났는데 을목(乙木)이 칠살(七殺)과 합되면 칠살(七殺)은 일주(日柱)를 극하지 못하니 흉작용을 하지 못한다. 갑(甲) 일주(日柱)가 정화(丁火) 상관(傷官)을 만났으나 임수(壬水) 효신(梟神)이 있어 합되면 상관(傷官)과 효신(梟神)은 흉작용을 하지 못한다. 이상은 기신(忌神)끼리 합이 되어 흉작용을 못하는 경우이다.

■ 천간(天干)의 합과 불합

천간(天干)이 합되는 것과 합되지 않는 것이 있다. 먼저 중간에 방해물이 있으면 합이 성립되지 않는다. 갑목(甲木)과 기토(己土)가 합하려고 하는데 중간에 경금(庚金)이 있으면, 중간에서 경금(庚金)이 갑목(甲木)을 극하니 갑목(甲木)은 기토(己土)와 합하려는 마음이 간절해도 합할 수가 없다. 또 서로 너무 멀리 떨어져 있어도 합을 할 수가 없다. 예를 들어 갑목(甲木)이 년간(年干)에 있고 기토(己土)가 시간(時干)에 있으면 거리가 너무 멀어 합하지 못한다. 이런 경우에 합의 작용력은 10분의 2~3에 불과하다.

■ 합으로 사주가 청(淸)해지는 경우

시(時)에 신(辛), 일주(日)에 갑(甲), 월(月)에 신(辛), 년(年)에 병(丙)이 있으면 신금(辛金) 정관(正官)이 2개이니 탁한 사주이다. 그러나 년간(年干)의 병화(丙火)가 월간(月干)의 신금(申金)과 합이 되어 시주(時柱)의 신금(辛金)만 남는다. 2개의 정관(正官)이 1개는 제거되고 1개만 남으니 사주가 청해진다. 또 시(時)에 경(庚), 일주(日)에 갑(甲), 월(月)에 신(辛), 년(年)에 병(丙)이 있으면 관살이 혼잡되어 사주가 탁하다. 그러나 년월이 합하여 정관(正官)이 사라지고 칠살(七殺)만 남으니 합관유살(合官留殺)이 되어 사주가 청해진다.

■ 쟁합(爭合)과 투합(妬合)

일주(日柱)가 병(丙)인데 월시(月時)가 모두 신(辛)이면 양합(陽合)이다. 한 남자가 두 아내를 거느리지 못하고 한 여자가 두 남편을 섬기지 못한다고 하여 쟁합(爭合) 또는 투합(妬合)이라고 한다. 그러나 어쨌든 양쪽으로 합이 되는데 정(情)이 나누어지니 전일(專一)하지 못한 것이다.

■ 형충(刑沖)이 합으로 해소되는 경우

갑(甲) 일간(日干)이고 월지(月支)가 유(酉)인데 지지(地支)에 묘(卯)가 있으면 묘유충(卯酉沖)이 되지만, 지지(地支)에 술(戌)이 있으면 묘술합(卯戌合)이 되어 충을 해소할 수 있고, 진유합(辰酉合)이 되어 충을 해소할 수 있다. 만약 술(戌) 대신 해(亥)나 미

(未)가 있어도 삼합(三合)이 되어 충이 해소된다. 형(刑)도 마찬가지이다. 만일 지지(地支)에 자묘형(子卯刑)이 있는데 술(戌)이 또 있으면 묘술합(卯戌合)이 되어 형(刑)이 해소된다.

■ 합으로 형충(刑沖)이 되는 경우

지지(地支)에 2개의 묘(卯)와 1개의 자(子)가 있으면 2개의 묘(卯)는 1개의 자(子)를 형하지 못한다. 그러나 술(戌)이 있고 1개의 묘(卯)를 합하면 나머지 1개의 묘(卯)가 자(子)를 형한다. 합이 있어 오히려 형충(刑沖)이 되는 경우이다.

■ 합이 형충(刑沖)을 해소하지 못하는 경우

자(子)년 오(午)월생이 축(丑)일에 태어났으면 자축합(子丑合)으로 자오충(子午沖)을 해소한다. 그런데 이때 시(時)에서 사(巳)나 유(酉)를 만나면 사유축(巳酉丑) 삼합(三合)이 되어 자축합(子丑合)을 이루지 못하니 다시 자오충(子午沖)이 살아난다. 또 자(子)년 묘(卯)월 술(戌)일생이면 묘술합(卯戌合)이 되어 자묘형(子卯刑)이 해소되지만 시(時)에 인(寅)이나 오(午)가 있으면 인오술(寅午戌) 삼합(三合)이 되어 자묘형(子卯刑)이 다시 살아난다.

■ 형충(刑沖)이 다른 형충(刑沖)을 해소하는 경우

자(子)월 묘(卯)일 유(酉)시생이면 자묘형(子卯刑)과 묘유충(卯酉沖)이 같이 걸렸다. 묘유충(卯酉沖) 때문에 자묘형(子卯刑)이 되지 않는다. 유(酉)월 묘(卯)일 자(子)시생이면 묘유충(卯酉沖)인데 자묘형(子卯刑)이 되어 묘유충(卯酉沖)이 되지 않는다. 월령(月令)이 파괴되지 않는 것이 중요하다.

3. 형

1. 삼형(三刑)

寅巳申三刑	丑戌未三刑

삼형(三刑)은 삼합(三合) 대 방합(方合)이 된다. 삼형(三刑)은 수옥살(囚獄殺) 또는 재살(災殺)이라고도 한다. 형살(刑殺)이란 이탈·배반·감금(형무소)·납치·충돌·수술·언쟁·불구·잔질·고독·조난·자살·피살·부부 생사이별·독수공방 등을 암시하는 흉살이다.

1) 인사신형(寅巳申刑) : 지세지형(持勢之刑)

사주에 인사신형(寅巳申刑)이 있으면 자신의 세력을 믿고 거세게 나가다 좌절되기 쉽다. 그러나 십이운성(十二運星)의 장생(長生)·건록(建祿)·제왕(帝旺) 등과 같이 있으면 정신력과 용기가 좋고 인색도 윤기가 있어 좋다. 그러나 쇠(衰)·절(絶)·사(死)·묘(墓) 등과 같이 있으면 소아마비에 걸리기 쉽고, 교활하며 비굴하고, 재앙을 만나기 쉽다. 특히 남자는 어리석고 여자는 고독하다.

인(寅)이 사(巳)를 형하면 시비·재난·조난·도주가 따르고, 시

(時)에 사(巳)가 있는데 인(寅)이 형하면 자손이 열병으로 죽거나 화상을 당한다. 사(巳)가 신(申)을 형하면 형 중에 합이 있으니 위 아래를 몰라보고, 은혜를 원수로 갚는다.

2) 축술미형(丑戌未刑) : 무은지형(無恩之刑)

사주에 축술미형(丑戌未刑)이 있으면 냉정하며 친구가 없고 은인을 몰라본다. 비밀을 잘 폭로하며 불량하다. 특히 여자는 산액이 따르고 부부금실이 좋지 않다.

축(丑)이 술(戌)을 형하면 귀한 것이 천한 것을 형하고, 큰 것으로서 작은 것을 속인다. 가정에 암귀(暗鬼)가 발동하여 관재를 초래하며 예의가 없고 은혜를 원수로 갚는다.

술(戌)이 미(未)를 형하면 형 중에 파가 있다. 빈천한 것이 윗사람을 속이는 것으로 사물의 결과가 없고, 고집이 세고 말은 잘하나 실천력이 없는 것이 특징이다.

축(丑)이 미(未)를 형하면 부부궁이 불길하다. 자비심으로 활인공덕을 하면 큰 재난을 막을 수 있지만 망동하면 평생 불행하다.

3) 자묘형(子卯刑) : 무례지형(無禮之刑)

자묘형(子卯刑)은 무례지형(無禮之刑)으로 사주에 있으면 성질이 횡폭하며 예의가 없고 육친이나 부부간에 불화하며 성병에 걸린다. 특히 여자는 냉병과 자궁수술이 따르고, 갑을(甲乙) 일주(日柱)인데 자묘형(子卯刑)이 있으면 음부에 털이 없는 경우가 많다.

2. 자형(自刑)

酉酉自刑	午午自刑	辰辰自刑	子卯自刑

 사주에 자형(自刑)이 있으면 독립심이 없고 의타심이 강하다. 매사 열성이 없어 용두사미로 끝나고, 쓸데없는 고집으로 적을 만들고, 마음이 험악하며 지능이 떨어진다. 불구가 되기 쉽고, 자식에게 질병이 따른다. 특히 남명은 자형(自刑)이 시주(時柱)에 있으면 자식이 병약하고, 일주(日柱)에 있으면 아내에게 질병이 따른다.

1) 진진형(辰辰刑)
 물이 넘쳐 해가 되고, 요통을 조심해야 한다.

2) 오오형(午午刑)
 불길이 치솟아 해가 된다. 음탕·성병·패가망신을 조심하라.

3) 유유형(酉酉刑)
 금이 지나쳐 해롭고 몸에 흉터가 생긴다. 특히 병정(丙丁)일생 남자가 유유형살(酉酉刑殺)이 있으면 불구 아내를 둔다.

4) 해해형(亥亥刑)
 물이 지나쳐 해가 되고, 주색으로 패가망신하니 조심해야 한다.

 삼형살(三刑殺)은 법적분쟁·음독·배신배반·이별·재난재해·납치감금·자살·수술 등을 암시하는 흉살이다. 형살(刑殺)은 말

그대로 형벌을 받는 것이니 좋은 의미보다는 나쁜 의미로 쓰이지만 사주가 귀격이면 법을 집행하는 사람이 될 수도 있으니 주의 깊게 살펴야 한다.

또한 형살(刑殺)이 흉신이면 수술·사고·질병·장애 등이 따르지만 길신이면 의사가 되는 경우도 많다. 삼형살(三刑殺)은 주로 육친과의 관계를 살핀다. 관성(官星)이 삼형(三刑)이면 남편에게 흉재가 있고, 재성(財星)이 삼형(三刑)이면 부인에게 흉재가 있다. 여명에서 식상(食傷)이 삼형(三刑)이면 유산이나 낙태수술 등이 따르고, 일시지(日時支)에 들어도 비슷한 현상이 나타난다.

己 庚 癸 丁
卯 子 丑 丑

이 사주는 일시지(日時支)에 자묘형살(子卯刑殺)을 놓아 남편이 일찍 사망했다. 정관(正官) 정화(丁火)가 계수(癸水)에게 충극(沖剋)당하는데 계수(癸水)가 일지(日支) 자수(子水) 형살(刑殺)에 뿌리를 두니 형살(刑殺)이 동한 것이다. 만약 자묘형살(子卯刑殺)만 있으면 남편의 흉재로 단정할 수 없고, 십성(十星)과의 관계와 희기(喜忌)를 보고 판단해야 한다.

庚 己 丙 己
午 丑 子 卯

이 사주는 년월지(年月支)에 자묘형살(子卯刑殺)을 놓았지만 검사가 되었다.

壬 己 甲 丙
申 巳 午 寅

이 사주는 인사신(寅巳申) 삼형(三刑)이 있지만 경찰관이 되었다.

乙 甲 辛 辛
丑 子 子 卯

이 사주는 자묘형살(子卯刑殺)이 있지만 의사가 되었다.

己 戊 辛 壬
巳 申 亥 戌

이 사주도 사신형살(巳申刑殺)이 있지만 의사가 되었다.

戊 辛 丙 己
戌 丑 寅 巳

이 사주는 인성(印星) 기토(己土)가 인사(寅巳) 삼형(三刑)과 동주하고, 뿌리에 축술(丑戌) 삼형(三刑)을 놓아 어머니가 흉사했다.

戊 辛 戊 丙
戌 丑 戌 辰

이 사주는 월지(月支) 술토(戌土)가 인성(印星)인데 축술(丑戌) 삼형(三刑)을 놓아 어머니가 흉사했다.

庚 辛 癸 壬
寅 巳 丑 戌

이 사주는 축토(丑土) 인성(印星)이 축술형(丑戌刑)을 놓아 어머니가 산망(産亡)했다.

丙 己 甲 丁
寅 巳 辰 亥

이 사주는 인성(印星) 사화(巳火)가 인사(寅巳) 삼형(三刑)을 놓아 어머니가 흉사했다.

乙 壬 癸 甲
巳 寅 酉 戌

이 사주는 사화(巳火)가 편재(偏財)이며 아버지인데 인사형(寅巳

刑)을 놓아 아버지가 흉사했다.

```
壬 壬 癸 辛
寅 寅 巳 未
```

일지(日支)에 인사형(寅巳刑)을 놓아 아내가 음독자살했다.

```
壬 己 甲 丙
申 巳 午 寅
```

이 사주는 인사신(寅巳申) 삼형(三刑)을 놓아 3번 결혼했다.

```
甲 己 庚 己
戌 未 午 酉
```

이 사주는 시지(時支)에 술미(戌未) 삼형(三刑)이 있다. 아들이 돈을 달라고 했는데 거절하자 자살했다.

```
庚 丙 己 壬
寅 申 酉 申
```

이 사주는 신(申) 임수(壬水)가 관성(官星)이며 자식인데 역마성

(驛馬星)에 형충(刑沖)이 들었다. 아들이 교통사고로 사망했다.

乙　丙　戊　己
戌　未　辰　巳

이 사주는 식상(食傷)이 술미형(戌未刑)이 되어 낙태수술을 했다.

己　丙　辛　甲
丑　戌　戌　未

이 사주는 식상(食傷)이 축술미형(丑戌未刑)이 되어 자궁외 임신을 하여 수술했다.

4. 파

子酉破	寅亥破	丑辰破	卯午破	巳申破	戌未破

파(破)는 삼합(三合) 대 삼합(三合)으로 구성된다. 해묘미(亥卯未) 목국(木局)이 제대로 형성되어 건전한데 인오술(寅午戌) 화국(火局)이 찾아와 목기(木氣)를 모조리 설기하니 목국(木局)이 파괴되어 빈껍질만 남는다. 목(木)은 화(火)의 부모요, 화(火)는 목(木)의 자식이다. 자식이 부모집에 와서 파먹어도 거절할 수 없다. 이는 시집간 딸이 시집식구를 끌고와 친정이 파산되는 형국이다. 그러니

어찌 부모인들 좋아하겠는가? 비록 부모와 자식 사이지만 정이 멀어지고 비정상적인 관계가 된다.

사유축(巳酉丑) 금국(金局)에 신자진(申子辰) 수국(水局)이 와서 송두리째 빼앗아가니 금국(剋局)은 파산하고 수국(水局)은 부자가 된다. 신유술(申酉戌) 서방 금국(金局)에 사유축(巳酉丑) 금국(金局)이 합세하여 천하를 호령하며 경멸하는 형(刑)과는 정반대로 돼지떼가 와서 애써 지은 농사를 송두리째 망치는 격이니 인정에 얽매여 눈뜨고 도둑맞는 것이다. 따라서 부자지간이 원수요, 인정이 냉정으로 변할 수밖에 없다.

인오술(寅午戌)이 해묘미(亥卯未)를 파하고 신자진(申子辰)이 사유축(巳酉丑)을 파한 것이다. 가령 년지(年支)에 자(子)가 있고 일지(日支)에 유(酉)가 있으면 년지(年支)가 일지(日支)를 파괴한다. 년지(年支)는 아버지요, 일지(日支)는 나의 아내이니 아버지가 자식의 재산을 파괴하는 것이다. 반대로 년지(年支)에 유(酉)가 있고 일지(日支)에 자(子)가 있으면 자식이 부모의 재산을 몰래 훔쳐내 파산시키는 것이다. 일지(日支)에 인(寅)이 있고 시지(時支)에 해(亥)가 있으면 내가 자식을 못살게 하는 것이요, 일지(日支)에 해(亥)가 있고 시지(時支)에 인(寅)이 있으면 자식이 내 재산을 파산시키는 것이다. 재산을 없애고 망치니 정이 사라지고 의가 끊어진다. 그래서 파가 있으면 인연이 박해지고 외면하게 된다.

파는 정상적인 나라를 송두리째 무력화시키는 것이니 정상을 깨는 비정상의 별이다. 비정상은 육신에게까지 미친다. 사람은 사지

오체가 있는 것이 정상이나 파가 있으면 그 정상이 파괴되어 불구가 되기 쉽다. 따라서 사주에 파가 있으면 소아마비나 교통사고로 팔다리에 장애가 따르는 경우가 많다.

5. 해(害)

子未害	丑午害	寅巳害	卯辰害	申亥害	酉戌害

자(子)는 축(丑)과 육합(六合)이 되는데, 미(未)를 보면 축미(丑未) 상충(相沖)하여 자축합(子丑合)이 깨진다. 이와 같이 방해하는 것을 육해(六害)라 하고, 사주에 육해(六害)가 있으면 오랫동안 앓는다. 또 구병(久病)으로도 해석하여 긴 병에 걸리는 것으로 본다.

— 육해(六害殺)가 월일(月日)에 있으면 고독하며 복이 없다. 특히 여자는 성질이 급하며 부부간에 생사이별이 따르고, 패가망신수가 있다.
— 육해(六害殺)가 일시(日時)에 있으면 잔병과 자손의 근심이 많고, 노년에 곤고하다.
— 미(未)일생이 자(子)운에서 육해(六害)를 만나면 준장이나 부연 신상으로 재난이 발생한다.
— 신(申)일생이 육해(六害)가 있으면 물건을 잘 잃어버기도 하고 잘 줍기도 한다.

1) 자미해(子未害)

골육이 상쟁하며 육친과 이별한다.

2) 축오해(丑午害)

관귀상해(官鬼相害)라고도 하는데, 부부가 불화하며 부모형제가
헤어진다.

3) 인사해(寅巳害)

육친이 불화하며 구설이 많다. 인사해(寅巳害)가 2개 있으면 신체
에 고장이 생기고, 고질병이 있거나 팔다리 절개수술이 따른다.

4) 묘진해(卯辰害)

묘진해(卯辰害)는 장유상해(長幼相害)라고도 한다. 항상 다툼이
생기고, 원만한 가운데 풍파가 생기며, 가산을 탕진하고 고독하다.

5) 신해해(申亥害)

신해해(申亥害)는 시작은 있으나 끝이 없다. 수성(水星)이면 수액
을 당하기 쉽고, 산에 오르면 화를 당하기 쉽다.

6) 유술해(酉戌害)

유술해(酉戌害)는 질투상해라고도 한다. 부부간에 변심이 생기고,
어린이나 고용인 때문에 근심이 생긴다.

제4장. 신살론(神殺論)

1. 태극귀인(太極貴人)

日干	甲乙	丙丁	戊己	庚辛	壬癸
太極貴人	子午	卯酉	辰戌丑未	寅亥	巳申

태극귀인(太極貴人)은 복이 모여 봉후만호(封侯萬戶)의 사람이 되고, 입신양명하여 수상급에 오른다는 길성(吉星)이다.

```
戊　庚　辛　丁
申　寅　亥　巳
```

본명은 박정희 전 대통령의 사주이다. 경(庚) 일주(日柱)가 월지(月支)에 인(寅), 시지(時支)에 인해(寅亥) 태극귀인(太極貴人)이 있다. 금수(金水) 식신격(食神格)인데 식신(食神)이 겁재(劫財)와 동주하니 상관(傷官)의 기세가 강하여 혁명적 기질이 있다. 사주가 한냉하니 목화(木火)가 조후용신(調候用神)이다. 정화(丁火)가 투출(透出)하고 인목(寅木) 재성(財星)이 받쳐주니 귀격(貴格)인데, 태극귀인(太極貴人)이 희신(喜神)이니 더 부귀한 사주가 되었다.

모든 신살은 길성이나 흉성을 떠나 사주의 희기(喜忌)를 먼저 살펴야 한다. 길성이라도 기신(忌神)이면 길함이 덜하고, 길성이면서 희신(喜神)이면 더욱 배가 된다. 그러니 신살은 단식적으로 길흉을 논하면 안된다. 만약 사주의 희용신(喜用神)을 구분하지 못한다면 신살론은 무용지물일 뿐만 아니라 오히려 학문의 발전을 저해할 수 있다. 이러한 사실을 염두하면서 공부해야 한다.

丁 戊 壬 己
巳 辰 申 亥

이 사주는 장면 전 부통령의 명조이다. 무(戊)일생이 일지(日支)에 진(辰) 태극귀인(太極貴人)을 놓아 귀하게 되었다.

庚 己 辛 己
午 巳 未 未

이 사주는 최규하 전 대통령의 명조이다. 기(己)일생이 년월지(年月支)에 미(未) 태극귀인(太極貴人)을 놓아 귀하게 되었다.

```
癸 己 丙 己
酉 未 寅 巳
```

이 사주는 미국 대통령을 지낸 링컨의 명조이다. 기(己)일생이 일지(日支)에 미(未) 태극귀인(太極貴人)을 놓아 귀하게 되었다.

2. 복성귀인(福星貴人)

日干	甲	乙	丙	丁	戊	己	庚	辛	壬	癸
福星貴人	寅	丑	子	酉	申	未	午	巳	辰	卯

복성귀인(福星貴人)은 일생 복록이 따른다는 길성인데, 천을귀인(天乙貴人)과 같이 있으면 부귀쌍전하며 행복하다.

```
壬 戊 戊 庚
戌 申 寅 戌
```

이 사주는 무(戊)일생이 일지(日支)에 신(申) 복성귀인(福星貴人)을 놓아 재벌이 되었다.

```
丁 戊 戊 丁
巳 申 申 未
```

이 사주는 무(戊)일생이 월일지(月日支)에 신(申) 복성귀인(福星貴人)을 놓아 재벌이 되었다.

己 丙 壬 庚
亥 子 午 寅

이 사주는 병(丙)일생이 일지(日支)에 자(子) 복성귀인(福星貴人)을 놓아 정치인이 되었다.

庚 甲 甲 戊
午 辰 寅 戌

이 사주는 갑(甲)일생이 월지(月支)에 인(寅) 복성귀인(福星貴人)을 놓아 국회의장이 되었다.

3. 천을귀인(天乙貴人)

甲戊庚	乙己	丙丁	辛	壬癸
丑未	子申	亥酉	寅午	巳卯

사주에 천을귀인(天乙貴人)이 있으면 지혜가 있고 총명하며 흉이 변하여 길해진다.
— 귀격사주에 천을귀인(天乙貴人)이 있고 형충파해(刑沖破害)가

없으면 일생 질병이 적고 장년에 발복하며 형벌을 받지 않는다.

— 일지(日支)에 천을귀인(天乙貴人)이 있으면 아내덕이 있고 일
　생 복록이 따라다닌다. 그러나 파격의 요소가 되거나 형충(刑
　沖)이나 공망(空亡)이 있으면 복록이 줄어든다.

庚　丁　己　乙
子　亥　卯　亥

이 사주는 정해(丁亥) 일귀격(日貴格)인데 해(亥) 천을귀인(天乙
貴人)을 놓아 대통령이 되었다

丙　辛　辛　甲
申　酉　未　午

이 사주는 신(辛)일생이 년지(年支)에 오(午) 천을귀인(天乙貴人)
을 놓아 민의원 부의장이 되었다.

乙　甲　辛　甲
亥　寅　未　午

이 사주는 갑(甲)일생이 월지(月支)에 미(未) 천을귀인(天乙貴人)
을 놓아 국회의장이 되었다.

丁 丙 丙 己
酉 寅 寅 亥

이 사주는 병(丙)일생이 년지(年支)에 해유(亥酉) 천을귀인(天乙
貴人)을 놓아 이화여대 총장을 지냈다.

癸 丁 辛 庚
卯 亥 巳 午

이 사주는 정해(丁亥)일생이 일귀격(日貴格)을 이루어 대학교수
가 되었다.

丙 丁 辛 辛
午 酉 丑 酉

본명은 정유(丁酉)일생이 일귀격(日貴格)을 되어 교수가 되었다.

壬 癸 丁 甲
子 卯 卯 子

이 사주는 일지(日支)에 묘(卯) 천을귀인(天乙貴人)을 놓아 일귀
격(日貴格)을 이루어 육군 참모총장이 되었다.

4. 천주귀인(天廚貴人)

日干	甲	乙	丙	丁	戊	己	庚	辛	壬	癸
天廚貴人	巳	午	巳	午	申	酉	亥	子	寅	卯

지지(地支)에 식신(食神)이 암장(暗藏)되어 있는 것을 말한다. 사주에 천주귀인(天廚貴人)이 있으면 식록이 풍부하며 잘 산다는 길성이다. 여기에 귀성이 도와주면 더욱 금상첨화가 된다.

庚 甲 乙 壬
午 申 巳 子

이 사주는 갑(甲)일생이 월지(月支)에 사(巳) 병화(丙火) 식신(食神)으로 천주귀인(天廚貴人)을 놓아 재물이 풍요로웠다.

丙 甲 丁 癸
寅 午 巳 丑

이 사주는 갑(甲)일생이 월지(月支)에 사(巳) 병화(丙火) 식신(食神)으로 천주귀인(天廚貴人)을 놓아 식록이 풍부했다.

5. 관귀학관(官貴學館)

관귀학관(官貴學館)은 관성(官星)의 장생궁(長生宮)을 말한다. 사

日干	甲	乙	丙	丁	戊	己	庚	辛	壬	癸
官貴學館	巳	巳	申	申	亥	亥	寅	寅	申	申

주에 관귀학관(官貴學館)이 있으면 관직에 진출하면 승진이 매우 빨라 벼슬이 산처럼 높아진다는 길성이다.

庚 庚 壬 壬
辰 子 寅 午

이 사주는 경(庚)일생이 월지(月支)에 인(寅) 관귀학관(官貴學館)을 놓아 승진이 순조로웠다.

丙 己 壬 丙
寅 亥 辰 辰

이 사주는 기(己)일생이 일지(日支)에 해(亥) 관귀학관(官貴學館)을 놓아 대부대귀했다.

乙 己 壬 戊
亥 未 戌 申

이 사주는 국무총리를 지낸 백두진의 명이다. 기(己)일생이 시지(時支)에 해(亥) 관귀학관(官貴學館)을 놓아 높은 관직에 올랐다.

6. 천관귀인(天官貴人)

日干	甲	乙	丙	丁	戊	己	庚	辛	壬	癸
天官貴人	未	辰	巳	酉	戌	卯	亥	申	寅	午

　관직에서 입신양명하는 길성으로, 지지(地支)에 재관(財官)이 있는 것을 말한다. 갑(甲) 일간(日干)이 신미(辛未)나 신축(辛丑)을 만나거나, 병(丙) 일간(日干)이 계사(癸巳)를 만나거나, 무(戊) 일간(日干)이 계묘(癸卯)를 만나면 성립된다. 다른 일간(日干)도 이와 같이 본다.

7. 문창귀인(文昌貴人)

日干	甲	乙	丙	丁	戊	己	庚	辛	壬	癸
文昌貴人	巳	午	申	酉	申	酉	亥	子	寅	卯

　문창귀인(文昌貴人)은 문창성(文昌星)이라고도 하는데, 두뇌가 총명하여 공부를 잘한다는 길성이다. 사주에 있으면 학예방면에 특출난 재능이 있고 기억력·추리력·연구력·창의력 등에 천부적인 재질이 있다. 사주에 식신(食神)이 있으면 성립하고, 건록(建祿)의 3번째 앞의 지지(地支)가 문창귀인(文昌貴人)이다. 가령 병(丙)일생이 진(辰)이나 술(戌)이 있거나, 정(丁)일생이 축(丑)이나 미(未)가 있는 경우이다.

8. 문곡귀인(文曲貴人)

日干	甲	乙	丙	丁	戊	己	庚	辛	壬	癸
文曲貴人	亥	子	寅	卯	寅	卯	巳	午	申	子

문곡귀인(文曲貴人)은 사후에 명성이 더 높이 평가된다는 길성이다. 사주에 있으면 겸손겸허하여 덕망이 높고 인심이 후덕하다. 건록(建祿)의 3번째 뒤의 지지(地支)가 문곡귀인(文曲貴人)이다.

9. 학당귀인(學堂貴人)

日干	甲	乙	丙	丁	戊	己	庚	辛	壬	癸
學堂貴人	亥	午	寅	酉	寅	酉	巳	子	申	卯

학당귀인(學堂貴人)은 장생궁(長生宮)을 말하는데, 두뇌가 총명하며 학자나 교육자로 나가면 좋다는 길성이다.

10. 삼기귀인(三奇貴人)

天上三奇	地下三奇	人文三奇
甲戊庚	乙丙丁	辛壬癸

삼기(三奇)는 오성명학(五星命學)에서 묘사오(卯巳午) 세 글자를 모두 갖추면 삼대성(三臺星)이 된다는 것에서 유래하였다. 묘(卯)의 정기 을목(乙木), 사(巳)의 정기 병화(丙火), 오(午)의 정기 정

화(丁火)인 을병정(乙丙丁)을 삼기(三奇)라 한다.

삼기(三奇)는 천상·지하·인문으로 나눈다. 갑무경(甲戊庚)을 천상삼기(三奇)라 하는데, 축미(丑未) 천을귀인(天乙貴人)을 말한다. 임계신(壬癸辛)을 인문삼기(三奇)라 하는데, 사묘오(巳卯午)가 임계신(壬癸辛)의 천을귀인(天乙貴人)이 되어 귀한 것을 말한다.

삼기(三奇)는 기이한 수기(秀氣)를 발휘하여 귀명이 된 것에서 연유하였다. 사주에 삼기(三奇)가 있으면 정신이 남다르며 기이한 것을 좋아하고 큰 것을 숭상하며 학문을 널리하고 재능이 탁월하다.

11. 천덕귀인(天德貴人)

月支	寅	卯	辰	巳	午	未	申	酉	戌	亥	子	丑
天德	丁	申	壬	辛	亥	甲	癸	寅	丙	乙	巳	庚

천덕귀인(天德貴人)은 선조와 천우신조의 혜택이 많아 일체의 재앙이 소멸된다는 길성이다. 천덕귀인(天德貴人)은 생일에서 암합(暗合)하는 것을 제일로 하고, 생시를 그 다음으로 한다.

천덕귀인(天德貴人)은 일주(日柱)나 시주(時柱)에 있으면 흉이 길로 변하고 길은 배가 된다. 천덕귀인(天德貴人)이 재성(財星)에 임하면 재물복과 아내복이 있고, 관성(官星)에 임하면 관운이 혁혁하고, 식상(食傷)에 임하면 의식주가 번창하고, 인성(印星)에 임하면 인덕이 많아 도와주는 이가 많으니 만사가 순조롭다.

12. 월덕귀인(月德貴人)

月支	寅	卯	辰	巳	午	未	申	酉	戌	亥	子	丑
月德	丙	甲	壬	庚	丙	甲	壬	庚	丙	甲	壬	庚

월덕귀인(月德貴人)은 선조덕이 있고 흉살이 소멸된다는 길성이다. 작용은 천덕귀인(天德貴人)과 비슷하다.

13. 금여록(金輿綠)

日干	甲	乙	丙	丁	戊	己	庚	辛	壬	癸
金輿	辰	巳	未	申	未	申	戌	亥	丑	寅

아내의 내조와 처가의 재물혜택이 많거나 미모의 아내를 얻는다는 길성이다. 금여록(金輿綠)이 일지(日支)나 시지(時支)에 있으면 평생 편안하며, 남녀 모두 좋은 배우자를 만나고 자손도 창성한다. 건록(建祿)의 2번째 앞의 지지(地支)가 금여록(金輿綠)이다.

14. 암록(暗綠)

日干	甲	乙	丙	丁	戊	己	庚	辛	壬	癸
暗祿	亥	戌	申	未	申	未	巳	辰	寅	丑

암록(暗綠)은 건록(建祿)과 육합(六合)이 되는 것으로, 평생 금전이 궁하지 않고, 역경에 처해도 뜻밖의 도움을 받는 길성이다. 사주

에 있으면 남이 모르는 복록이 있고 도와주는 사람도 많다.

15. 장수살(長壽殺)

月支	寅	卯	辰	巳	午	未	申	酉	戌	亥	子	丑
長壽	亥	戌	酉	申	未	午	巳	辰	卯	寅	丑	子

장수살(長壽殺)은 생월지(月支)와 육합(六合)이 되는 것으로, 말 그대로 오래 산다는 길성이다.

16. 천의성(天醫星)

月支	寅	卯	辰	巳	午	未	申	酉	戌	亥	子	丑
天醫	丑	寅	卯	辰	巳	午	未	申	酉	戌	亥	子

천의성(天醫星)은 활인성(活人星)이라고도 하는데 인명을 구해준다는 길성이다. 사주에 천의성(天醫星)이 있으면 의사·종교가·약사·간호사·역술가로 나가면 길하다.

17. 원진살(怨嗔殺)

子未	丑午	寅酉	卯申	辰亥	巳戌

부모 형제와 화목하지 않고, 이유없이 부부가 미워하며 증오·이별·수술·감금·고독·구타 등이 따르는 흉살이다.

— 월일지(月日支)에 원진살(怨嗔殺)이 있으면 부모 형제간에 불 협화음이 많고, 여기에 형충파해(刑沖破害)가 있거나 재인(財 印)이 쟁투하면 고부간에 갈등이 많다.

— 일시지(日時支)에 원진살(怨嗔殺)이 있으면 아내와 자손의 근 심이 많다. 특히 부부사이가 원만하지 못하다.

— 여명이 원진(怨嗔)이 있으면 말로 상처를 주고 원한을 산다.

— 년월지(年月支)에 원진살(怨嗔殺)이 있으면 조부 밑에서 자라 거나 부모와 떨어져 애정없이 성장한다.

— 여명이 원진살(怨嗔殺)이 비겁(比劫)과 동주하면 친구에게 배 신을 당하거나 남편이 바람나고, 상관(傷官)과 동주하면 자식이 무정하고, 재성(財星)과 동주하면 아버지덕이 없으며 금전이 어 렵고, 인성(印星)과 동주하면 보증이나 문서사기를 당하고, 관성 (官星)과 동주하면 남편이나 남자 때문에 아픔을 겪는다.

庚 丙 辛 庚
寅 戌 巳 申

이 사주는 일월지(日月支)에 사술(巳戌) 원진(怨嗔)을 놓아 형제 간에 불화가 많았다.

辛 壬 乙 乙
丑 寅 酉 丑

이 사주는 일월지(日月支)에 인유(寅酉) 원진(怨嗔)을 놓아 형제 간에 불목했다.

```
庚 丙 辛 辛
寅 申 卯 亥
```

이 사주는 재인(財印)이 묘신(卯申) 원진(怨嗔)을 놓아 재성(財星)인 아내와 인성(印星)인 어머니가 다툼이 심하여 이혼했다.

```
壬 壬 癸 辛
寅 寅 巳 未
```

이 사주는 월일지(月日支)에 인사(寅巳) 삼형(三刑)을 놓아 년상(年上) 신금(辛金) 인성(印星)이 약하고 재성(財星)은 왕하다. 재(財)가 너무 강하여 인성(印星)이 무기력하면 며느리가 시어머니를 구박한다. 고부간에 밤낮 싸우다 둘 다 음독자살했다.

```
己 乙 己 癸
卯 未 未 丑
```

이 사주도 계수(癸水)의 뿌리가 축미충(丑未沖)하고 재극인(財剋印)하니 고부간에 다툼이 심하여 아내가 목을 매 자살했다.

```
癸 戊 戊 乙
亥 午 子 亥
```

이 사주도 일월지(日月支)에 자오충(子午沖)이 있고 재극인(財剋印)하여 고부갈등이 심했다. 결국 아내가 음독자살했다.

18. 백호대살(白虎大殺)

甲辰	乙未	丙戌	丁丑	戊辰	壬戌	癸丑

백호대살(白虎大殺)은 피를 본다는 흉악한 살인데 7가지가 있다. 백호대살(白虎大殺)은 일시(日時)나 일월(日月)로 정해져 있지 않고 해당 범위가 넓고 주로 육친법에 활용된다. 오늘날에는 백호대살(白虎大殺)이 자동차 사고와 관련이 깊다. 관성(官星)이 백호대살(白虎大殺)인데 역마(驛馬)까지 있으면 교통사고의 위험이 크고, 형충파해(刑沖破害)까지 있으면 흉이 더욱 가중된다.

— 사주 어디에 있든 편재(偏財)가 백호대살(白虎大殺)에 해당하면 아버지가 흉사한다.

— 여명이 관성(官星)이 백호대살(白虎大殺)에면 남편이 흉사한다.

— 여명이 식신(食神)이나 상관(傷官)이 백호대살(白虎大殺)에 해당하면 자식에게 흉사가 있고, 낙태나 유산 등이 따른다.

— 남명에 관성(官星)이 백호대살(白虎大殺)에 해당하면 자식에게 흉사가 있고, 낙태・유산 등을 경험한다.

戊 甲 壬 己
辰 戌 申 酉

본명은 무진(戊辰) 편재(偏財)가 백호(白虎)에 임하고 관살(官殺)이 신(申) 역마성(驛馬星)과 동주하니 부모를 교통사고로 잃었다.

丙 庚 壬 癸
戌 申 戌 丑

이 사주는 경(庚)일생이 시지(時支) 술토(戌土)가 편인(偏印)이며 조부이다. 편인(偏印)이 병술(丙戌)로 백호대살(白虎大殺)에 임했고, 백호대살(白虎大殺)이 축술(丑戌)로 삼형살(三刑殺)이 되어 조부가 미친개에게 물려 세상을 떠났다. 옛날로 말하면 호랑이에게 물린 셈이다.

丙 乙 甲 戊
子 未 子 辰

이 사주는 을(乙)일생이 년지(年支) 진(辰) 계수(癸水)가 편인(偏印)이며 조부인데 편인(偏印)이 무진(戊辰)으로 백호대살(白虎大殺)에 임하여 조부가 흉사했다.

庚　丁　己　壬
戌　未　酉　戌

이 사주는 정(丁)일생이 년지(年支) 술(戌) 무토(戊土)가 상관(傷官)이며 조모이다. 상관(傷官)이 임술(壬戌)로 백호대살(白虎大殺)에 임했고, 백호대살(白虎大殺)이 술미(戌未)로 삼형살(三刑殺)이 되어 조모가 흉사했다.

壬　戊　乙　己
戌　辰　亥　丑

이 사주는 무(戊)일생이 시상(時上) 임수(壬水)가 편재(偏財)이며 아버지이다. 편재(偏財)가 임술(壬戌)로 상충살(相沖殺)이 되어 아버지가 흉사했다.

辛　乙　壬　丁
巳　未　寅　卯

이 사주는 을(乙)일생이 일지(日支) 미토(未土)가 편재(偏財)이며 고모이다. 편재(偏財)가 을미(乙未)로 백호대살(白虎大殺)에 임하여 고모가 목을 매 자살했다.

己 乙 己 癸
卯 未 未 丑

을(乙)일생이 일지(日支) 미토(未土)가 편재(偏財)이며 처첩이다.
편재(偏財)가 을미(乙未)로 백호대살(白虎大殺)에 임했고, 축미(丑
未)로 형충(刑沖)이 되어 아내가 첩 때문에 목을 매 자살했다.

庚 辛 癸 壬
寅 巳 丑 戌

이 사주는 신(辛)일생이 년지(年支) 술토(戌土)가 정인(正印)이며
어머니다. 정인(正印)이 임술(壬戌)로 백호대살(白虎大殺)에 임했
고, 축술(丑戌)로 삼형살(三刑殺)이 되어 어머니가 산망(産亡)했다.

壬 癸 壬 辛
子 丑 辰 未

이 사주는 계(癸)일생이 일지(日支) 축토(丑土)가 관성(官星)이며
남편이다. 관성(官星)이 계축(癸丑)으로 백호대살(白虎大殺)에 임
했고, 백호대살(白虎大殺)이 축미(丑未)로 형충(刑沖)이 되어 남편
이 전사했다.

丙 乙 戊 辛
戌 亥 戌 卯

이 사주는 을(乙)일생이 시지(時支) 술(戌) 중 신금(辛金)이 편관
(偏官)이며 자손이다. 편관(偏官)이 병술(丙戌)로 백호대살(白虎大
殺)에 임하여 아들이 돈을 달라는 것을 거절하자 음독자살했다

辛 丁 戊 乙
亥 丑 寅 丑

이 사주는 정(丁)일생이 일지(日支) 축토(丑土)가 식상(食傷)이며
자손이다. 식상(食傷)이 정축(丁丑)으로 백호대살(白虎大殺)에 임
하여 딸이 물에 빠져 죽었다.

癸 癸 丙 戊
丑 丑 辰 申

이 사주는 계(癸)일생이 일지(日支) 축(丑) 중 계수(癸水)가 비견
(比肩)이며 형제이다. 비견(比肩)이 계축(癸丑) 백호대살(白虎大
殺)에 임하여 여동생이 음독자살했다.

19. 괴강살(魁罡殺)

庚辰日	庚戌日	壬辰日	壬戌日	戊戌日

　모든 사람을 제압한다는 강렬한 살로, 대귀·대부·엄격·총명·횡포·살생·극빈·재앙 등의 길흉이 극단적으로 작용한다. 사주에 있으면 남명은 대중을 제압하며 지휘통솔하고, 여명은 대개 남편이 납치·단명·횡사하거나 이혼하는 등 남편과 인연이 박하다.

```
庚  壬  壬  丁
戌  辰  寅  卯
```

　이 사주는 임진(壬辰) 괴강살(魁罡殺)을 놓아 남편이 납치당했다.

```
辛  庚  甲  壬
巳  戌  辰  申
```

　이 사주는 경진(庚辰) 괴강살(魁罡殺)을 놓아 남편이 가정을 등한시하며 무책임했다.

```
丁  庚  丙  丙
丑  辰  申  寅
```

이 사주는 경진(庚辰) 괴강살(魁罡殺)을 놓아 남편이 강금당했다.

```
丁  壬  壬  庚
未  戌  午  申
```

임술(壬戌) 괴강살(魁罡殺)을 놓아 남편이 전쟁터에서 죽었다.

```
癸  戊  甲  戊
亥  戌  子  午
```

무술(戊戌) 괴강살(魁罡殺)을 놓아 정부와 간통하고 이혼했다.

```
甲  戊  乙  戊
寅  戌  卯  寅
```

이 사주는 무술(戊戌) 괴강살(魁罡殺)을 놓아 남편이 직업도 없고 안하무인격이었다.

20. 생사이별살(生死離別殺)

甲寅	乙卯	丙午	丁巳	戊辰	戊戌	己丑	庚申	辛酉	壬子	癸亥

간여지동(干與支同)이라고도 하는데, 배우자와 살아서 이별하거나

죽어서 이별한다는 흉살이다. 간여지동(干與支同)은 일간(日干)과 일지(日支)에 같은 오행이 있는 것을 말한다. 갑인(甲寅)일·을묘(乙卯)일·병오(丙午)일·정사(丁巳)일·무진(戊辰)일·무술(戊戌)일·기축(己丑)일·경신(庚申)일·신유(辛酉)일·임자(壬子)일·계해(癸亥)일 등에 태어난 사람을 말한다. 사주에 생사이별살(生死離別殺)이 있으면 부부궁이 불길하여 신음이 많다.

```
丁 甲 辛 乙
卯 寅 巳 卯
```

갑인(甲寅)일생이 생사이별살(生死離別殺)을 놓아 과부가 되었다.

```
庚 乙 丁 戊
辰 卯 巳 子
```

이 사주는 을묘(乙卯)일생이 생사이별살(生死離別殺)을 놓아 간통을 많이 했다.

```
庚 丙 丙 壬
寅 午 午 午
```

병오(丙午)일이 생사이별살(生死離別殺)을 놓아 남편이 흉사했다.

癸　丁　丙　癸
卯　巳　辰　亥

정사(丁巳)일이 생사이별살(生死離別殺)을 놓아 남편이 단명했다.

壬　戊　乙　己
子　辰　亥　丑

무진(戊辰)일생이 생사이별살(生死離別殺)을 놓아 간통하였다.

乙　戊　壬　壬
卯　戌　寅　辰

무술(戊戌)일생이 생사이별살(生死離別殺)을 놓아 여난이 많았다.

戊　己　癸　戊
辰　丑　丑　辰

기축(己丑)일생이 생사이별살(生死離別殺)을 놓아 과부가 되었다.

戊　辛　丙　丁
子　酉　午　酉

신유(辛酉)일생이 생사이별살(生死離別殺)을 놓아 첩을 두었다

己 壬 乙 癸
酉 子 卯 丑

임자(壬子)일이 생사이별살(生死離別殺)을 놓아 아내가 흉사했다.

21. 고란살(孤鸞殺)

甲寅日	乙巳日	丁巳日	戊申日	辛亥日

고란살(孤鸞殺)은 신음살(呻吟殺)이라고도 하는데, 여명에 있으면 남편 때문에 항상 근심이 많다는 흉살이다. 남편이 첩을 두거나 남편과 이별하거나 독수공방을 한다. 갑인(甲寅)·을사(乙巳)·정사(丁巳)·무신(戊申)·신해(辛亥)생이면 해당한다.

丁 乙 辛 戊
丑 巳 酉 未

을사(乙巳)일생이 고란살(孤鸞殺)을 놓아 남편과 이별했다.

戊 丁 壬 甲
申 巳 申 戌

이 사주는 정사(丁巳)일생이 고란살(孤鸞殺)을 놓아 헌신하면서도 매를 맞고 살았다.

癸 辛 壬 壬
巳 亥 子 午

본명은 신해(辛亥)일생이 고란살(孤鸞殺)을 놓아 과부가 되었다.

己 辛 戊 丁
丑 亥 申 未

본명도 신해(辛亥)일생이 고란살(孤鸞殺)을 놓아 과부가 되었다.

戊 戊 癸 乙
午 申 未 亥

무신(戊申)일생이 고란살(孤鸞殺)을 놓아 결혼하지 못했다.

■ 고란살(孤鸞殺)의 원리

갑인(甲寅)일 : 인(寅) 갑목(甲木) 관성(官星)이 되는 금성(金星)이 절궁(絶宮)이 되거나, 갑(甲) 일간(日干)의 인(寅)은 비견(比肩)이면서 건록(建祿)이니 재성(財星)을 극한다. 다시 말해 재관(財官)이 무력하니 배우자와 인연이 박한 것이다.

을사(乙巳)일 : 을(乙)일생의 사(巳)는 목욕(沐浴)이다. 목욕(沐浴)은 함지(咸池) 또는 패신(敗神)이라고 하는데, 사주에 이 살이 있으면 부부간에 생사이별수가 따른다. 사(巳) 경금(庚金) 관성(官星)이 장생(長生)하고 암장(暗藏)되어 있으나, 사화(巳火)는 병(丙)의 건록궁(建祿宮) 노야지화(爐冶之火)로 화(火) 역시 태왕하다. 을목(乙木)이 생화(生火)하고 목화(木火)가 합세하여 경금(庚金)을 극하니 경금(庚金)이 제구실을 못하여 흉한 것으로 본다.

정사(丁巳)일 : 정사(丁巳)일생 여명은 왕자왕부(旺子旺夫)하는 것을 많이 본다. 사(巳)에 경금(庚金) 재성(財星)이 있어 생수관(生水官)한다고 하나, 사화(巳火)는 병(丙)의 건록궁(建祿宮)이고 간지(干支)가 화(火)이다. 태왕한 화(火)가 경금(庚金)을 극하니 생수관(生水官)이 어려워 흉한 것이다.

무신(戊申)일 : 무신(戊申)일생 여명은 지지(地支)에 식신(食神)이 있고, 을목(乙木) 관성(官星)이 절궁(絶宮)이 되기 때문에 흉하다.

신해(辛亥)일 : 신해(辛亥)일생 여명은 유부(有夫)이나 해(亥) 갑목(甲木)이 장생궁(長生宮)을 얻어 생화관(生火官)하여 극부(剋夫)한다. 그러나 해궁(亥宮)은 신금(辛金) 관성(官星)이 되는 병화(丙火)의 절궁(絶宮)이 되고, 해(亥) 갑목(甲木)은 수중습목(水中濕木)이 되는 동시에 금수심냉(金水甚冷)으로 생화(生火)를 잘하지 못한다. 또 해(亥)는 수극화(水剋火)하기 때문에 실시(失恃)하여 왕한 화(火)가 되기 전에는 염상(炎上)이 되기 어려워 흉하다.

그러나 고란살(孤鸞殺)이라고 모두 남편을 극하는 것은 아니다. 잘 사는 사주도 많다.

```
甲 辛 甲 丁
亥 午 亥 辰
```

본명은 신(辛)일생이 일지(日支) 계수(亥水) 식신(食神)을 생하고, 일지(日支) 계수(亥水) 식신(食神)은 월상(月上) 갑목(甲木) 재성(財星)을 생하고, 월상(月上) 갑목(甲木) 재성(財星)은 년상(年上) 정화(丁火) 관살(官殺)을 생하고, 년상(年上) 정화(丁火) 관살(官殺)은 년월지(年月支) 미진토(未辰土) 인성(印星)을 생하고, 년월지(年月支) 미진토(未辰土) 인성(印星)은 나를 생한다. 이런 사주를 생생불식(生生不息)이라 하는데, 왕자왕부(旺子旺夫)한다.

22. 의처살(疑妻殺)

丁亥日	己亥日	乙巳日	辛巳日	癸巳日

의처살(疑妻殺)은 공연히 아내를 의심하는 것을 말한다. 정해(丁亥)·기해(己亥)·을사(乙巳)·신사(辛巳)·계사(癸巳)일생이 사

주에 관성(官星)이 투간(透干)되고, 지지(地支)에 암장(暗藏)된 관성(官星)이 있으면 해당한다.

壬　丁　壬　丁
寅　亥　子　丑

이 사주는 정해(丁亥)일생이 월시(月時)에 임수(壬水) 관성(官星)이 투간(透干)되었고, 일지(日支) 해(亥)에 임수(壬水) 관성(官星)이 암장(暗藏)되어 남편이 의처증이 있다.

甲　己　甲　己
戌　亥　戌　卯

이 사주는 기해(己亥)일생이 월시(月時)에 갑목(甲木) 관성(官星)이 투간(透干)되었고, 일지(日支) 해(亥)에 갑목(甲木) 관성(官星)이 암장(暗藏)되어 남편이 의처증이 있다.

丁　乙　庚　戊
亥　巳　申　辰

이 사주는 을사(乙巳)일생이 월(月)에 경금(庚金) 관성(官星)이 투간(透干)되었고, 일지(日支) 사(巳)에 경금(庚金) 관성(官星)이 암장(暗藏)되어 남편이 의처증이 있다.

丙　辛　丁　庚
申　巳　亥　午

　이 사주는 신사(辛巳)일생이 월시(月時)에 병정화(丙丁火) 관성(官星)이 투간(透干)되었고, 일지(日支) 사(巳)에 병화(丙火)가 암장(暗藏)되어 남편이 의처증이 있다.

己　癸　己　辛
未　巳　亥　未

　이 사주는 계사(癸巳)일생이 월시(月時)에 기토(己土) 관성(官星)이 투간(透干)되었고, 일지(日支) 사(巳)에 무토(戊土) 관성(官星)이 암장(暗藏)되어 남편이 의처증이 있다.

23. 귀문관살(鬼門關殺)

日支	寅	卯	辰	巳	午	未	申	酉	戌	亥	子	丑
鬼門	未	申	亥	戌	丑	寅	卯	子	巳	辰	酉	午

　정신이상·신경쇠약·환청·환시·약물중독 등 정신이나 신경계에 이상이 생긴다는 흉살이다. 의부증이나 의처증이 생기고, 귀문

관살(鬼門關殺)이 백호살(白虎殺)과 동주하면 자살할 수도 있다.

乙　丙　庚　辛
未　午　寅　未

이 사주는 병(丙)일생이 월시지(月時支)에 인미(寅未) 귀문관살(鬼門關殺)을 놓아 아내가 신경쇠약에 걸렸다.

甲　甲　丙　己
子　申　寅　卯

이 사주는 갑목(甲木)일생이 년일지(年日支)에 묘신(卯申) 귀문관살(鬼門關殺)을 놓아 정신이상에 걸렸다.

癸　甲　己　乙
酉　辰　卯　亥

이 사주는 갑(甲)일생이 년일지(年日支)에 진해(辰亥) 귀문관살(鬼門關殺)을 놓아 정신이상에 걸렸다.

己　甲　辛　庚
巳　戌　巳　申

이 사주는 갑(甲)일생이 일시지(日時支)에 술사(戌巳) 귀문관살 (鬼門關殺)을 놓아 남편이 의처증이 심했다.

乙 癸 壬 乙
卯 丑 午 酉

이 사주는 병(丙)일생이 년일지(年日支)에 자유(子酉) 귀문관살 (鬼門關殺)을 놓아 정신병을 앓았다.

丙 戊 癸 乙
辰 子 未 酉

이 사주는 무(戊)일생이 년일지(年日支)에 자유(子酉) 귀문관살 (鬼門關殺)을 놓아 정신병을 앓았다.

24. 탕화살(湯火殺)

湯火殺	甲午	甲寅	乙丑	丙寅	丙午	丁丑	戊寅日
	戊午	庚午	庚寅	辛丑	壬午	壬寅	癸丑日

어려서 불이나 끓는 물에 데어 흉터가 생긴다는 흉살이다. 화재· 탄환이나 파편 부상·음독자살이 따른다. 형살(刑殺)·백호대살(白 虎大殺)·원진살(怨嗔殺)과 같이 있으면 흉이 더욱 가중된다.

丙 甲 丁 甲
寅 午 卯 子

일주(日柱)에 오(午) 탕화살(湯火殺)을 놓아 화상 흉터가 생겼다.

丙 壬 丁 甲
午 寅 丑 戌

이 사주는 일주(日柱)에 인(寅) 탕화살(湯火殺)을 놓아 끓는 물에
데어 큰 흉터가 생겼다.

壬 戊 壬 甲
戌 寅 申 子

일주(日柱)에 인(寅) 탕화살(湯火殺)을 놓고, 월지(月支) 신금(申
金)과 인신형(寅申刑)이 되어 총에 맞아 큰 흉터가 생겼다.

丙 甲 己 甲
寅 寅 巳 子

이 사주는 일주(日柱)에 인(寅) 탕화살(湯火殺)을 놓고, 인(寅) 탕
화살(湯火殺)이 월지(月支) 사(巳)와 인사(寅巳) 삼형살(三刑殺)이

되어 양잿물을 먹고 자살을 시도했다.

癸 戊 己 甲
丑 午 巳 子

이 사주는 일주(日柱)에 오(午) 탕화살(湯火殺)을 놓고, 시지(時支)에 축오(丑午) 원진살(怨嗔殺)을 놓아 총에 맞았다.

己 庚 丙 壬
卯 午 午 戌

이 사주는 일주(日柱)에 오(午) 탕화살(湯火殺)을 놓고, 월지(月支)에 오오(午午) 자형(自刑)이 있어 음독자살을 시도했다.

丙 丁 辛 辛
午 丑 卯 亥

일주(日柱)에 축(丑) 탕화살(湯火殺)을 놓고, 시지(時支)에 오화(午火)와 축오(丑午) 원진살(怨嗔殺)을 놓아 총에 맞았다.

辛 己 甲 甲
未 丑 戌 子

일주(日柱)에 축(丑) 탕화살(湯火殺)을 놓고, 월시지(月時支)에 술미(戌未)와 축술미(丑戌未) 삼형살(三刑殺)이 있어 총에 맞았다.

癸 戊 甲 戊
丑 寅 寅 寅

이 사주는 무인(戊寅)일생이 년월지(年月支)에 인(寅)이 중중하여 음독자살을 시도했다.

甲 戊 庚 丙
寅 寅 寅 寅

이 사주는 무인(戊寅)일생이 년월일시지(年月日時支)에 인(寅) 탕화살(湯火殺)이 중중하여 음독자살을 시도했다.

庚 戊 乙 壬
申 子 巳 申

이 사주는 무자(戊子)일생이 년월지(年月支)에 사신형(巳申刑)이 있어 음독자살을 시도했다.

丙 戊 庚 戊
亥 未 巳 申

이 사주는 무자(戊子)일생이 년월지(年月支)에 인신형(寅申刑)이
있어 음독자살을 시도했다.

25. 낙정관살(落井關殺)

日干	甲	乙	丙	丁	戊	己	庚	辛	壬	癸
落井關殺	巳	子	申	戌	卯	巳	子	申	戌	卯

우물이나 강물에 빠져 죽는다는 흉살이다. 특히 일지(日支)나 시
지(時支)에 낙정관살(落井關殺)이 있거나, 금수(金水)가 지나치게
많거나, 수(水)가 무력하면 수액을 당할 수 있다.

壬 丙 壬 丁
辰 申 寅 卯

이 사주는 병(丙)일생이 일지(日支)에 신(申) 낙정관살(落井關殺)
을 놓아 금강에 빠져 죽었다.

甲 丙 癸 癸
午 申 亥 亥

이 사주는 병(丙)일생이 일지(日支)에 신(申) 낙정관살(落井關殺)을 놓아 물에 빠졌다가 구사일생으로 살았다.

丙 乙 辛 壬
子 亥 亥 辰

이 사주는 을(乙)일생이 해(亥)월 수왕절(水旺節)에 태어났고, 수기(水氣)가 태왕하니 수다목부(水多木浮)가 되어 익사했다.

丁 乙 庚 丙
亥 未 子 辰

이 사주는 을(乙)일생이 자(子)월 수왕절(水旺節)에 태어났고, 자진합(子辰合) 수국(水局)으로 수다목부(水多木浮)가 되어 물에 빠졌다. 그러나 수기(水氣)가 투출(透出)하지 않아 살아났다.

壬 己 壬 壬
申 未 寅 申

이 사주는 기(己)일생이 인(寅)월에 태어나 땅이 갈라진 형국인데, 금수(金水)가 태왕하여 댐이 붕괴된 형국이다. 위장병으로 고생하다 물에 빠져 자살했다.

```
丁 己 丙 壬
卯 亥 午 申
```

이 사주는 기(己)일생이 오(午)월에 태어나 임수(壬水)가 용신(用神)이다. 정미(丁未)대운에 정임합(丁壬合)·해묘미합(亥卯未合)하니 용신(用神) 수기(水氣)가 무력해져 수영하다가 익사했다.

■ 남편이 수액을 당하는 경우

— 무기(戊己)일생 여명이 목약다수(木弱多水)하면 남편에게 익사액이 있다. 무기(戊己)일생의 남편 목(木)이 매우 약하고 물이 많으면 남편인 목(木)이 부목(浮木)되어 표류하는 형국이 된다(水多木浮).

— 갑을(甲乙)일생 여명이 금약다수(金弱多水)하면 남편에게 익사액이 있다. 갑을(甲乙)생의 남편 금(金)이 매우 약하고 물이 많으면 남편인 금(金)이 물에 잠기는 형국이 된다(水多金沈).

— 임계(壬癸)일생 여명이 토약다수(土弱多水)하면 남편에게 익사액이 있다. 임계(壬癸)일생의 남편 토(土)가 매우 약하고 물이 많으면 남편인 토(土)가 물에 씻겨내려가는 형국이 된다(水多土流).

— 병정(丙丁)일생 여명이 수(水)가 형충(刑沖)이나 백호대살(白虎大殺)에 임하면 남편에게 익사액이 있다.

— 경신(庚辛)일생 여명이 화약다수(火弱多水)하면 남편에게 익사

액이 있다. 경신(庚辛)일생의 남편 화(火)가 매우 약하고 물이 많으면 남편인 화(火)가 물에 꺼지는 형국이 된다. 이런 사주는 수액을 당하거나 음독사·알콜중독·약물중독이 따른다.

```
丙 戊 丙 乙
辰 申 子 巳
```

이 사주는 무(戊)일생이 년상(年上) 을목(乙木)이 정관(正官)이며 남편인데, 신자진(申子辰) 수국(水局)을 놓아 을목(乙木) 관성(官星)이 수다목부(水多木浮)가 되어 익사했다.

```
丁 乙 癸 癸
丑 亥 亥 亥
```

이 사주는 을목(乙木)일생이 시지(時支) 축(丑) 신금(辛金) 관성(官星)이 수기(水氣)가 태왕하여 수다금침(水多金沈)하여 신금(辛金) 남편이 익사했다.

```
辛 壬 癸 癸
亥 辰 亥 亥
```

이 사주는 임(壬)일생이 진토(辰土) 관살(官殺)이 남편인데, 수

(水)가 태왕하여 수다토류(水多土流)가 되어 남편이 익사했다.


```
甲  癸  丁  癸
寅  卯  巳  亥
```


이 사주는 계(癸)일생이 월지(月支) 사(巳) 무토(戊土)가 남편인데, 정계충(丁癸沖)과 사해충(巳亥沖)으로 무력해져 익사했다.


```
丙  庚  辛  壬
子  辰  亥  申
```


이 사주는 경(庚)일생이 시상(時上) 병화(丙火)가 관살(官殺)이며 남편인데, 병임충(丙壬沖)하고 신자진(申子辰) 수국(水局)으로 병화(丙火)가 무력해져 익사했다.

■ 자손이 수액을 당하는 경우

경진(庚辰)시나 임계(壬癸)일생 남명이 수(水)가 왕하여 토(土) 관살(官殺)이 약하거나, 임계(壬癸)일생 여명이 목(木) 식상(食傷)이 금수(金水)가 태왕하여 무력해지면 자손에게 수액이 따른다.


```
庚  庚  癸  壬
辰  辰  丑  戌
```

이 사주는 경진(庚辰)일 경진(庚辰)시생이다. 큰딸이 작은딸을 데리고 강가에 나가 놀다 작은딸이 물에 빠져 죽었다.

```
庚 庚 甲 癸
辰 辰 子 丑
```

경진(庚辰)일 경진(庚辰)시생인데 아들이 연못에 빠져 죽었다.

```
庚 庚 戊 丙
辰 辰 戌 寅
```

이 사주는 경진(庚辰)일 경진(庚辰)시생인데 아들이 수영장에 빠져 죽을뻔했다.

```
丙 癸 甲 庚
辰 酉 申 戌
```

본명은 계(癸)일생이 년지(年支) 술토(戌土)가 관성(官星)이며 자손인데, 신(申)월 금왕절(金旺節)에 태어났고, 신유술(申酉戌) 합국(合局)으로 금수(金水)가 태왕하여 토(土) 관성(官星)이 약해지니 아들이 익사했다.

```
辛  壬  癸  癸
亥  辰  亥  亥
```

임(壬)일생이 진토(辰土)가 관살(官殺)이며 자손인데, 수(水)가
태왕하여 토(土) 관살(官殺)이 약해지니 아들이 물에 빠져죽었다.

25. 고신살(孤神殺)·과숙살(寡宿殺)

年支	子	丑	寅	卯	辰	巳	午	未	申	酉	戌	亥
孤辰	寅	寅	巳	巳	巳	申	申	申	亥	亥	亥	寅
寡宿	戌	戌	丑	丑	丑	辰	辰	辰	未	未	未	戌

고신살(孤神殺)은 고진살(孤辰殺)이라고도 하는데 남명에 있으면
상처한다는 흉살이고, 과숙살(寡宿殺)은 여명에 있으면 상부한다는
흉살이다. 고신살(孤神殺)과 과숙살(寡宿殺)은 상처나 상부하지 않
으면 고독하며 부부간에 풍파가 많다. 고신살(孤神殺)은 방합(方
合)의 끝자리 다음이고, 과숙살(寡宿殺)은 고신살(孤神殺)과 삼합
(三合)에서 중간자를 제외한 것을 말한다.
— 고신살(孤神殺)이나 과숙살(寡宿殺)이 월지(月支)에 있으면 부
  모 형제와 인연이 박하고, 일시(日時)에 있으면 처자와 인연이
  없고, 년지(年支)에 있으면 조상덕이 없다.
— 고신살(孤神殺)이나 과숙살(寡宿殺)이 화개살(華蓋殺)과 동주
  하면 종교가나 스님이 될 운명이다.

— 고신살(孤神殺)이나 과숙살(寡宿殺)이 역마(驛馬)와 같이 있으면서 기신(忌神)이면 타향에서 방탕하게 살거나 노숙자가 된다.

26. 상문살(喪門殺) · 조객살(弔客殺)

年支	子	丑	寅	卯	辰	巳	午	未	辛	酉	戌	亥
喪門	寅	卯	辰	巳	午	未	申	酉	戌	亥	子	丑
弔客	戌	亥	子	丑	寅	卯	辰	巳	午	未	申	酉

상문살(喪門殺)은 상복(喪服)을 입는다는 살이고, 조객살(弔客殺)은 문상을 가서 우환이 생긴다는 흉살이다. 편재(偏財)가 상문(喪門)에 해당하면 아버지가 위태롭고, 인수(印綬)가 상문(喪門)에 해당하면 어머니에게 우환이 생긴다. 조객살(弔客殺)이 드는 일진(日辰)에는 부정을 탈 수 있으니 문상을 삼가하는 것이 좋다.

27. 홍염살(紅艶殺)

日干	甲	乙	丙	丁	戊	己	庚	辛	壬	癸
紅艶	午	午	寅	未	辰	辰	戌	酉	申子	申

홍염살(紅艶殺)은 여자는 기생이 되고, 남자는 아내궁이 산란하며 첩을 둔다는 흉살이다. 사주에 이 살이 있으면 남녀 모두 부부간에 풍파가 많고, 겉으로는 화려하고 사치를 좋아하나 실속은 없다. 아래의 시로 설명하니 참조하라.

갑을오중경견술(甲乙午中庚見戌)
세간지시중인처(世間只是衆人妻)

갑을(甲乙)생이 오(午)를 만나고, 경(庚)일생이 술(戌)을 만나면 세상 사람의 아내가 된다.

무기파진임향자(戊己破辰壬向子)
록마동향작기로(祿馬同鄉作妓路)

무기(戊己)일생이 진(辰)을 만나고, 임(壬)일생이 자(子)를 만나면 녹마가 한 가지 고향이라 기생의 팔자로다.

임계봉신정견미(壬癸逢申丁見未)
아미소안희낙락(蛾眉笑顏喜樂樂)

임계(壬癸)일생이 진(辰)을 만나고, 정(丁)일생이 미(未)를 만나면 그린 눈썹 웃는 낯으로 희희낙락하더라.

육병봉인신견유(六丙逢寅辛見酉)
화간월야회가기(花間月夜會佳期)

병(丙)일생이 인(寅)을 만나고, 신(辛)일생이 유(酉)를 만나면 달

밤에 꽃 사이에서 만나자고 기약하니 기생의 팔자로다.

29. 삼재(三災)

歲年	寅卯辰	巳午未	申酉戌	亥子丑
日柱	申子辰	亥卯未	寅午戌	巳酉丑

삼재(三災)는 12년에 3년씩 흉한 일이 생긴다는 살이다. 삼재(三災)가 처음 드는 해를 들삼재(入三災), 다음 해는 눌삼재(留三災), 나가는 해는 날삼재(出三災)라 한다. 삼재(三災)운에는 천재지변을 조심해야 한다. 삼재(三災)운이 흉운이면 설상가상으로 흉재가 겹치고, 길운이면 전화위복이 될 수 있어 복삼재(福三災)라고도 한다.

30. 공망(空亡)

공망(空亡)은 천중살(天中殺)이라고도 한다. 공(空)은 불실(不實)이고, 망(亡)은 존재하지 않는다는 뜻으로 공허하다는 의미이다. 공망(空亡)은 년주(年柱)나 월주(月柱)를 기준으로 한다. 갑(甲)에서 시작하여 계(癸)까지의 다음 두 자리가 공망(空亡)이 된다. 갑술(甲戌) 년주(年柱)나 일주(日柱)이면 을해병자정축(乙亥丙子丁丑)…계미(癸未)에서 끝난다. 그러므로 미(未)의 다음 글자인 신유(申酉)가 공망(空亡)이 된다.

공망(空亡)에는 진공(眞亡)과 반공(半亡)이 있다. 진공(眞亡)은 양일생이 양지(陽地)가 공망(空亡)되거나 공망(空亡)의 지지(地支)

甲子	乙丑	丙寅	丁卯	戊辰	己巳	庚午	辛未	壬申	癸酉	戌亥
甲戌	乙亥	丙子	丁丑	戊寅	己卯	庚辰	辛巳	壬午	癸未	申酉
甲申	乙酉	丙戌	丁亥	戊子	己丑	庚寅	辛卯	壬辰	癸巳	午未
甲午	乙未	丙申	丁酉	戊戌	己亥	庚子	辛丑	壬寅	癸卯	辰巳
甲辰	乙巳	丙午	丁未	戊申	己酉	庚戌	辛亥	壬子	癸丑	寅卯
甲寅	乙卯	丙辰	丁巳	戊午	己未	庚申	辛酉	壬戌	癸亥	子丑

가 실령한 것을 말하고, 반공(半亡)은 양일생이 음지(陰地)가 공망(空亡)이거나 음일생이 양지(陽地)가 공망(空亡)되거나 공망(空亡)의 지지(地支)가 득령(得令)한 것을 말한다.

사주에 공망(空亡)이 있으면 해당 육친과 무정하거나 겉은 화려해도 실속이 없다. 그러나 공망(空亡)이 무조건 나쁜 것은 아니다. 길신이 공망(空亡)이면 길이 줄지만 흉신이 공망(空亡)이면 흉이 줄어든다. 따라서 먼저 희기(喜忌)를 보고 길흉을 판단해야 한다.

일시지(日時支)가 공망(空亡)이면 처자와 인연이 박하고, 년월(年月)이 공망(空亡)이면 부모 형제와 정이 없다.

여명이 관성(官星)이 공망(空亡)이면 독신이 되거나 남편과 인연이 없고, 재성(財星) 공망(空亡)이면 재산이 쉽게 흩어지며 부친덕이 없어 초년 환경이 곤궁하고, 식상(食傷)이 공망(空亡)이면 자식이 없거나 유산이 잦고, 인성(印星)이 공망(空亡)이면 신용과 인덕이 없어 윗사람의 도움을 받지 못한다. 공망(空亡)이 형충(刑沖)되면 해당 육친과 이별하거나 부부간에 사별할 수 있다.

```
甲 己 乙 辛
戌 未 未 未
```

이 사주는 술해(戌亥)가 공망(空亡)인데 시지(時支) 술(戌)이 공망(空亡)이고 술미형(戌未刑)을 놓아 미(未) 을목(乙木)이 상하여 첫남편이 사망했다.

```
甲 戊 甲 戊
寅 申 子 午
```

인묘(寅卯)가 공망(空亡)인데 시지(時支) 인(寅)이 공망(空亡)이고 인신충(寅申沖)이 있어 아내가 악하고 가정풍파가 많았다.

```
己 乙 乙 癸
卯 卯 未 丑
```

인묘(寅卯)가 공망(空亡)인데 일시지(日時支)에 묘(卯) 공망(空亡)을 놓아 아내가 목을 매 죽었다. 재성(財星)이 아내인데 축미충(丑未沖)하고 비겁(比劫)이 태왕하여 재성(財星)이 무력하다.

31. 천라지망살(天羅地網殺)

술해(戌亥)는 천라살(天羅殺)이고 진사(辰巳)는 지망살(地網殺이다. 천라지망살(天羅地網殺)은 재앙을 피할 길이 없는 아주 흉한 살이라는 의미로 쓰이지만 천라지망살(天羅地網殺)이 있으면 인물이 비범하다. 만일 평인이 천라지망살(天羅地網殺)이 있으면 감당하지 못하여 심한 풍파를 겪고, 대인은 세상을 놀라게 할만한 업적을 세울 수 있다. 그러나 의사·약사·역술가·종교가 등 구휼업이나 활인업에 종사하면 화를 피할 수 있다. 사주에 천라지망살(天羅地網殺)이 있으면 남다른 감각과 영감·예감·예시 등의 능력이 있고, 꿈이 잘 맞는 편이다.

제5장. 십이지살론(十二地殺論)

　십이지살(十二地殺)은 마전신살(馬箭神殺)이라고도 하는데 신살 중에서 적중도가 매우 높은 편이다. 특히 도화살(桃花殺)·역마살(驛馬殺)·화개살(華蓋殺)·겁살(劫殺)·망신살(亡神殺)은 실전에서 많이 활용하는 것이니 숙지하는 것이 좋다.

　또 십이지살(十二地殺)은 십이운성(十二運星)이나 십성(十星)과 연관시켜 통변하면 희기(喜忌)의 원인을 구체적으로 파악할 수 있다. 가령 역마(驛馬)가 관성(官星)이면 운수업·외교관·항공사 등 역마성(驛馬星)과 관련된 분야의 직업을 유추할 수 있다. 또 무엇보다 흉운에 발생할만한 사건의 단서를 찾을 수 있다. 가령 칠살(七殺)과 역마(驛馬)와 백호대살(白虎大殺)이 동주하면 교통사고를 자연스럽게 떠올릴 수 있다.

```
戊 甲 壬 己
辰 戌 申 酉
```

이 사주는 신(申) 칠살(七殺)이 역마성(驛馬星)과 동주하며 부모궁인데, 신유술(申酉戌) 방국(方局)을 이루고 칠살(七殺)이 태강하여 흉신이 명백하고, 여기에 무진(戊辰) 백호대살(白虎大殺)이 있어 더 불길하다. 부모와 삼촌이 모두 교통사고로 사망했다고 한다. 만약 칠살(七殺)이 길신이었다면 이런 통변이 불가하니, 신살은 원국의 희기(喜忌)를 초월할 수 없다는 것을 알아야 한다. 보다 정밀한 감정을 하려면 풍부한 경험과 응용의 폭을 넓혀야 큰 오류에 빠지지 않는다.

1. 겁살(劫殺)

겁살(劫殺)은 겁탈당한다는 흉살이다. 겁살(劫殺)은 기운이 가장 허약한 절지(絶地)에 빠진 것으로 어떤 재난을 당해도 막을 수 없다. 그래서 경거망동하여 화를 자초할 수 있으니 차라리 움직이지 않는 것이 좋다.

```
己 庚 壬 壬
卯 戌 寅 戌
```

이 사주는 해(亥)대운이 오자 겁살(劫殺)이 인해합(寅亥合)하여 동하였다. 인(寅)의 병화(丙火) 관성(官星)인 남편이 이때 사망했다. 겁살(劫殺)이 대운을 만나 합하면 흉하고, 충하면 흉이 해소되는 경우가 많다.

```
丁 丙 戊 乙
酉 辰 子 酉
```

이 사주에서 인(寅)은 겁살(劫殺)인데 신묘(辛卯)대운의 갑인(甲寅)년에 진(辰) 식상(食傷)과 인묘진합(寅卯辰合)으로 동하였다. 자궁출혈로 큰 수술을 받고 죽을 고비를 넘겼으나 임신을 할 수 없게 되었다.

```
辛 癸 乙 壬
酉 未 巳 戌
```

이 사주는 무신(戊申)대운 병신(丙申)년에 신(申) 겁살(劫殺)이 사신합(巳申合)으로 형살(刑殺)과 동반하여 동하니 살인하고 형무소에 들어갔다.

2. 재살(災殺)

재살(災殺)은 수옥살(囚獄殺)이라고도 하며, 송사·납치·감금·
의 재난을 많이 겪는다는 흉살이다.

乙　乙　乙　癸
酉　酉　丑　亥

이 사주는 김대중 전 대통령의 명조이다. 일시지(日時支)에 재살
(災殺)이 있으니 감금이나 납치 등의 파란을 예고한다. 신유(辛
酉)·경신(庚申)대운에는 겁살(劫殺)과 재살(災殺)이 동하니 20년
동안의 불운한 삶을 암시한다.

3. 천살(天殺)

천살(天殺)은 불의의 천재지변으로 화를 당한다는 흉살이다.

4. 지살(地殺)

지살(地殺)은 역마살(驛馬殺)과 작용이 비슷하다. 타국으로 가거
나 이동이나 이사를 자주한다는 흉살이다. 그러나 지살(地殺)이 희
신(喜神)에 해당하면 통역·외교관·해외무역·유학운이 따른다.

5. 년살(年殺)

년살(年殺)은 도화살(桃花殺) 또는 함지살(咸池殺)·목욕살(沐浴殺)이라고도 한다. 도화살(桃花殺)은 남녀 모두 음욕과 색정이 강하고 용모가 아름다우며 허영과 사치를 좋아하고 외정을 즐긴다는 살인데, 십성(十星)과 응용하여 통변하면 적중률이 높다.

가령 식상(食傷)이 도화(桃花)인데 형충(刑沖)되면 낙태·유산·이혼을 하게 되고, 관성(官星)이 도화(桃花)에 해당하면 남편이 색을 좋아하고, 재성(財星)이 도화(桃花)에 해당하면 화류계로 진출하고, 겁재(劫財)가 도화(桃花)에 해당하면 도박과 여자로 낭패를 본다. 사주에 도화살(桃花殺)이 있으면 연애운이 좋아 연애결혼을 하는 경우가 많다. 요즘은 도화살(桃花殺)도 길신이면 연예계에서 출세할 수 있으니 나쁘게만 생각할 필요는 없다.

戊 乙 己 庚
寅 卯 卯 寅

이 사주는 가수 조용필의 명조이다. 묘(卯) 도화(桃花)가 재성(財星)과 동주하여 여성들의 인기를 한 몸에 받는 것이다.

己 乙 甲 戊
卯 亥 寅 子

이 사주는 년지(年支)에 자(子) 도화살(桃花殺)을 놓고, 자(子)가 편인(偏印)에 해당하여 조부가 첩을 두었다.

丙 己 壬 壬
子 酉 子 辰

이 사주는 일지(日支)에 유(酉) 도화살(桃花殺)을 놓아 아내가 부정을 저질렀다.

己 丁 庚 辛
酉 酉 子 卯

이 사주는 자(子) 관성(官星)이 도화(桃花)라 남편이 술과 여자만 좋아하고 가정에는 무책임했다.

丙 甲 癸 己
寅 申 酉 巳

이 사주는 유(酉) 도화(桃花)가 계수(癸水) 인성(印星)과 동주하여 애인이 연상이었다.

■ 곤랑도화살(滾浪桃花殺)

곤랑도화살(滾浪桃花殺)은 주색으로 재산을 탕진하거나 성병 등에 걸린다는 흉살이다. 천간(天干)이 합되고 지지(地支)에 삼형살(三刑殺)이 있으면 곤랑도화살(滾浪桃花殺)이 성립된다. 가령 갑자(甲子)일생이 기묘(己卯)를 만나거나, 계묘(癸卯)일생이 무자(戊子)를 만나거나, 을묘(乙卯)일생이 경자(庚子)를 만나거나, 경자(庚子)일생이 을묘(乙卯)를 만나는 경우이다.

庚　丙　辛　辛
寅　子　卯　酉

이 사주는 병자(丙子)일생이 월주(月柱) 신묘(辛卯)가 곤랑도화살(滾浪桃花殺)이 되어 매독에 걸렸다.

癸　戊　癸　壬
丑　子　卯　子

이 사주는 무자(戊子)일생이 월주(月柱) 계묘(癸卯)가 곤랑도화살(滾浪桃花殺)이 되어 임질과 매독에 걸렸다.

6. 월살(月殺)

월살(月殺)은 고초살(孤草殺)이라고 하며 고갈된다는 뜻이다. 이 날은 종자를 심어도 싹이 트지 않고, 계란을 안겨도 병아리가 깨지 않는다는 흉살로 택일법에서도 피한다.

7. 망신살(亡神殺)

망신살(亡神殺)은 파군살(破軍煞) 또는 관부살(官符煞)이라고도 하는데, 모든 계획이 수포로 돌아가고 마침내 패가망신한다는 흉살 이다. 사주에 망신살(亡神殺)이 있으면 봉변을 당해도 부끄러움을 모르고, 자신도 모르게 무엇을 잃는 경우가 있으니 실물이나 손 재·사기 등을 조심해야 한다. 특히 여자는 납치·감금·강간 등 을 당할 수 있으니 각별히 조심해야 한다.

8. 장성살(將星殺)

장성살(將星殺)은 문무를 겸한 재능과 녹(祿)이 두텁고, 벼슬과 권세가 높아진다는 길성이다. 사주에 장성살(將星殺)이 있으면 관 계에 출입하고, 지위나 신분상승이 빠르다. 장성살(將星殺)이 편관 (偏官)이나 양인(羊刃)과 동주하면 생살지권을 쥐고, 재성(財星)과 동주하면 국가의 재정을 관장한다.

9. 반안살(攀鞍殺)

반안(攀鞍)이란 말 등에 올려놓는 안장을 말하는데, 크게 출세한다는 의미이다. 사주에 장성살(將星殺)·반안살(攀鞍殺)·역마살(驛馬殺)이 모두 있으면 크게 출세한다.

10. 역마살(驛馬殺)

역마살(驛馬殺)은 지살(地殺)과 작용이 비슷하다. 사주에 역마살(驛馬殺)이 있으면 타향살이를 하거나 외국을 드나든다.

남명이 역마살(驛馬殺)이 있는데 관살(官殺)에 임하고, 사주에 재성(財星)이 있어 일지(日支)와 합하거나, 인신사해(寅申巳亥) 역마살(驛馬殺)이 일간(日干)의 재관(財官)이 되어 일지(日支)와 합하면 혼혈아를 낳거나 타국에서 아기를 낳는다.

남명이 역마살(驛馬殺)이나 지살(地殺)이 재성(財星)에 임하여 일지(日支)와 합하거나, 일지(日支)에 역마살(驛馬殺)이나 지살(地殺)이 있는데 재성(財星)의 지지(地支)와 합하면 국제결혼을 한다.

여명이 역마살(驛馬殺)이나 지살(地殺)이 관살(官殺)에 임하여 일지(日支)와 합하거나, 역마살(驛馬殺)이나 지살(地殺)이 있는데 타주의 관살(官殺)이 일지(日支)와 합하거나, 천간(天干)의 관살(官殺)이 일지(日支)의 역마살(驛馬殺)이나 지살(地殺)과 합하면 외국 남성과 연애하거나 결혼한다.

乙 甲 己 己
亥 子 巳 未

이 사주는 갑(甲)일생이 월지(月支) 사(巳)의 경금(庚金) 관살(官殺)이고 자손인데, 사(巳)가 역마살(驛馬殺)에 암장(暗藏)되고, 관살(官殺)이 일지(日支)와 암합(暗合)하여 일본여성과 결혼하고 아들을 낳았다.

戊 庚 乙 癸
寅 申 丑 丑

이 사주는 경(庚)일생이 시지(時支) 인(寅)의 병화(丙火)가 관살(官殺)이며 자손인데, 인(寅)이 역마살(驛馬殺)이다. 시지(時支) 인목(寅木)이 역마살(驛馬殺)이고, 암장(暗藏)한 갑목(甲木) 재성(財星)이 있어 국제결혼하여 딸을 낳았다.

甲 癸 丁 癸
寅 巳 巳 亥

이 사주는 일본여성의 명조이다. 계(癸)일생이 월일지(月日支) 사(巳)가 역마살(驛馬殺)이고, 사(巳)에 무토(戊土) 관성(官星)이 암장(暗藏)되어 우리나라 남성과 결혼했다.

역마살(驛馬殺)이나 지살(地殺)은 운수업·항공업·통역관·외교
관·외무부·대사관 등의 직업을 갖는 경우가 많다.

丁 丁 丁 己
未 巳 卯 卯

이 사주는 정(丁)일생이 일지(日支)에 사화(巳火) 역마살(驛馬殺)
을 놓고, 편인격(偏印格)을 이루어 외교관이 되었다. 편인격(偏印
格) 사주가 역마(驛馬)가 있으면 통역관이나 외교관이 되는 경우
가 많다.

癸 壬 壬 庚
巳 申 午 申

이 사주는 일지(日支)에 편인(偏印)과 지살(地殺)이 동주하니 외
교관이 되었다.

癸 辛 辛 乙
巳 亥 巳 亥

이 사주는 사(巳)가 역마살(驛馬殺)인데 사(巳) 병화(丙火)가 관
살(官殺)이니 남편이 항공사이다.

癸 辛 戊 庚
巳 未 寅 申

이 사주는 신(辛)일생이 시지(時支) 사화(巳火)가 역마살(驛馬殺)인데, 사(巳)에 병화(丙火) 관살(官殺)이 암장(暗藏)되어 대한항공사 일본주재 사장이 되었다.

역마성(驛馬星)이 형충(刑沖)되면 객사가 따르고, 역마성(驛馬星)이 공망(空亡)되면 주거지가 불안하다. 역마성(驛馬星)은 희기(喜忌)에 따라 격차가 심하니 잘 살펴야 한다.

11. 육해살(六害殺)

육해살(六害殺)은 6가지 액운을 말하는데 해친다는 의미가 있다. 사주에 육해살(六害殺)이 있으면 잔병치레가 많고, 부모 형제 처자와 무덕하며, 실패운이 꼬리를 문다. 여명이 식상(食傷)이 육해살(六害殺)에 해당하면 난산·유산·산통이 따르고, 관성(官星)과 재성(財星)이 육해살(六害殺)에 해당하면 배우자와 사별할 수 있다. 이처럼 육해살(六害殺)은 겁액을 몸으로 치르니 항상 건강에 신경써야 한다.

12. 화개살(華蓋殺)

화개살(華蓋殺)은 승려·학자·종교가·수도승·예술인 등에게 많고, 신앙심이 두터우며 신의를 중시한다. 인수(印綬)가 화개(華蓋)이면 대학자 사주이며 어머니가 불교신자이고, 식상(食傷)이 화개(華蓋)이면 예술적 재능이 빼어나고, 화개살(華蓋殺)은 불도와 인연이 깊은 사람들에게 많다. 화개(華蓋)가 공망(空亡)되면 승려의 길이 무방하다.

```
甲  乙  己  癸
申  丑  未  丑
```

이 사주는 골프선수 박찬호의 명조이다. 축토(丑土) 화개살(華蓋殺)이 중하고, 계수(癸水) 편인(偏印)이 화개(華蓋)와 동주하니 어머니가 불자이거나 자신도 불교와 인연이 깊다.

```
己  辛  丙  丁
丑  亥  午  巳
```

이 사주도 축토(丑土)가 화개살(華蓋殺)과 인수(印綬)와 동주하니 어머니가 스님이 되었다.

제6장. 십이운성론(十二運星論)

십이운성(十二運星)은 십간(十干)의 기운을 사람이 태어나 죽을 때까지의 과정에 비유하여 풀이한 것이다. 이러한 배경은 자연스럽게 일간(日干)의 강약판단에 적용하는 이론으로 유입되었다.

그러나 십이운성(十二運星)을 활용하는 방법은 학자마다 다르다. 대부분이 십이운성(十二運星)의 왕쇠기법을 음간(陰干)의 역행이 오행의 생극(生剋) 작용에 위배된다고 하여 양간(陽干)만 활용하는 경우가 많다. 그러나 음간(陰干)은 배제하고 양간(陽干)만 적용한다면 음양을 근본으로 하는 역학의 상식을 벗어난다는 반박을 피하기 어려울 것이다. 양순음역(陽順陰逆)을 신봉하는 학자들도 정화(丁火)가 유금(酉金)에 장생(長生)하여 신강(身强)하다는 이론은 개운하지 않다고 인정하는 듯하다.

물상론자들은 정화(丁火)가 유금(酉金)에 앉은 것을 촛대 위의 촛

불에 비유하여 생조(生助)의 의미를 부각시키려고 하지만, 촛불을 태우는 것은 촛대가 아니라 심지의 산소와 기름이란 것을 모를리가 없다. 어쨌든 십이운성(十二運星)을 통한 왕쇠(旺衰)기법은 근대 명리학계에서 사라질 조짐이 보이고, 필자 또한 십이운성(十二運星)에 큰 비중을 두지 않는다.

그런데 적중률 면에서 통계학적 수치를 우선으로 하는 일본에서 십이운성(十二運星)을 중요하게 다루는 것을 보면 신살적 요소로는 가치가 있다고 볼 수 있다. 다만 단식적인 판단만으로 희기(喜忌)를 논해서는 안된다. 신살은 길신과 흉신이 있지만 십성(十星)과 같은 의미로 해석된다. 편관(偏官)도 길신이면 정관(正官)이 되고, 정관(正官)도 흉신이면 편관(偏官)이 되듯이 신살의 길흉도 원국의 희기(喜忌)에 따라 달라진다.

또한 신살을 활용하는 목적은 희기(喜忌)의 원인을 찾아내는 것이다. 십성(十星)이 통변의 주류가 되고, 신살은 보조로 사용하면 약방의 감초처럼 보다 날카로운 간명을 할 수 있을 것이다. 특히 동주사(同柱死)·동주묘(同柱墓)·동주절(同柱絶)은 십이운성(十二運星)을 돋보이게 하는 기법 중 하나인데, 주로 육친의 사망시기를 짐작할 수 있다. 가령 편재(偏財)나 인성(印星)이 사묘절(死墓絶)에 들면 아버지와 어머니의 사망시기로 추측하는 것이다.

십이운성(十二運星)의 의미와 운명적 작용을 살펴보기로 한다.

십이운성 조견표

日干 十二 運星	甲日	乙日	丙戊日	丁己日	庚日	辛日	壬日	癸日
絶, 胞	申	酉	亥	子	寅	卯	巳	午
胎	酉	申	子	亥	卯	寅	午	巳
養	戌	未	丑	戌	辰	丑	未	辰
長生	亥	午	寅	酉	巳	子	申	卯
沐浴	子	巳	卯	申	午	亥	酉	寅
冠帶	丑	辰	辰	未	未	戌	戌	丑
建祿	寅	卯	巳	午	申	酉	亥	子
帝旺	卯	寅	午	巳	酉	申	子	亥
衰	辰	丑	未	辰	戌	未	丑	戌
病	巳	子	申	卯	亥	午	寅	酉
死	午	亥	酉	寅	子	巳	卯	申
墓, 庫, 葬	未	戌	戌	丑	丑	辰	辰	未

1. 절(絶)

절(絶)은 포(胞)라고도 하며, 사람이 죽어 묘지에 묻힌 후 그 형체가 사라지는 상태를 말한다. 또한 인간의 생명이 모태에 들기 직전인 부모의 결합시기인 절처봉생(絶處逢生)의 시기로 뜻한다. 무덤에 들어가 형체마저 없어지는 상태이니 단절·독립·부침·절처봉생의 뜻이 있다. 솔직하여 숨기지 못하고, 끈기가 없어 변동과 변화가 심하니 직업이나 주거지가 자주 바뀐다. 악의가 없는 호인이나 세상물정에 어두워 잘 속는다. 계획적이지 못하고 갑작스러운 변화를 즐기니 신임을 받지 못한다. 결혼도 처음에는 좋지만 금방 권태가 오고, 불평불만이 많아 가정운도 불길하다. 타고난 성품이 변화이기 때문에 직업도 변동이 많으나 연예계·유흥업·다방·여관·요식업·미용업 등에 종사하면 길하다.

절(絶)이 재성(財星)이나 관성(官星)과 동주하면 새로운 일을 도모하거나 해당 육친이 사망할 수 있다.

① 년주(年柱)에 절(絶)이 있으면 양자나 서출이 조업을 승계하기 쉽다.
② 월주(月柱)에 절(絶)이 있으면 부모덕이 없고 변화가 심하며 형제와 무정하다.
③ 일주(日柱)에 절(絶)이 있으면 타향살이를 하고 주색을 밝히며 가정에 무심하다.

④ 시주(時柱)에 절(絶)이 있으면 가정이 원만하지 못하고 자손의 근심이 있다. 여명은 혼전에 성교하고 애정이 불미하며 자녀의 우환이 있다.

2. 태(胎)

태(胎)는 부모의 결합으로 정자와 난자가 만나 잉태하는 상태를 말하니 생명이 시작되는 것을 뜻한다. 성격이 부드럽고 연약하여 여성적이다. 집념과 패기도 약하여 의타심이 많다. 친절하고 교제에 능숙하며 화술도 좋지만 실행력이 부족하다. 청탁을 해결하지 못하여 신용을 잃기 쉽다. 성품은 고상하나 신념이 없고 아량이 넓지 못하다.

태(胎)가 재성(財星)과 동주하면 가산이 늘거나 아내가 잉태하고, 관성(官星)과 동주하면 명예가 올라간다.

① 년주(年柱)에 태(胎)가 있으면 유년에 부모에게 변화가 있기 쉽고 선대에 발흥한 집안이다.
② 월주(月柱)에 태(胎)가 있으면 변화가 많고 형제가 고독하다. 둘째이거나 막내인 경우가 많다.
③ 일주(日柱)에 태(胎)가 있으면 유년에 허약하고 직업의 변동이 많으나 중년 이후에는 점차 발전한다.
④ 시주(時柱)에 태(胎)가 있으면 자손이 가업을 잇지 못한다.

3. 양(養)

양(養)은 모태에서 한 생명이 성장하는 상태를 말한다. 영특하고 원만하며 팔방미인격이다. 비록 뱃속에 있는 태아지만 배움에 비하여 폭이 넓고 도량이 넓어 매사 무리하지 않는다. 성품이 노신사 같아 소나기가 와도 뛰지 않는다. 독창성과 지속성은 없어 급속한 발전과 변화는 잘 적응하지 못한다. 장남이거나 양자로 양가를 계승 하는 경우가 많다. 양부모를 모시는 것이 좋고, 불연이면 부부애가 좋지 못하다. 교육·육영사업·종교인이 많다

양(養)이 상관(傷官)과 동주하면 조모 슬하에서 자라고, 편인(偏印)과 동주하면 계모 슬하에서 자라며 이복형제를 둔다.

① 년주(年柱)에 양(養)이 있으면 선대에 양자를 계승한 경우가 많고, 부모와 떨어져 산다.
② 월주(月柱)에 양(養)이 있으면 색난이 따르고, 형제 중에 양자가 있다.
③ 일주(日柱)에 양(養)이 있으면 다른 집에서 성장하고, 색을 좋아하여 부부간의 이별이 무상하다.
④ 시주(時柱)에 양(養)이 있으면 양자로 승계하고, 자손의 효양을 받는다.

4. 장생(長生)

장생(長生)은 열 달 동안 어머니 뱃속에서 성장하여 이 세상에 태어나는 상태를 말한다. 티없이 맑고 깨끗하며 악의나 독심이 없고 원만하며 온후하다. 인상이 좋고 청순하며 단정하다. 모방성과 감수성이 예민하고, 예술성과 창작력이 풍부하다. 그러나 아직 어린 아기이니 후견인이 필요하고, 통솔력이 부족하다. 행복·번영·발전을 암시한다

장생(長生)이 관성(官星)과 동주하면 명예·관운·남편이 발달하고, 인성(印星)과 동주하면 학문과 인덕이 좋고, 식상(食傷)과 동주하면 자녀가 발달하며 의식주가 좋다.

① 년주(年柱)에 장생(長生)이 있으면 선대가 발달하며 복록이 높다. 그러나 충형파(沖刑破)나 공망(空亡)되면 변고가 생긴다.

② 월주(月柱)에 장생(長生)이 있으면 부모 형제가 영화롭고, 인덕이 많으며 윗사람을 잘 모신다.

③ 일주(日柱)에 장생(長生)이 있으면 아내가 현명하며 덕이 있고 부부가 화목하다. 차남이라도 부모의 은택이 있고, 언행이 온화하며 장수한다. 배우자의 의견을 존중해야 한다. 그러나 무인(戊寅)월생과 정유(丁酉)일생은 복이 감소하고, 임신(壬申)·병인(丙寅)일생 여명은 박학해도 쓸모가 없고 남편이 불미하다.

④ 시주(時柱)에 장생(長生)이 있으면 아들이 많고 말년이 좋다.

5. 목욕(沐浴)

목욕(沐浴)은 세상에 태어나 씻는 상태를 말한다. 소아기의 철부지이니 위험이 많다. 어린아이는 씻고 닦고 빗겨주어야 되니 풍류를 의미한다. 싫증을 잘내고 변덕이 심하여 늘 새로운 것을 좋아하나 세상물정에 어두워 실패가 많다. 남자는 고독하거나 주색으로 망하고, 여자는 이별이 무상하며 용두사미격이다. 일명 바람의 별 또는 재살(災殺)·도화살(桃花殺)·함지살(咸池殺)이라고도 한다. 직업의 변화가 많고 이사도 자주한다. 정신적으로 방황하며 음탕하기 쉽고, 목적이 뚜렷하지 않고 주의가 산만하며 지속성이 부족하다. 감정적으로 행동하기 쉽고 성패의 기복이 심하다.

목욕(沐浴)이 재성(財星)과 동주하면 주색에 빠져 가산을 탕진하고 여자로 인한 구설낭패수가 있고, 인성(印星)과 동주하면 어머니가 등한시하고, 여명이 식상(食傷)과 동주하면 유산·낙태·사통을 일삼는다.

① 년주(年柱)에 목욕(沐浴)이 있으면 이복형제가 있고 환경이 불미하며 천방지축이다. 이상과 꿈은 크나 현실에 어둡다.
② 월주(月柱)에 목욕(沐浴)이 있으면 부모가 무덕하여 어렸을 때 곤란함이 많다. 주색으로 인한 풍파가 두렵고 실속은 없으면서 사교에는 능하다.
③ 시주(時柱)에 목욕(沐浴)이 있으면 처자가 무정하며 말년이 고

독하다. 을사(乙巳)일생 남명은 덕망이 있고 존경받으나 재물복은 박하다. 을사(乙巳)·갑자(甲子)·신해(辛亥)일생 여자는 고집이 강하여 부부간에 이별이 두렵고 조화를 이루지 못하면 과부가 된다.

6. 관대(冠帶)

관대(冠帶)는 대궁(帶宮)이라고도 하며, 성장하여 성복하고 띠를 매며 관을 쓰고 결혼하는 청년기를 의미한다. 육체적으로는 완전히 성숙하여 출사하고 결혼도 하나, 경험과 정신적으로 아직 미숙하여 고집이 강하고 용기와 기백이 장대하다. 배짱은 좋으나 지혜가 부족하다. 좌절이 없고 자존심이 강하여 아전인수격으로 독자적이고 독단적이니 남의 간섭이나 지배를 싫어한다. 특히 임술(壬戌)이나 계축(癸丑)일생은 유아독존의 경향이 심하다. 관대(冠帶)는 곤경이나 난관에 봉착해도 개척정신과 투쟁정신이 강하여 재치있게 풀어나간다. 교양과 덕망을 쌓으면 부귀하나 적을 만들기 쉬우니 항상 조심해야 한다. 성공·안정·덕망·욕망·명예욕이 강하다.

관대(冠帶)가 식재(食財)와 동주하면 가산이 늘어나고, 관성(官星)과 동주하면 명예와 관운이 발달한다.

① 년주(年柱)에 관대(冠帶)가 있으면 명문출생으로 예의가 바르고 복이 많다. 유업이 있고 일찍 출세한다.

② 월일주(月日柱)에 관대(冠帶)가 있으면 개성이 뚜렷하고 완고하다. 명예와 출세를 위한 집념이 대단하다.

③ 시주(時柱)에 관대(冠帶)가 있으면 자손이 발복하여 덕을 본다.

7. 건록(建祿)

건록(建祿)은 관궁(官宮)이라고도 하며, 청년기를 지나 육체적 정신적 경험적으로 완성되는 단계이다. 아는 것이 많고 계획이 치밀하여 잘못이나 모험을 하지 않는다. 의리가 강하며 사상이 건전하다. 자신의 녹궁(祿宮)이기 때문에 남의 지배나 간섭을 싫어하고, 자신을 과신한 나머지 좋은 기회를 놓치기 쉽다. 대개 생가를 떠나 자수성가하는 경우가 많고, 여자도 자립심이 강하여 사회활동을 한다. 교수·의학·예술·문필연구·정치·법조계 등으로 많이 진출한다.

건록(建祿)이 재성(財星)과 동주하면 공무원이 제격이고, 관성(官星)과 동주하면 공직으로 진출한다.

① 년주(年柱)에 건록(建祿)이 있으면 선대가 발달하고 아버지가 자수성가했다.

② 월주(月柱)에 건록(建祿)이 있으면 형제가 자수성가하고, 자립심이 강하며 고집이 세다. 여명은 맞벌이를 하거나 남편을 먹여 살린다.

③ 일주(日柱)에 건록(建祿)이 있으면 독립심이 강하고 사상이 건전하여 성공하지만 애정문제는 좋지 않다. 특히 여명은 혼자되거나 남편이 첩을 두기 쉽고 생활전선에서 고생한다.

④ 시주(時柱)에 건록(建祿)이 있으면 귀록(歸祿)이라 하여 자손이 발복하고 말년이 안락하다.

8. 제왕(帝旺)

제왕(帝旺)은 일생 최고의 전성기로 장년기를 말한다. 권력·권위·독립·고집·자만·유아독존 등의 뜻이 있다. 고집과 자존심이 강하고 다른 사람 위에 올라서려는 기질이 강하여 도처에 적이 많다. 남에게 시키기를 좋아하고 잘 믿기 때문에 배신을 당하고 고초와 시련을 많이 겪는다 여자는 고집이 강하여 남편과 충돌하며 수단과 모사로 남편을 누른다.

관대(冠帶)는 무작정 독립적이며 진취적이지만 제왕(帝旺)은 경험과 지식이 풍부하여 매사에 신중하면서도 내성적이고 독선적이다. 남에게 신세지는 것을 싫어하며 빚은 당장 갚아야 속이 시원하고 자유분방하다.

제왕(帝旺)이 관성(官星)과 동주하면 승진이 빠르며 시험운이 좋아 관직에 진출하고, 재성(財星)과 동주하면 아내가 고집이 세니 공처가가 되고, 제왕(帝旺)이 중(重)하면 배우자에게 해가 되니 백년해로하기 어렵다.

① 년주(年柱)에 관대(冠帶)가 있으면 선대가 완고하며 부귀한 명 문가를 이루었다.

② 월일주(月日柱)에 관대(冠帶)가 있으면 독립적이고 수완이 좋 아 두령노릇을 하고, 남을 무시하며 고집이 대단하다. 일찍 집을 떠나 자수성가하고, 수양하면 타인의 존경을 받는다.

③ 시주(時柱)에 관대(冠帶)가 있으면 귀자발흥(貴子發興)으로 말 년이 좋고 학문을 좋아한다.

9. 쇠(衰)

쇠(衰)는 극왕한 시기를 지나 늙어가는 상태를 말한다. 왕관을 벗 고 은퇴하는 인생의 황혼기로 박력과 패기가 없다. 그러나 정신적 으로는 원숙하고 원만하며 시비를 싫어한다. 온순하며 착실하고, 책임을 다하기 때문에 봉급자로는 최고이다. 이해력이 많고 매사 타협적이다. 인정에 약하여 남의 일을 잘 봐주고, 보증 등을 해주다 가 낭패를 본다. 매사를 참으며 견디고, 소극적이며 사색적이다. 처 세가 평범하고 과장을 싫어한다. 초년에 고생하다 늦게 개운하며 큰 성공이나 실패도 없다. 여자는 현모양처감으로 남모르는 고생을 참고 견디지만 속으로는 고집이 있다. 행정기술의 별로 글씨도 잘 쓰고 꼼꼼하여 두뇌기술·학문·연구·교사·회사원·공무원 등 봉급생활이 적합하고, 자영이나 투기에는 맞지 않는다. 종교나 역 술계 종사자가 많다.

쇠(衰)가 관성(官星)과 동주하면 직장운이 불길하고, 재성(財星)과 동주하면 재물운이 쇠퇴한다. 쇠(衰)에 해당하는 육친은 기력이 쇠하니 질병이 염려된다.

① 년주(年柱)에 쇠(衰)가 있으면 선대가 몰락한 집안이고, 가정에는 성실하나 사회적으로는 두각을 나타내기 어렵다.

② 월주(月柱)에 쇠(衰)가 있으면 허영과 사치를 모르고 경제적이며 신중하다. 기(氣)가 강하지 않으니 마음이 독하지 않고, 보증 등은 삼가해야 한다. 여자는 생각이 깊어 실수가 없고, 현모양처감으로 내조를 잘하니 모범주부가 많다.

③ 시주(時柱)에 쇠(衰)가 있으면 자손덕이 약하다. 고생이 많고 말년이 고독하다.

10. 병(病)

병(病)은 늙어 병이 들어가는 상태를 말한다. 병(病)은 믿음과 신앙의 뜻이 있고, 몸은 비록 쇠퇴하고 병들지만 정신적으로는 노련하다. 병(病)은 정상이 아니라 환상과 몽상이 많고, 노파심에 지나친 걱정으로 신경을 많이 쓰게 된다. 병든 환자로 공허하며 고독하니 여러 사람과 대화하며 노는 것을 좋아하고, 잔소리가 많고 변덕도 심하다. 그러나 남을 위하여 봉사하며 희생하고 인정이 많다.

병(病)은 걱정이 많고 비관도 잘하며 결단력과 실행력이 부족하다. 마음이 약하니 의지하려는 신앙심이 좋다. 그러므로 분수를 지키며 한 가지 일에 꾸준히 정진하는 것이 성공비결이다. 직업은 감성이 풍부하며 사교적이니 오락·예능·방송·음악·소설·미술·간호사·약사·의사·목사·교사·종교인·역술인 등이 좋다. 병(病)이 해당 육친과 동주하면 쇠약해져 병난을 겪는다.

① 년주(年柱)에 병(病)이 있으면 선대가 곤궁했고, 어린시절 건강이 좋지 않다.
② 월주(月柱)에 병(病)이 있으면 부모 형제에게 변고가 있고, 어렸을 때 신액이 있으며, 인정이 많다.
③ 일주(日柱)에 병(病)이 있으면 다정다감하나 변덕이 심하여 매사가 용두사미격이다. 청·장년기에 신액이 따르고, 배우자가 병약하거나 사별할 수 있다.
④ 시주(時柱)에 병(病)이 있으면 말년이 좋지 않고 자손의 근심이 있다. 무신(戊申)·임인(壬寅)·병신(丙申)·계유(癸酉)일생 여명은 다재다능하나 고독하기 쉽다.

11. 사(死)

사(死)는 죽은 상태를 말한다. 몸은 죽고 정신만 살았으니 욕심이 없고 솔직하며 호인이다. 그러나 사궁(死宮)은 대개 상관성(傷官星)에 임하여 재주는 비상하나 구설이 많고, 명예 손상이 많으며 언행이 일치하지 않는 경우가 많다. 음일생은 대개 정인(正印)이 사궁(死宮)인데 어떻게 나를 생하는 인수(印綬)에서 사(死)한다고 할 수 있는가? 여기에 십이운성(十二運星)의 맹점이 있다. 그래서 현대 명리학계에서는 음양을 고려하지 않는 추세이다.

사(死)가 관성(官星)과 동주하면 명예를 잃고, 식재(食財)와 동주하면 의식주가 불안해진다.

① 년주(年柱)에 사(死)가 있으면 선대가 빈천했다.
② 월주(月柱)에 사(死)가 있으면 부모 형제와 인연이 박하여 일찍 생가를 떠나 고독하며 병약하기 쉽다. 솔직담백하여 남에게 호감을 주고, 취미가 다양하며 재주도 많다. 직업은 전문기술직이 좋고, 침술업·의약업·역술업도 좋다.
③ 일주(日柱)에 사(死)가 있으면 아내가 병약하거나 산고가 따를 수 있고 현모양처감으로 유순하다.
④ 시주(時柱)에 사(死)가 있으면 후손이 빈약하고 말년이 흉하다.

12. 묘(墓)

묘(墓)는 죽어 묘에 묻히는 상태를 말한다. 대개 대운에서 용신(用神)이 입묘(入墓)하면 사망하는 경우가 많다. 죽어 무덤에 들어가니 악의가 없고 순박하며 소탈하다. 나름대로 철학이 있고 건실한 노력형이며 기획력과 탐구력이 풍부하다. 고집이 대단하고 낭비하지 않는다. 육친은 흉하나 재물은 흥할 수 있으니 욕심을 버리면 재물복이 있다.

　묘(墓)가 육친과 동주하면 해당하는 육친과 사별할 수 있고, 왕신(旺神)이 입묘(入墓)하면 죽음을 면하기 어렵다.

① 년주(年柱)에 묘(墓)가 있으면 부모를 일찍 잃을 수 있다.
② 월일주(月日柱)에　묘(墓)가 있으면 육친과 인연이 박하여 운이 늦게 열리고 좋은 기회를 놓치며 게으르다.
③ 시주(時柱)에 묘(墓)가 있으면 자식을 두기 어렵다.

제7장. 육친론(六親論)

육친(六親)은 십성(十星) 또는 육신(六神)이라고도 하는데, 부모·형제·처첩·자손 등을 말하고, 자기를 중심으로 가정이나 사회에서 일어나는 모든 현상을 말하기도 한다. 사주를 감정할 때는 육친의 동정을 잘 파악하여 분석해야 하고, 육신(六神)을 산출할 때는 일간(日干)을 기준으로 한다.

육친(六親)	음양이 같은 것	음양이 다른 것	비고
생아자(生我者)는 부모(父母)	편인(偏印)	정인(正印)	인성(印星)
아생자(我生者)는 자손(子孫)	식신(食神)	상관(傷官)	식상(食傷)
극아자(剋我者)는 관귀(官鬼)	편관(偏官)	정관(正官)	관성(官星) 칠살(七殺)
아극자(我剋者)는 처재(妻財)	편재(偏財)	정재(正財)	재성(財星)
비화자(比和者)는 형제(兄弟)	비견(比肩)	겁재(劫財)	비겁(比劫)

천간육신 표출표

日干\六神	甲日	乙日	丙日	丁日	戊日	己日	庚日	辛日	壬日	癸日
比肩	甲	乙	丙	丁	戊	己	庚	辛	壬	癸
劫財	乙	甲	丁	丙	己	戊	辛	庚	癸	壬
食神	丙	丁	戊	己	庚	辛	壬	癸	甲	乙
傷官	丁	丙	己	戊	辛	庚	癸	壬	乙	甲
偏財	戊	己	庚	辛	壬	癸	甲	乙	丙	丁
正財	己	戊	辛	庚	癸	壬	乙	甲	丁	丙
偏官	庚	辛	壬	癸	甲	乙	丙	丁	戊	己
正官	辛	庚	癸	壬	乙	甲	丁	丙	己	戊
偏印	壬	癸	甲	乙	丙	丁	戊	己	庚	辛
印綬	癸	壬	乙	甲	丁	丙	己	戊	辛	庚

일간(日干)을 기준으로 천간(天干)을 대조한다.

지지육신 표출표

日干\六神	甲日	乙日	丙日	丁日	戊日	己日	庚日	辛日	壬日	癸日
比肩	寅	卯	巳	午	辰戌	丑未	申	酉	亥	子
劫財	卯	寅	午	巳	丑未	辰戌	酉	申	子	亥
食神	巳	午	辰戌	丑未	申	酉	亥	子	寅	卯
傷官	午	巳	丑未	辰戌	酉	申	子	亥	卯	寅
偏財	辰戌	丑未	申	酉	亥	子	寅	卯	巳	午
正財	丑未	辰戌	酉	申	子	亥	卯	寅	午	巳
偏官	申	酉	亥	子	寅	卯	巳	午	辰戌	丑未
正官	酉	申	子	亥	卯	寅	午	巳	丑未	辰戌
偏印	亥	子	寅	卯	巳	午	辰戌	丑未	申	酉
印綬	子	亥	卯	寅	午	巳	丑未	辰戌	酉	申

일간(日干)을 기준으로 지지(地支)를 대조한다.

육친과 혈연관계

	남 자	여 자
比肩	형제자매, 처남, 친구, 동창, 며느리, 동료	형제자매, 동서, 남편의 첩, 친구, 동창, 동료, 시아버지
劫財	형제자매, 이복형제, 며느리, 처남	형제자매, 이복형제, 동서, 남편의 첩
食神	손자, 손녀, 조모, 장모, 사위, 증조부	아들, 조모, 증조부
傷官	손자, 손녀, 장모, 사위, 조모	딸, 조모, 시누이 남편
偏財	아버지, 백부, 숙부, 고모, 처남, 애인(첩)	아버지, 시모, 백부, 숙부, 외손자
正財	아내, 처제, 백부, 숙부, 고모	백부, 숙부, 고모, 외손자
偏官	아들, 조카, 외조모, 직장상사	편부, 애인, 자부, 아들의 첩, 시형제
正官	딸, 조카, 매부, 직장상사	남편, 며느리, 시형제, 아들의 첩
偏印	편모, 서모, 조부, 백모, 숙모, 이모, 외숙, 증손자, 외손자	편모, 조부, 외숙, 사위, 이모
印綬	어머니, 이모, 백모, 숙모, 외숙, 장인, 외손녀, 증손녀	어머니, 조부, 외숙, 손자, 손녀

1. 십성(十星)의 상생생극(相生相剋)

오행(五行)에 생극(生剋)이 있듯이 육신(六神)에도 생극(生剋)이 있다. 육친의 생극(生剋)도 오행 생극(生剋)의 원리와 같다. 이것은 음양오행이 십간지지(十干地支)를 낳고, 십간지지(十干地支)는 십성(十星)으로 연결되어 운명학적으로 보다 구체적인 골격을 형성해가는 과정이다.

십성(十星)의 생극(生剋)은 격국(格局)과 용신(用神)의 원리와 직결되는 만큼 기초가 중요하다. 십성(十星)의 생극(生剋)이 익숙하지 않으면 명리학의 핵심인 격국(格局)과 용신(用神)을 이해하기 어려우니 원리를 이해한 다음에는 반드시 숙지해야 한다.

1) 십성(十星)의 상생(相生)

비견(比肩)은 식신(食神)과 상관(傷官)을 생한다.

겁재(劫財)도 식신(食神)과 상관(傷官)을 생한다.

식신(食神)은 편재(偏財)와 정재(正財)를 생한다.

상관(傷官)도 편재(偏財)와 정재(正財)를 생한다.

편재(偏財)는 편관(偏官)과 정관(正官)을 생한다.

정재(正財)도 편관(偏官)과 정관(正官)을 생한다.

편관(偏官)은 편인(偏印)과 인수(印綬)를 생한다.

정관(正官)도 편인(偏印)과 인수(印綬)를 생한다.

편인(偏印)은 비견(比肩)과 겁재(劫財)를 생한다.

인수(印綬)도 비견(比肩)과 겁재(劫財)를 생한다.

2) 십성(十星)의 상극(相剋)

비견(比肩)은 편재(偏財)와 정재(正財)를 극한다.

겁재(劫財)도 편재(偏財)와 정재(正財)를 극한다.

식신(食神)은 편관(偏官)과 정관(正官)을 극한다.

상관(傷官)도 편관(偏官)과 정관(正官)을 극한다.

편재(偏財)는 편인(偏印)과 인수(印綬)를 극한다.

정재(正財)도 편인(偏印)과 인수(印綬)를 극한다.

편관(偏官)은 비견(比肩)과 겁재(劫財)를 극한다.

정관(正官)도 비견(比肩)과 겁재(劫財)를 극한다.

편인(偏印)은 식신(食神)과 상관(傷官)을 극한다.

인수(印綬)도 식신(食神)과 상관(傷官)을 극한다.

오행의 생극(生剋) 원리처럼 십성(十星)의 생극(生剋) 작용도 음양에 따라 차이가 있다. 오행의 상극(相剋)이 음대음(陰對陰) 양대양(陽對陽)이 강한 것처럼 육친도 음대음(陰對陰) 양대양(陽對陽)이 강하다.

다시 말해 식신(食神)이 칠살(七殺)을 극하는 것이 상관(傷官)이 칠살(七殺)을 극하는 것보다 강하다. 만일 칠살(七殺)을 제압해야 한다면 상관(傷官)보다는 식신(食神)이 더 적당하다고 이해하면 된다.

2 십성(十星)의 특성

1. 비견(比肩)

— 형제 · 자매 · 동료 · 선후배 · 동업자 · 동창 · 이웃사람 · 동지 등 을 나타낸다.

— 주관이 뚜렷하고 남의 지배나 간섭을 싫어한다. 비견(比肩)이 잘 흐르면 주관이 되지만 그렇지 않으면 고집이 된다.

— 남에게 지기 싫어하고 굴복하는 것을 싫어한다.

— 주체성 · 자존심 · 고집 · 추진력 · 게으름 · 내성적 · 겸손을 나타 낸다.

— 비겁(比劫)은 재물을 좋아하고 재성(財星)이 없으면 못산다.

— 삶의 토대가 되지만 지나치면 나쁘고, 독선과 오만으로 관재의 우려가 많다.

— 업무처리 능력이 좋으며 서두르지 않는다.

— 어떤 일도 두려워하지 않는다.

— 월간(月干)에 있는 비견(比肩)은 자존심을 나타내며 간섭을 싫 어하고, 일지(日支)에 있는 비견(比肩)은 고집을 나타내며 배우 자와 관계가 나쁘다.

— 의지가 굳고 독립정신과 개척정신이 강하다.

— 당당하고 멋이 있고 남을 배려하며 이해한다.

— 남에게 의지하지 않고 자기의 뜻을 관철시킨다.

— 용감하며 정직하고 신중하며 강건하다.

— 민첩하며 통솔력이 있고, 일을 존중하며 사람들을 즐겁게 한다.

— 자신을 사랑하며 중히 여기고 의리가 강하다.

— 성실하며 솔직담백하고, 한 가지 마음으로 하는 일이 분명하며 공정하다.

— 공익을 위해 열심히 일하고, 널리 좋은 인연을 맺는다.

— 말과 행동이 일치하고, 진취적이며 절도가 있고, 인정이 많다.

— 의처증이나 의부증이 있다.

2. 겁재(劫財)

— 자신과 음양이 다른 형제·이복형제·경쟁상대 등을 나타낸다.

— 주체성·게으름·힘·자존심·고집·추진력·삶의 토대를 나타낸다.

— 재물의 특성을 모르니 장사는 인연이 없다.

— 비겁(比劫)은 재물을 좋아하고 재성(財星)이 없으면 못산다.

— 일간(日干)에게 힘이 되기도 하고 손해를 주기도 한다.

— 일간(日干)이 신약(身弱)하면 비견(比肩)보다 더 큰 힘이 된다.

— 적극적이며 진취적이고 용감하며 과단성이 있다.

— 강건하며 민첩하고 순발력이 뛰어나며 호기심이 많다.

— 자주적이며 독립적이고 낙관적이며 투쟁적이다.

— 부지런하며 열성적이고 교제가 활발하며 넓다.

— 협상과 수완이 뛰어나고 모험을 좋아한다.

— 일간(日干)이 음간(陰干)일 때는 겁재성(劫財星)이 강하다.

— 일지(日支)에 겁재(劫財)가 있으면 융통성이 있다.

3. 식신(食神)

— 의식주와 경제활동에 해당하고, 여자에게는 자식에 해당한다.

— 식록을 주관하는 복덕신(福德神)이다

— 음식의 신·베풂·직업·활동을 뜻한다.

— 총명하며 사색적이고 지적 호기심이 있으며 재능이 많다.

— 자신의 능력을 표현하는 도구이고, 식신(食神)이 목적을 달성하면 돈방석에 앉는다.

— 논리적이며 이치에 합당해야만 받아들인다.

— 정신적이며 지적인 활동을 추구하고, 조용하며 침착하다.

— 육체노동보다는 정신노동에 해당하는 직업을 좋아한다.

— 심미안·유행·장사수완·예술성·문장·문학·소설·청고한 학자 등을 나타낸다.

— 남을 도와주며 배려하고 이해하는 마음이 있다.

— 내적이며 지적이나 과시하려는 경향이 있다.

— 내색을 잘 안하며 열심히 활동한다.

— 선량하며 인정이 많고 계산적이지 않다.

— 단순하며 사교적이지 못하다. 처음 만나는 사람과 선뜻 친해지

지 못한다.

— 한 가지에 몰두하며 연구하고, 특히 내면이나 잠재력을 표현하는데 탁월하다.

— 상관(傷官)에 인성(印星)이 있으면 재성(財星)으로 향해야 좋고, 식신(食神)은 겁재(劫財)로 향해야 좋다.

— 월지(月支)에 식신(食神)이 있으면 식복이 있고, 부모도 식신(食神)의 성품이 된다.

— 일지(日支)에 식신(食神)이 있으면 식탐이 많다.

— 일지(日支) 식신(食神)이 있으면 누가 뭐래도 한 우물을 파며 내 길을 간다.

— 상관(傷官)은 음양의 관계이므로 반드시 결과가 나와야 한다.

— 식신(食神)은 음간(陰干)일 때 가장 잘 나타난다.

4. 상관(傷官)

— 자녀 · 명예 · 직장을 나타낸다. 여자에게는 남편인 정관(正官)을 해치는 것이다.

— 자유분방 · 인심 · 계산적 · 외향적 · 희생봉사 · 열정 · 재능 · 이기심 · 탐심을 나타낸다.

— 상관(傷官)이 정관(正官)을 만나면 관재 · 구설 · 법정분쟁이 일어난다.

— 식신(食神)은 정신적인 허세이고, 상관(傷官)은 육체적인 허세

이다.

— 식신(食神)과는 달리 생색을 내며 도와준다.

— 육체적이며 동적이고 과시하며 행동이 화려하다.

— 일지(日支) 상관(傷官)은 일을 뜻하니 일에 중독되며 활동이 왕성하다.

— 월간(月干) 상관(傷官)은 간섭을 싫어한다.

— 여명이 일지(日支)가 편재(偏財)나 상관(傷官)이면 남편과 인연이 없다.

— 총명하며 추리력이 있고 화술이 좋으며 재능이 많다.

— 상황판단이 빠르다.

— 개성적이며 모방하지 않는다.

— 과시욕이 많고 대인 지향적이다.

— 자기 의견이나 감정을 신속하게 잘 표현한다.

— 육체적인 활동이나 영업, 외근직을 좋아하고 사물에 대한 호기심이 많다.

— 식신(食神)은 주어진 일을 잘하고, 상관(傷官)은 일을 만들어한다.

— 경쟁자가 있으면 더욱 힘을 낸다.

— 상관(傷官)과 편재(偏財)는 승부근성이 강하다.

— 식신(食神)은 음일간(陰日干)일 때 가장 잘 나타나고, 상관(傷官)은 양일간(陽日干)일 때 가장 잘 나타난다.

5. 편재(偏財)

— 남자에게는 아내·첩·애인·아버지가 되고, 여자에게는 아버지와 시어머니가 된다.
— 사업소득·투기·부정한 재물·강제로 취한 재물을 나타낸다.
— 다욕다정·표현력·공간배치 능력·통제·낭비·즉흥적·감정적·민첩성·순발력·두뇌회전이 뛰어나다.
— 재성(財星)은 인정이 없고 재물을 모으는데 관심이 많다.
— 물질을 아끼지 않고 돈을 잘 쓴다. 있으면 쓰고 없으면 마는 형이다.
— 주관적 표현의 예술가형으로 내재된 본질을 잘 표현한다.
— 자기만족과 너저분함 속에 질서가 있고, 지도를 잘 찾는다.
— 물질을 통제하며 본질적인 면에 예리한 감각이 있다.
— 배짱이 있고 큰 돈을 추구하며 투기성이 강하다.
— 계산적이지 않으며 솔직담백하다.
— 남자는 아내와 인연이 없고, 여자는 고부갈등이 심하며 남편운이 약하다.
— 정편재(正偏財)가 혼잡하면 남자는 아내 외의 여자를 두는 경우가 있다.
— 편재(偏財)의 위치는 일지(日支)이다.
— 상관(傷官)과 편재(偏財), 식신(食神)과 정재(正財)는 서로 잘 통한다.

— 음간(陰干)은 정관(正官)과 합을 하지만, 정재(正財)와 합을 하
는 양간(陽干)이 더 물질을 추구한다.

6. 정재(正財)

— 정실부인, 성실하며 정직하고 알뜰한 아내, 정이 깊어 헤어지기
쉽지 않은 여자를 뜻한다.
— 월급·고정수입과 재물·현금·성실·정직·정당한 재물과 이
윤을 나타낸다.
— 성실·안정·신용·고지식·검소·절약·저축·수전노·합리
주의·분명한 계산·영수증 등을 나타낸다.
— 장사에 천부적인 수완이 있고, 재물을 내 몸처럼 여긴다.
— 물질 자체나 사물의 외관에 관심이 있다.
— 실수하지 않으려고 조심하고, 계산이 빠르며 분명하다.
— 현실에 민감하며 적응력이 좋다.
— 식도락가이며 경제감각이 뛰어나다.
— 계획적이며 계산적이고 안정을 중시한다.
— 긍정적이며 낙천적이고 명예 지향적이다.
— 정재(正財)가 희신(喜神)이고 안정되면 평생 재물복이 있다.
— 여자는 정이 있는 아내이고, 남자는 아내덕이 많다.

7. 편관(偏官)

— 남자에게는 자식과 후계자에 해당하고, 여자에게는 남편·남자 친구·애인에 해당한다.

— 직장·원칙·군인·경찰·검사·수사관·감사관·세관원·깡패·무법자에 해당한다.

— 무기·흉기·위험물·폭염·태풍·폭설에 해당한다.

— 의리·인정·자기억제·극기심·억압·인내심·책임감·명령·경쟁적 수단·무정·결단성·봉사·희생을 나타낸다.

— 감정적·독선적·이타적 성분·공익적·큰 그릇·고독·약육강식·적자생존을 나타낸다.

— 편관(偏官)이 식신(食神)과 같이 있으면 매사 감정적이다.

— 편관(偏官)이 있고 인성(印星)이 없으면 정신적인 여유가 없다.

— 편관(偏官)은 상관(傷官)을 꺼리지 않는다.

— 일지(日支)에 편관(偏官)이 있으면 성격이 대쪽 같다.

— 혁명가나 난세의 영웅 타입이다.

— 명예나 원칙을 중시하고, 재물을 추구하는 사업은 안된다.

— 융통성이 없고 절제된 생활을 한다.

— 편관(偏官)의 기운이 강하면 일정한 직업을 갖기 어렵고, 상업에 종사하기 힘들다

— 자기 중심의 사고가 강하여 타인과 불화하고 고독하다. 행동이 폭력적이며 극단적이다.

8. 정관(正官)

— 남자에게는 자식·명예·직장에 해당하고, 여자에게는 남편과 직장에 해당한다.

— 질서·법·도덕·윤리·제도·권위·명예·관공서·문서·자격증을 나타낸다.

— 원칙주의·이성적·합리적인 억압·높은 사고력·체면·정도·인간다움·준법정신을 추구한다.

— 편관(偏官) 이외의 직장·안정·명예·체면을 나타낸다.

— 정관(正官)이 희신(喜神)이며 안정되어 있으면 부와 명예가 따르고, 부부간에 서로 존경하며 사랑하고, 명예로운 삶을 산다.

— 이타심·사회봉사·정직·원리원칙·홍익인간을 나타낸다.

— 순종적이며 준법정신이 높고, 공익을 위한 봉사정신이 높다.

— 책임감 있고 성실하며 가정에 충실하다.

— 체면과 명예, 신용과 안정을 생명처럼 중시한다.

— 침착하며 여유가 있고 사리사욕을 억제한다.

— 낭비를 싫어하나 쓸 때는 쓴다.

— 여성은 현모양처로 가정을 잘 돌본다.

— 가정·직장·건강문제가 심각하며 행동이 인간답지 못하다.

— 정관(正官)은 법을 잘 지키는 사업이나 자격증 위주의 사업이 좋다.

— 일간(日干)이 음이고 관성(官星)이 월간(月干)에서 합이 되었을

때 진정한 정관(正官)이다.

9. 편인(偏印)

— 계모·서모·어머니 형제·할아버지에 해당하고, 여자에게는 사위와 손자에 해당한다.

— 종교·기술자·역술인·연예인·언론인·기능인·예술·체육인·도둑·사기꾼에 해당한다.

— 전통학문·민속학·종교학이나 고독하며 자아만족에 무게를 두는 학문을 좋아한다.

— 생아지신(生我之神)·공기·수분·햇빛·음식·옷·집을 나타낸다.

— 의무적이며 동정심이 있고, 고독하며 희생적이다.

— 수동적이며 부정적이고, 감정을 잘 억제하며 폐쇄적이고 비현실적이다.

— 직감과 재치가 탁월하고 임기응변에 명수이다.

— 학문에 심취하여 명예를 얻고 안정된 생활을 한다.

— 학문적인 호기심이 있고 한 가지 학문에서 대성한다.

— 한 번 마음 먹으면 누가 뭐래도 해내고, 다방면에 재능이 있어 대성한다.

— 언제나 새로운 대상을 찾아 매진하고, 복잡한 것을 단순하게 만드는 능력이 있다.

10. 정인(正印)

— 남녀 모두 어머니에 해당한다. 남자는 장인, 여자는 사위·나의 근원·뿌리·출발점·종자·후원자·스승에 해당한다.

— 학문·책·문서·도장·지혜·진리·자격증·주민등록증·인허가증에 해당한다.

— 생아지신(生我之神)·공기·수분·햇빛·음식·옷·집을 나타낸다.

— 편인(偏印)에 해당하는 학문 외의 보편적이며 대중적이며 실용적인 학문에 해당한다.

— 명예·안정·체면을 추구하고, 주택·문서·이사운이 따른다.

— 시험이나 진학관계를 파악하고, 학생은 학문에 전념한다.

— 침착하며 여유가 있고, 지식과 명예를 위주로 생활한다.

— 인내심이 있고 실용적인 면을 추구한다.

— 인성(印星)이 충되면 주거환경의 변화를 뜻하니 이사하는 것이 액땜하는 길이다.

3. 십성(十星)으로 본 직업

옛말에 첫 단추를 잘 꿰야 한다는 말이 있다. 무엇이든 처음이 중요하다는 뜻이다. 명리학을 통해 자신의 적성을 파악할 수 있다면 시행착오를 줄여 효율적인 삶을 살 수 있을 것이다. 인간은 기본적인 의식주가 해결되지 않으면 행복한 삶은 요원하다. 그러니 개인의 적성을 정확하게 파악하여 천직을 찾는다면 그보다 좋은 일은 없을 것이다. 개인마다 개성과 재능이 다르기 때문에 이 점을 적극 발굴하고 개발하는 것이 필요하다. 세상에는 수많은 직업이 있다. 어떤 분야든 최고가 되도록 노력하는 것이 바람직하다.

명리학상 적성에 맞는 직업을 찾으려면 격국(格局)과 용신(用神)을 살펴야 하고, 직업의 성패는 용신(用神)으로 판단한다. 만일 기신(忌神)에 해당하는 직업을 선택하면 만족하지 못하고 결국 이직하는 경우가 많다. 오늘날 직업의 종류는 수천 가지가 넘기 때문에 십성(十星)으로 분류하는 일은 무리이다. 따라서 타고난 재능과 적성에 중점을 둘 필요가 있다.

필자의 경험담을 예를 들면, "당신은 남을 가르치는 재주가 있으니 선생 팔자요" 라고 했더니 대뜸 "아닌데요. 전 직업군인입니다." 하는 것이다. 필자가 고개를 갸우뚱거리자 "선생 팔자라는 것이 전혀 틀린 말은 아닌 것 같습니다. 전 교육장교거든요. 그리고 가르치는 것을 좋아합니다. " 하는 것이다. 여기서 좋아하는 것이 반드시 적성이고 직업으로 연결되지 않다는 것을 알 수 있다. 자신이 좋아하는 것을 직업으로 한다는 것은 격국(格局)와 용신(用神)의 작용이 제대로 발휘된 것이다. 직업은 격국(格局)에 따라 정하고, 격국(格局)의 고저에 따라 지위와 업종이 정해진다.

십성격국별 직업표출표

建祿格	행정직 · 관직 · 공직 · 분점 · 대리점 · 납품업 · 독립사업
羊刃格	무관 · 경찰 · 기사 · 체육인 · 기술자 · 정육점 · 도살업 · 칼장수 · 재단사 · 철공소 · 미싱사 · 전기기술자 · 증권업 · 유흥업 · 요식
食神格	연구직 · 교육 · 문화 · 기술업 · 생산 · 가공 · 서비스업 · 도매상 · 식료품상 · 은행 · 주식 · 미술 · 농업
傷官格	교육계 · 감상 · 예능 · 기술직 · 수리업 · 경쟁사업 · 변호사 · 대변인 · 골동품 · 고물상 · 철학가 · 점술가 · 문예
偏財格	투자 · 증권 · 상업 · 청부업 · 생산산업 · 의약업 · 장사 · 사업가 · 금융 · 재정 · 세무관리 · 무역 · 건축업 · 정치 · 역술인 · 철학
正財格	재정공무원 · 경리 · 은행원 · 세무원 · 회계사 · 물품관리 · 창고관리직 · 건축자재업 · 운수업 · 각종도매업 · 상업
偏官格	군인 · 경찰 · 변호사 · 헌병 · 안기부 · 검찰 · 청사업 · 건축업 · 조선업 · 수금업 · 깡패 · 무관 · 법조계 · 정치
正官格	행정공무원 · 군인 · 경찰 · 법조계 · 회사원 · 입찰업 · 지배인 · 목재상 · 주단포목 · 양품점 · 잡화점 · 위탁업 · 도매업
偏印格	의약업 · 역술 · 점술 · 철학자 · 배우 · 교육자 · 학자 · 요리업 · 여관업 · 이미용사 · 유흥업 · 유모업 · 인기사업
正印格	교육 · 언론 · 문화기획 · 의학 · 정치학 · 국문학 · 예술 · 의사 · 학원 · 종교인 · 저술가 · 미술 · 생산학 · 숙박업 · 중개업 · 상담직
比肩格	공직 · 직장인 · 기자 · 운명가 · 외무원 · 상업 · 자유업 · 의사 · 변호사 · 철학 · 기공사 · 전당포
劫財格	투자 · 증권 · 양어장 · 농업 · 축산업 · 노동자 · 투기사업

제8장. 태세론(太歲論)

　태세론(太歲論)은 대운과 세운을 보는 방법이다. 임철초(任鐵樵)의 적천수천미(滴天髓闡微)에 나오는 기법인데 가장 많이 통용되는 정설이라고 본다.

　세(歲)는 태세(太歲)라고도 하며 1년의 운을 보는 것이고, 운은 대운을 지칭하는 말로 10년씩 구분하여 본다. 선생이 말하길 부귀가 비록 격국(格局)에서 정해진다고 하나 궁극에는 운도(運途)와 관계를 맺으면서 서로 통하니, 이른바 명(命) 좋은 것이 운(運) 좋은 것만 못하다고 하였다.

　일주(日柱)는 내 몸과 같고, 원국의 희신(喜神)과 용신(用神)은 내가 부리는 사람과 같으며, 운도(運途)는 내가 처한 곳이다. 따라서 지지(地支)를 중하게 여기지만 천간(天干)이 배반하지 않고 상생상부(相生相扶)해야 좋다. 그러므로 대운에서 1운은 10년으로 보는데, 절대로 상하를 끊어 개두(蓋頭)와 절각(截脚)으로 구분해서 보면 안된다. 만약 상하를 나눠서 본다면 개두(蓋頭)와 절각(截脚)은 물론 길흉도 알 수 없다.

1. 좋은 운은 어떻게 보는가?

좋은 운이란 용신(用神)이나 희신(喜神)운을 말한다. 자세한 내용은 오행으로 예를 들면서 설명해본다.

1) 목(木)운이 좋으면
 우선 갑인(甲寅)이나 을묘(乙卯)가 있어야 하고, 그 다음은 갑진(甲辰)·을해(乙亥)·임인(壬寅)·계묘(癸卯)가 있어야 한다.

2) 화(火)운이 좋으면
 우선 병오(丙午)·정미(丁未)가 있어야 하고, 그 다음은 병인(丙寅)·정묘(丁卯)·병술(丙戌)·정사(丁巳)가 있어야 한다.

3) 토(土)운이 좋으면
 우선 무오(戊午)·기미(己未)·무술(戊戌)·기사(己巳)가 있어야 하고, 그 다음은 무진(戊辰)·기축(己丑)이 있어야 한다.

4) 금(金)운이 좋으면
 우선 경신(庚申)·신유(辛酉)가 있어야 하고, 그 다음은 무신(戊

申)·기유(己酉)·경진(庚辰)·신사(辛巳)가 있어야 한다.

5) 수(水)운이 좋으면

우선 임자(壬子)·계해(癸亥)가 있어야 하고, 그 다음은 임신(壬申)·계유(癸酉)·신해(辛亥)·경자(庚子)가 있어야 한다.

만약 지지(地支)에 용신(用神)이 있으면 천간(天干)으로 지지(地支)를 생해야 좋다. 지지(地支)가 천간(天干)을 생하면 용신(用神)이 설기되어 약해지니 나쁘다. 다시 말하면 천간(天干)이 지지(地支)를 생하면 음덕이 두터우나, 용신(用神)인 지지(地支)가 천간(天干)을 생하면 기를 빼앗겨 나쁘다. 즉 목(木)이 용신(用神)이면 임인(壬寅)은 좋지만 병인(丙寅)은 설기되어 흉하다.

2. 개두(蓋頭)란 무엇인가?

개두(蓋頭)는 지지(地支)의 용신(用神)이 천간(天干)의 흉신을 모자처럼 쓰고 있는 모습이다. 예를 들어,

— 목(木)운이 용신(用神)인데 경인(庚寅)·신묘(辛卯)를 만나면 개두(蓋頭)가 된다.
— 화(火)운이 용신(用神)인데 임오(壬午)·계사(癸巳)를 만나면 개두(蓋頭)가 된다.

— 토(土)운이 용신(用神)인데 갑술(甲戌)·갑진(甲辰)·을축(乙
丑)·을미(乙未)를 만나면 개두(蓋頭)가 된다.
— 금(金)운이 용신(用神)인데 병신(丙申)·정유(丁酉)를 만나면
개두(蓋頭)가 된다.
— 수(水)운이 용신(用神)인데 무자(戊子)·기해(己亥)를 만나면
개두(蓋頭)가 된다.

3. 절각(截脚)이란 무엇인가?

절각(截脚)은 천간(天干)의 용신(用神)이 지지(地支)에 흉신을 장
애자처럼 갖고 있는 모습이다. 예를 들면,

— 목(木)운이 용신(用神)인데 갑신(甲申)·을유(乙酉)·을축(乙
丑)·을사(乙巳)를 만나면 절각(截脚)이 된다.
— 화(火)운이 용신(用神)인데 병자(丙子)·정축(丁丑)·병신(丙
申)·정유(丁酉)·정해(丁亥)를 만나면 절각(截脚)이 된다.
— 토(土)운이 용신(用神)인데 무인(戊寅)·기묘(己卯)·무자(戊
子)·기유(己酉)·무신(戊申)을 만나면 절각(截脚)이 된다.
— 금(金)운이 용신(用神)인데 경오(庚午)·신해(辛亥)·경인(庚
寅)·신묘(辛卯)·경자(庚子)를 만나면 절각(截脚)이 된다.
— 수(水)운이 용신(用神)인데 임인(壬寅)·계묘(癸卯)·임오(壬

午)·계미(癸未)·임술(壬戌)·계사(癸巳)를 만나면 절각(截脚)이
된다.

개두(蓋頭)는 지(地支)가 용신(用神)이고 천간(天干)이 흉신(凶
神)이니 중요한 지지(地支)의 운에서 길흉이 반감되지만, 절각(截
脚)은 천간(天干)이 용신(用神)이고 지지(地支)가 흉신(凶神)이므
로 10년 운이 막힌다.

■ 개두(蓋頭)의 예 : 목(木)운이 용신(用神)인 경우

대운에서 경인(庚寅)이나 신묘(辛卯)를 만나면, 경신(庚辛)은 흉
신(凶神)인데 금(金)이 인묘(寅卯)에 절(絶)되어 무근(無根)이니
10년 중에 그 흉이 반감된다. 만일 사주 원국에 병정(丙丁)이 투출
(透出)하여 경(庚)을 억제하면 흉이 반감되고, 년운에서 병정(丙
丁)을 만나 경신(庚辛)을 억제하면 그 해의 흉은 모두 사라진다.

그런데 본래 인묘(寅卯)가 용신(用神)이지만 경신(庚辛)이 개두
(蓋頭)하여 극하면 비록 10년이 길운이라도 반은 감소된다. 만약
사주 원국에 신유(申酉)가 있어 인묘(寅卯)대운을 충하면 길하기
는커녕 오히려 흉하다.

■ 절각(截脚)의 예 : 목(木)운이 용신(用神)인 경우

대운에서 갑신(甲申)이나 을유(乙酉)를 만나면 목(木)이 신유(申
酉)에서 절(絶)된다. 이런 경우를 실리지 못했다고 하며, 갑을(甲
乙)대운은 불길하다. 만일 사주 원국에 경신(庚辛)이 있거나, 태세

에서 경신(庚辛)을 만나면 흉은 말할 필요도 없고 10년이 흉하다.

그런데 사주에 임계(壬癸)가 투출(透出)하거나, 년운에서 임계(壬癸)를 만나면 충분히 금(金)을 설(洩)하여 목(木)을 생하니 그 해 운세는 반드시 화평하다. 운에서 길을 만났으나 길한 것으로 보지 않고, 흉을 만났으나 흉으로 보지 않은 것은 개두(蓋頭)와 절각(截脚)이 있기 때문이다.

태세는 1년의 태평함과 그렇지 못함을 주관하는 것으로, 마치 사람을 만나는 것과 같아 천간(天干)을 중시하지만 지지(地支)를 살피지 않는 것은 옳지 않다. 비록 사주에 신(神)의 생극(生剋)이 함께 있어도 일주(日柱)와 운이 충되어 싸우면 좋지 않다. 그중에서도 가장 흉한 것은 천극지충(天剋地沖)이다.

태세와 대운이 충극(沖剋)해도 일주(日柱)가 왕상(旺相)하면 비록 흉하더라도 장애는 없다. 그러나 일주(日柱)가 휴수(休囚)되어 약해지면 반드시 흉하다.

일주(日柱)가 태세를 범하더라도 일주(日柱)가 왕상(旺相)하면 허물이 없지만, 일주(日柱)가 휴수(休囚)되어 약하면 반드시 흉하다. 또 태세가 일주(日柱)를 범할 때도 역시 같은 원칙이 적용된다. 그러므로 태세는 무엇보다 일주(日柱)와의 화합이 중요하다. 대운과 같은 원리와 방법으로 논하면 안된다. 예를 들어 목(木)대운을 만나 좋아야 하는데, 태세에서 목(木)을 만나면 흉한 것은 모두 전충불화(戰沖不和)의 연고이다. 모두 이와 같이 추리하면 길흉을 판단할 수 있을 것이다.

4. 전(戰)이란 무엇인가?

전(戰)은 극을 가리키는 말인데, 다음의 예를 살펴보자.

■ 경신(庚申)년 운 보는 법

병(丙)대운에 경(庚)년을 만나면 대운이 태세를 극한다고 하나, 일주(日柱)가 경금(庚金) 용신(用神)을 좋아하면 병(丙)은 자(子)나 진(辰)에 앉아 있거나, 태세에서 경(庚)이 신(申)이나 진(辰)에 앉아 있어야 좋다. 또 국(局) 중에 무기토(戊己土)가 있어 병(丙)을 설기(洩氣)하여 생금(生金)하거나, 임계(壬癸)가 있어 병(丙)을 극하면 길하다. 그런데 병(丙)이 오인(午寅)에 앉아 있거나, 사주에 수토(水土)가 없어 제화(制化)하지 못하면 반드시 흉하다.

병자(丙子)와 병진(丙辰)운과 같이 병화(丙火)가 자진(子辰)에 앉아 있어도 좋다. 왜냐하면 자(子)와 진(辰)이 병(丙)을 극하거나 설기하여 금(金)을 돕기 때문이다. 이와 같이 극설(剋洩)하는 것을 제화(制化)라고도 한다. 또 경(庚)이 신진(申辰)에 앉아 있어도 좋다. 왜냐하면 병(丙)이 강한 경신(庚申)이나 경진(庚辰)에게 굴복하기 때문이다.

■ 병진(丙辰)년 운 보는 법

경(庚)대운에 병(丙)년을 만나면 태세가 대운을 극하니, 일주(日柱)가 경금(庚金)을 좋아하면 흉하고, 병화(丙火)를 좋아하면 길하다. 경(庚)이 용신(用神)인데 대운에서 경(庚)이 신(申)이나 진(辰)에 앉아 있거나, 태세에서 병(丙)이 자(子)나 진(辰)에 앉아 있어야 좋다. 또 사주에서 수토(水土)가 병화(丙火)를 제화(制化)하면 길하나 그렇지 않으면 반드시 흉하다. 일주(日柱)가 병(丙)을 좋아하는 경우도 이와 같이 추측하면 된다.

5. 충(沖)이란 무엇인가?

선생이 말하길, 충(沖)은 파(破)를 말한다고 했다. 예를 들면 자(子)운 오(午)년에는 대운이 태세를 충(沖)한다. 그 해 운을 보는 방법을 구체적으로 살펴보면 다음과 같다.

■ 갑오(甲午)년 운 보는 법 1
일주(日柱)가 자수(子水) 용신(用神)을 좋아할 때는 천간(天干)에 경임(庚壬)이 있으면 좋다. 경자(庚子)나 임자(壬子)운을 말하는데, 이때 갑오(甲午)나 병오(丙午)년을 만나면 간극지충(干剋支沖)으로 흉신(木火)을 제압하여 좋다. 또 병자(丙子)나 무자(戊子)대운에는 경오(庚午)나 임오(壬午)년을 만나면 병무(丙戊)가 경임(庚壬)을 간극지충(干剋支沖)하니 용신(用神)과 희신(喜神)을 제압하여 화(火)의 편을 들어주므로 허물이 되어 흉하다.

■ 갑오(甲午)년 운 보는 법 2
일주(日柱)가 오화(午火) 용신(用神)을 좋아할 때는 갑자(甲子)나

무자(戊子)대운에는 갑오(甲午)나 병오(丙午)년을 만나면 길하다. 왜냐하면 갑(甲)은 자(子)를 설기(洩氣)하여 갑오(甲午)를 도와주므로 화기(火氣)가 강해지니, 자오(子午)가 충해도 약해진 자수(子水)가 오히려 제압하기 때문이다. 또 경자(庚子)나 임자(壬子)대운에 갑오(甲午)나 병오(丙午)년을 만나면 경임(庚壬) 기신(忌神)이 간극지충(干剋支沖)으로 길신(甲丙)을 제압하니 흉하다.

■ 갑자(甲子)년 운 보는 법

만약 오(午)운 자(子)년이라면 태세가 대운을 충한다. 일주(日柱)가 오(午)를 좋아할 때는 오(午)의 간두(干頭)로는 병무(丙戊)가 좋고, 자(子)의 간두(干頭)로는 갑(甲)이나 병(丙)을 만나야 길하다. 갑자(甲子)는 갑(甲)에게 기를 빼앗겨 자수(子水)가 약화되어 오(午)한테 지기 때문이다.

■ 경자(庚子)년 운 보는 법

예를 들어 오(午)의 간두(干頭)에서 병무(丙戊)를 만나거나, 자(子)의 간두(干頭)에서 경임(庚壬)을 만나면 반드시 흉하다. 경자(庚子)나 임자(壬子)는 자수(子水)가 경임(庚壬)의 도움을 받아 강해져 오(午)를 약화시키기 때문이다. 나머지 경우도 이와 같이 유추하면 된다. 그리고 월운과 일운도 년운을 보는 것처럼 대운과 비교하여 보면 된다.

6. 태세운 정밀하게 판단하는 방법

대운과 세운과 원국을 대조하여 길흉의 변화를 살피는 것은 매우 복잡하다. 그러나 결국 사주의 희용신(喜用神)에게 이로우면 길하고, 기신(忌神)에게 유리하면 흉하다. 대운과 세운을 배합하여 길흉을 판단하는 원칙을 정리했다. 여기서 명시한 것은 참조만 하고, 보다 세밀한 변화를 연구하여 적중률을 높여야 한다.

— 원국과 대세운에서 형충극합(刑沖剋合)되면 우선 그 상태에 주의를 기울여야 한다. 막연하게 용신(用神)운이니 좋고, 기신(忌神)운이니 나쁘다고 속단하면 안된다. 사주학은 변화를 연구하는 학문이다. 아무리 좋은 용신(用神)운도 변하여 흉하면 흉한 결과가 나타나고, 아무리 기신(忌神)운이 와도 변하여 길하면 길한 결과가 나타나는 것이다.

— 대세운이 원국과 충형극합(沖刑剋合)되지 않으면 길흉의 정도가 비교적 약하다.

— 원국의 간지(干支)에 합이 있는데, 대운의 간지(干支)에서 원국의 합신(合神) 중 1~2가지를 충극(沖剋)하면 원국의 합은 해제되어 고유한 작용을 찾는다. 따라서 합된 각각의 간지(干支)는 오행의 고유 역할을 수행하고, 그에 따라 각각의 간지(干支)는 길흉이 달라진다.

— 원국에서 충극(沖剋)된 것을 대세운에서 합하면 충극(沖剋)이

해소된다.

— 대운과 세운이 원국을 합국(合局)하면서 충극(沖剋)하면 합국(合局)으로 논한다. 충은 합으로 해소되기 때문이다.

— 운이 원국과 합국(合局)될 때 유년에 화신(化神)이 있으면 그 화신(化神)이 합거(合去)되었는지를 살핀다. 합거(合去)되면 인화(引化)의 역량이 소멸되어 합이 될뿐 화하지 않기 때문이다.

— 원국에 합국(合局)이 있는데 운에서 또 합국(合局)이 되면 원국의 합국(合局)은 소멸되니 운과 원국의 합국(合局)으로 본다.

— 원국에 충극(沖剋)이 있는데 운에서 또 충극(沖剋)되면 원국의 충극(沖剋)은 소멸되니 운과 원국의 충극(沖剋)으로 본다.

— 원국에 형이 없어도 운에서 원국과 형되면 형으로 본다.

— 원국에 충국(沖局)이나 합국(合局)이 있는데 운에서 형이 오면 원국의 충국(沖局)과 합국(合局)은 풀리니 운과 형하는 것으로 본다.

— 대운과 세운이 합국(合局)하면 화하지 않는다. 모든 것은 원국과 관련될 때 비로소 화가 되기 때문이다.

— 운이 원국의 기신(忌神)을 극제(剋制)하면 길하고, 원국의 희용신(喜用神)을 극제(剋制)하면 흉하다.

— 운이 원국의 기신(忌神)을 충거(沖去)하면 길하고, 희용신(喜用神)을 충거하면 흉하다.

— 운이 원국의 기신(忌神)을 합거(合去)하면 길하고, 희용신(喜用神)을 합거(合去)하면 흉하다.

— 원국의 기신(忌神)이 운에서 온 희용신(喜用神)을 극제(剋制)·충거(沖去)·합거(合去)하면 평범하다.

— 운에서 기신(忌神)이 와도 원국이 극제(剋制)·충거(沖去)·합거(合去)하면 평범하다.

— 운과 원국이 합화(合化)했는데 화신(化神)이 희용신(喜用神)이면 길하고, 기신(忌神)이면 흉하고, 한신(閑神)이면 평범하다.

— 운에서 기신(忌神)이 와도 원국의 기신(忌神)이 용신(用神)을 살리면 오히려 길하다.

— 운이 원국과 형되면 흉하다.

— 원국과 대운과 유년의 삼지(三支)가 방국(方局)이나 삼합국(三合局)을 이루고, 화신(化神)이 원국의 천간(天干)이나 유년 천간(天干)에 있어 합화(合化)하면 그 해에 가장 큰 영향이 있다. 해당되는 지지(地支)의 본래 오행은 완전히 소멸되고 화신(化神)만 왕성해지니 화신(化神)이 희용신(喜用神)이면 대길하고, 기신(忌神)이면 죽음·중상·수술·파산·가정파탄이 따른다.

— 대운의 간지(干支)와 유년의 간지(干支)가 천극지충(天剋地沖)이 되는 해는 흉하다.

— 유년의 간지(干支)와 원국의 간지(干支)가 천극지충(天剋地沖)하면 그 해는 흉하다. 천극지충(天剋地沖)되는 주(柱)가 본래의 뿌리이면 작용이 더욱 크다.

— 상관(傷官)이 용신(用神)인데 운에서 칠살(七殺)이 오거나, 정관(正官)이 용신(用神)인데 운에서 상관(傷官)이 오면 재앙이

무궁하다. 특히 여자는 부부의 인연이 깨진다.

— 대운과 유년에서 2개의 지지(地支)가 1개의 지지(地支)를 충하면 아내에게 흉한 일이 생긴다.

— 원국과 대운과 유년을 배합하여 방국(方局)과 삼합국(三合局)과 육충(六沖)이 2쌍씩 되면 그 해는 큰 재앙이 따르고 사망할 위험이 있다. 이 항목은 격국(格局)이나 용신(用神)과 관계없이 적용된다.

— 운이 원국과 천극지충(天剋地沖)하면 생명이 위험하다.

— 원국에 목욕(沐浴)이 있는데 유년에서 목욕(沐浴)을 만나면 순조롭지 못하다.

— 유년과 대운이 공망(空亡)되는 해에는 일이 없다.

— 원국과 대운과 유년이 삼형(三刑)되었는데 식신(食神)에 해당하면 자식을 잃을 위험이 있다. 자형(自刑)이 2쌍이 되면서 식신(食神)에 해당해도 그렇다.

— 원국과 대운과 유년의 배합에서 정인(正印)이 삼형(三刑)되거나, 2쌍의 자형(自刑)이 있는데 정인(正印)에 해당하면 어머니를 잃을 수 있다. 만일 편재(偏財)에 해당하면 아버지를 잃을 위험이 있고, 정재(正財)에 해당하면 아내를 잃을 위험이 있다.

— 일주(日柱)의 간지(干支)와 유년의 간지(干支)가 천비지형(天比地刑)하면 배우자를 극한다.

— 원국에 삼형(三刑) 두 글자가 있는데 유년에서 나머지 한 글자를 만나면 완전한 삼형(三刑)이 되어 형살(刑殺)이 강하다.

7. 용신(用神)과 운의 희기(喜忌)

— 용신(用神)이 대운과 세운에서 생부(生扶)되거나 생왕지(生旺支)로 흐르면 길하고, 극설(剋洩)되거나 사절지(死絶支)로 흐르면 흉하다.

— 용신(用神)을 대운과 대조할 때 천간(天干) 5년과 지지(地支) 5년으로 도합 10년으로 보고, 천간(天干) 오행의 작용보다 지지의 방향을 중시한다.

— 화(火)가 용신(用神)인 사주가 천간(天干)이 화(火)이어도 지지(地支)에 따라 작용이 다르다.

— 대운에서는 공망(空亡)과 신살이 작용하지 않으나 세운에서는 작용한다.

1) 대운의 길흉

— 대운이 용신(用神)을 생부(生扶)하면 길하다.

— 대운이 용신(用神)을 극설(剋洩)하면 흉하다.

— 대운이 길한데 합이 되어 다른 신으로 변하면 평범하다.

— 대운이 흉한데 합이 되어 다른 신으로 변하면 평범하다.

2) 세운의 길흉

— 태세의 간지(干支)가 용신(用神)을 생부(生扶)하면 길년이다.

— 태세의 간지(干支)가 용신(用神)을 극설(剋洩)하면 흉년이다.

— 대운이 길한데 년운도 길하면 대길하다.

— 대운은 길하나 년운이 흉하면 길중소흉하다.

— 대운이 흉한데 년운도 흉하면 대흉하다.

— 대운은 흉하나 년운이 길하면 흉중소길하다.

— 년운이 길한데 대운이 년운을 생조(生助)하면 대길하다.

— 년운이 길한데 대운이 년운을 파극(破剋)하면 소길하다.

— 년운이 흉한데 대운이 년운을 생조(生助)하면 대흉하다.

— 년운이 흉한데 대운이 년운을 파극(破剋)하면 소흉하다.

— 대운과 태세가 상극(相生)하면 길하다.

— 대운이 태세를 충파(沖破)하면 대흉하다.

— 태세가 대운을 충파(沖破)하면 무방하다.

— 대운이나 세운이 용신(用神)을 극하는데 합거(合去)하거나 충 거(沖去)하는 신이 있으면 무사하고, 그렇지 않으면 흉하다.

— 일주(日柱)와 태세가 간극지충(干剋支沖)되거나, 일주(日柱)는 강하고 대운은 길하면 약간의 불상사가 생긴다.

— 일주(日柱)가 약한데 대운이 흉하면 대흉하다.

— 일주(日柱)가 강하면 일간(日干)이 태세의 천간(天干)에게 충되 어도 길하나, 일주(日柱)가 약하면 흉하다. 일지(日支)가 태세의 지지(地支)에게 충되는 해는 기신(忌神)이면 길하나 희신(喜神) 이면 흉하다.

3) 월운의 길흉
— 용신(用神)에게 이로운 달은 길하다.
— 용신(用神)에 불리한 달은 흉하다.

4) 일진(日辰)의 길흉

— 용신(用神)에게 이로운 날과 일주(日柱)와 합이 되는 날은 길일
이고, 용신(用神)에게 불리한 날과 일주(日柱)와 형충파해(刑沖
破害)나 원진(怨嗔)이 되는 날은 흉하다.

　사주의 성패는 대운에서 결정된다. 세운은 대운의 길함이 드러나
는 시기일 뿐 세운이 좋다고 성공하지는 않는다. 대운이 흉하면 10
년 운이 불길하기 때문에 세운이 좋다고 큰 일을 도모할 수는 없
다. 대운이 길한데 세운이 흉하면 비록 그 해에 실패한다고 해도
대운이 끝나기 전에 성공할 수 있으니 포기하지 말라. 또한 대운이
좋아도 사주가 나쁘면 결코 큰 뜻을 이루지 못한다. 다만 대운이
좋은 시기에 성공할 뿐, 그 대운이 지나가면 지속되지 않는다.
　이런 의미에서 본다면 인생의 성패는 사주에서 결정되고, 대운은
그 시기를 알려줄 뿐이다. 그러나 사주가 비록 하격이라도 대운 30
년이 좋다면 충분히 사주의 결함을 보완하여 성공할 수 있다. 팔자
보다 운이 더 중요하다고 하나, 사주 원국의 그릇이 먼저 갖춰져야
한다. 거지에게 돈을 줘도 늘리는 재주가 없으니 무용지물이고, 거
지팔자가 아무리 운수가 좋아도 평소보다 밥벌이가 잘될 뿐이다.
만약 두 부류가 경쟁한다면 대세운이 좋은 사람보다 사주와 대운
이 좋은 사람이 이길 것이다. 사주와 대운이 좋으면 세운의 흉함을
극복할 수 있으니 세운으로 성패를 예단하기는 어렵다.

제9장. 신강신약론(身强身弱論)

1. 일간왕약론(日干旺弱論)

일간(日干) 오행은 생월을 대조하여 왕약을 알고, 사지(四支)에 인종(引從)하여 십이운성(十二運星)의 강약을 정하는 것이다. 기력의 왕약은 천시(天時)에 의하여 정하고, 세력의 왕약은 십이운성(十二運星)과 오행왕상휴수사(五行旺相休囚死)법으로 정한다.

1. 갑을일주(甲乙日柱) 기준

1) 기력의 왕약

■ 봄(寅卯月)은 최왕(最旺)이니 신강신왕(身强身旺)이다.

① 십이운성 : 인(寅)은 건록(建祿), 묘(卯)는 제왕(帝旺)이 된다.

② 오행왕상휴수사 : 인묘(寅卯)는 왕(旺)이 된다.

③ 육신 : 인묘(寅卯)는 비견(比肩)·겁재(劫財)가 된다.

④ 통근 : 인묘해미진(寅卯亥未辰).

통근(通根)은 문자 그대로 뿌리(地支)에 통한다는 말이니 천간(天干)이 지지(地支)에 동류(同類)가 있고, 천간(天干)의 뿌리가 지지(地支)에 박힌 기상이다. 그리고 지지(地支)에 인성(印星)이 있어도 통근(通根)이라고 할 수 있다.

■ 여름(巳午月)은 약(弱)이니 신약(身弱)이다.

① 십이운성 : 사(巳)는 병(病), 오(午)는 사(死)가 된다.

② 오행왕상휴수사 : 사오(巳午)는 휴(休)가 된다.

③ 육신 : 사오(巳午)는 식신(食神)·상관(傷官)이 된다.

■ 가을(申酉月)은 최약(最弱)이니 신약(身弱)이다.

① 십이운성 : 신(申)은 절(絶), 유(酉)는 태(胎)가 된다.

② 오행왕상휴수사 : 신유(申酉)는 사(死)가 된다.

③ 육신 : 신유(申酉)는 편관(偏官)·정관(正官)이 된다.

■ 겨울(亥子月)은 차왕(次旺)이니 신왕(身旺)이다.

① 십이운성 : 해(亥)는 장생(長生), 자(子)는 목욕(沐浴)이 된다.

② 오행왕상휴수사 : 해자(亥子)는 상(相)이 된다.

③ 육신 : 해자(亥子)는 편인(偏印)·정인(正印)이 된다.

④ 통근(通根) : 해자(亥子).

■ 토용(土用 : 辰戌丑未月)은 약간 약(弱)이니 신약(身弱)이다.

① 십이운성 : 진(辰)은 쇠(衰), 술(戌)은 양(養), 축(丑)은 관대(冠帶), 미(未)는 묘(墓)이다.

② 오행왕상휴수사 : 진술축미(辰戌丑未)는 수(囚)가 된다.

③ 육신 : 진술축미(辰戌丑未)는 편재(偏財)·정재(正財)가 된다.

2) 세력의 강약

① 장생(長生)·관대(冠帶)·건록(建祿)·제왕(帝旺)은 세(勢)를 얻음이 성(盛)하다.

② 쇠병(衰病)·사(死)·절(絶)은 세를 얻지 못하는 것, 즉 뿌리(根)가 없다.

③ 목욕(沐浴)·태양(胎養)·묘(墓)는 세가 미약하다.

2. 병정일주(丙丁日柱) 기준

1) 기력의 왕약

■ 여름(巳午月)은 최왕(最旺)이니 신왕신강(身旺身強)이다.

① 십이운성 : 사(巳)는 건록(建祿), 오(午)는 제왕(帝旺)이 된다.

② 오행왕상휴수사 : 사오(巳午)는 왕(旺)이 된다.

③ 육신 : 사오(巳午)는 비견(比肩)·겁재(劫財)가 된다.

④ 통근(通根) : 인(寅) 병화(丙火), 오(午) 병정화(丙丁火), 술(戌) 정화(丁火), 사(巳) 병화(丙火), 미(未) 정화(丁火).

■ 토용(土用 : 辰戌丑未月)은 약(弱)이니 신약(身弱)이다.

① 십이운성 : 진(辰)은 관대(冠帶), 술(戌)은 묘(墓), 축(丑)은 양(養), 미(未)는 쇠(衰)이다.

② 오행왕상휴수사 : 진술축미(辰戌丑未)는 휴(休)이다.

③ 육신 : 진술축미(辰戌丑未)는 식신(食神)·상관(傷官)이 된다.

■ 겨울(亥子月)은 최약(最弱)이니 신약(身弱)이다.

① 십이운성 : 해(亥)는 절(絶), 자(子)는 태(胎)가 된다.

② 오행왕상휴수사 : 해자(亥子)는 사(死)가 된다.

■ 봄(寅卯月)은 퇴기(退氣)이나 강하므로 신왕(身旺)이다.

① 십이운성 : 인(寅)은 장생(長生), 묘(卯)는 목욕(沐浴)이 된다.

② 오행왕상휴수사 : 인묘(寅卯)는 상(相)이 된다.

③ 육신 : 인묘(寅卯)는 편인(偏印)·정인(正印)이 된다.

④ 통근(通根) : 인묘(寅卯).

■ 가을(申酉月)은 약간 약(弱)이니 신약(身弱)이다.

① 십이운성 : 신(申)은 병(病), 유(酉)는 사(死)가 된다.

② 오행왕상휴수사 : 신유(申酉)는 수(囚)가 된다.

③ 육신 : 신유(申酉)는 편재(偏財)·정재(正財)가 된다.

2) 세력의 강약

① 십이운성은 갑을(甲乙)에 준한다.

3. 무기일주(戊己日柱) 기준

1) 기력의 왕약

■ 토용(土用, 辰戌丑未月)은 최왕이니 신왕신강(身旺身強)이다.

① 십이운성 : 진(辰)은 관대(冠帶), 술(戌)은 묘(墓), 축(丑)은 양(養), 미(未)는 관대(冠帶)이다.

② 오행왕상휴수사 : 진술축미(辰戌丑未)는 왕(旺)이다.

③ 육신 : 진술축미(辰戌丑未)는 비견(比肩)・겁재(劫財)가 된다.

④ 통근(通根) : 진(辰) 무토(戊土), 술(戌) 무토(戊土), 축(丑) 기토(己土), 미(未) 기토(己土), 인(寅) 무토(戊土), 사(巳) 무토(戊土), 오(午) 기토(己土).

■ 가을(申酉月)은 약(弱)이니 신약(身弱)이다.

① 십이운성 : 신(申)은 병(病), 유(酉)는 사(死)가 된다.

② 오행왕상휴수사 : 신유(申酉)는 휴(休)가 된다.

③ 육신 : 신유(申酉)는 식신(食神)・상관(傷官)이 된다.

■ 봄(寅卯月)은 최약(最弱)이니 신약(身弱)이다.

① 십이운성 : 인(寅)은 장생(長生), 묘(卯)는 목욕(沐浴)이 된다.

② 오행왕상휴수사 : 인묘(寅卯)는 사(死)가 된다.

③ 육신 : 인묘(寅卯)는 편관(偏官)・정관(正官)이 된다.

■ 여름(巳午月)은 차왕(次旺)이니 신왕(身旺)이다.

① 십이운성 : 사(巳)는 건록(建祿), 오(午)는 제왕(帝旺)이 된다.

② 오행왕상휴수사 : 사오(巳午)는 상(相)이 된다.

③ 육신 : 사오(巳午)는 편인(偏印)·정인(正印)이 된다.

④ 통근(通根) : 사오(巳午).

■ 겨울(亥子月)은 약간 약(弱)이니 신약(身弱)이다.

① 십이운성 : 해(亥)는 절(絶), 자(子)는 태(胎)가 된다.

② 오행왕상휴수사 : 해자(亥子)는 수(囚)가 된다.

③ 육신 : 해자(亥子)는 편재(偏財)·정재(正財)가 된다.

2) 세력의 강약

① 십이운성은 갑을(甲乙)에 준한다.

4. 경신일주(庚辛日柱) 기준

1) 기력의 왕약

■ 가을(申酉月)은 최왕이니 신왕신강(身旺申强)이다.

① 십이운성 : 신(申)은 건록(建祿), 유(酉)는 제왕(帝旺)이다.

② 오행왕상휴수사 : 신유(申酉)는 왕(旺)이 된다.

③ 육신 : 신유(申酉)는 비견(比肩)·겁재(劫財)가 된다.

④ 통근(通根) : 신중경금(申中庚金), 유중경신금(酉中庚辛金), 술중신금(戌中辛金), 사중경금(巳中庚金), 축중신금(丑中辛金).

■ 겨울(亥子月)은 약(弱)이니 신약(身弱)이다.

① 십이운성 : 해(亥)는 병(病), 자(子)는 사(死)가 된다.

② 오행왕상휴수사 : 해자(亥子)는 휴(休)가 된다.

③ 육신 : 해자(亥子)는 식신(食神)·상관(傷官)이 된다.

■ 여름(巳午月)은 최약(最弱)이니 신약(身弱)이다.

① 십이운성 : 사(巳)는 장생(長生), 오(午)는 목욕(沐浴)이 된다.

② 오행왕상휴수사 : 사오(巳午)가 사(死)가 된다.

③ 육신 : 사오(巳午)는 편관(偏官)·정관(正官)이 된다.

■ 토용(土用, 辰戌丑未月)은 차왕(次旺)이니 신왕(身旺)이다.

① 십이운성 : 진(辰)은 양(養), 술(戌)은 쇠(衰), 축(丑)은 묘(墓),
   미(未)는 관대(冠帶)이다.

② 오행왕상휴수사 : 진술축미(辰戌丑未)는 상(相)이다.

③ 육신 : 진술축미(辰戌丑未)는 편인(偏印)·정인(正印)이 된다.

④ 통근(通根) : 진술축미(辰戌丑未).

■ 봄(寅卯月)은 약간 약(弱)이니 신약(身弱)이다.

① 십이운성 : 인(寅)은 절(絶), 묘(卯)는 태(胎)가 된다.

② 오행왕상휴수사 : 인묘(寅卯)는 수(囚)가 된다.

③ 육신 : 인묘(寅卯)는 편재(偏財)·정재(正財)가 된다.

2) 기력의 왕약

① 십이운성은 갑을(甲乙)에 준한다.

5. 임계일주(壬癸日柱) 기준

1) 기력의 강약

■ 겨울(亥子月)은 최왕(最旺)이니 신왕신강(身旺身强)이다.

① 십이운성 : 해(亥)는 건록(建祿), 자(子)는 제왕(帝旺)이 된다.

② 오행왕상휴수사 : 해자(亥子)는 왕(旺)이 된다.

③ 육신 : 해자(亥子)는 비견(比肩)·겁재(劫財)가 된다.

④ 통근(通根) : 갑(甲) 임수(壬水), 자(子) 임계수(壬癸水), 진(辰) 계수(癸水), 해(亥) 임수(壬水), 축(丑) 계수(癸水).

■ 봄(寅卯月)은 진기(進氣)나 소약(小弱)이니 신약(身弱)이다.

① 십이운성 : 인(寅)은 병(病), 묘(卯)는 사(死)가 된다.

② 오행왕상휴수사 : 인묘(寅卯)는 휴(休)가 된다.

③ 육신 : 인묘(寅卯)는 식신(食神)·상관(傷官)이 된다.

■ 토용(土用, 辰戌丑未月)은 최약(最弱)이니 신약(身弱)이다.

① 십이운성 : 진(辰)은 묘(墓), 술(戌)은 관대(冠帶), 축(丑)은 쇠(衰), 미(未)는 양(養)이다.

② 오행왕상휴수사 : 진술축미(辰戌丑未)는 사(死)가 된다.

③ 육신 : 진술축미(辰戌丑未)는 편관(偏官)·정관(正官)이 된다.

■ 가을(申酉月)은 차왕(次旺)이니 신왕(身旺)이다.

① 십이운성 : 신(申)은 장생(長生), 유(酉)는 목욕(沐浴)이 된다.

② 오행왕상휴수사 : 신유(申酉)는 상(相)이 된다.

③ 육신 : 신유(申酉)는 편인(偏印)·정인(正印)이 된다.

④ 통근(通根) : 신유(申酉).

■ 여름(巳午月)은 약간 약(弱)이니 신약(身弱)이다.

① 십이운성 : 사(巳)는 절(絶), 오(午)는 태(胎)가 된다.

② 오행왕상휴수사 : 사오(巳午)는 수(囚)가 된다.

③ 육신 : 사오(巳午)는 편재(偏財)·정재(正財)가 된다.

2) 세력의 왕약

① 십이운성은 갑을(甲乙)에 준한다.

이상과 같이 일간(日干)을 기준으로 격국(格局)과 용신(用神), 기타 방신(傍神)도 모두 강약을 분명하게 추정하여 각자의 분도를 계측한 뒤 경중을 결정한다.

2. 신왕신약론(身旺身弱論)

사주를 볼 때 제일 먼저 알아야 할 것은 일간(日干)의 강약, 즉 신왕(身旺)과 신약(身弱)이다. 사람은 누구나 사회를 떠나 살 수 없고, 사회에서 일을 하려면 자신의 건강을 알아야 하는 것처럼 사주에 있는 왕쇠(旺衰)와 강약(强弱)을 알아야 한다.

남명은 신왕(身旺)해야 좋고, 여명은 신왕(身旺)한 듯하면서 신약(身弱)해야 좋다. 만일 여명이 신왕(身旺)하면 직업을 갖고 활동한다. 신왕(身旺)한 사주는 건강·활동력·발전·부귀·장수하며 건전한 정신으로 박력있게 사물을 취한다. 그러나 신약(身弱)한 사주는 병약·침체·부진·가난·하천·단명하며 활동하기 어렵다.

일주(日柱)가 왕하면 재물이 많아도 신왕재왕(身旺財旺)으로 부자가 되고, 관살(官殺)이 왕하여도 신왕관왕(身旺官旺)으로 대귀하다. 그러나 일주(日柱)가 약하면 재다신약(財多身弱)으로 가난하고, 살이 많아도 쇠관왕신(衰官旺身)으로 패망한다.

신(身)이란 일간(日干), 즉 생일의 천간(天干)을 말하고 명주(命柱)·일원(日元)·일신(日神)이라고도 한다. 일간(日干)은 사주 중에서 가장 중요하고, 상생상극법에 의하여 신왕(身旺)한가 신약(身弱)한가를 연구하는 것이 부귀빈천의 열쇠이기 때문에 사주는 왕약(旺弱)을 판단하는 것이 핵심이다.

사주는 사람이 주인공이기 때문에 사주의 강약은 사주 전체의 오행의 왕약이 아니라 일주(日柱)의 오행이 왕하냐 약하냐를 분별하는 일간(日干)의 왕약이다. 일간(日干)의 왕약을 아는 방법에는 3가지 법칙이 있다. 첫째는 득령(得令), 둘째는 득세(得勢), 셋째는 득지(得地)이다. 이 3가지 법칙을 차례대로 설명한다.

3. 신주강약(身主强弱) 3원칙

1. 득령(得令) : 월령(月令)

득령(得令)이란 일간(日干)을 기준하여 생월 지지(地支)로 보아 그 달의 기를 얻는다는 뜻이다. 또 월을 월령(月令) 또 시절(時節)이라고 하는데, 월의 기를 얻으면 득월령(得月令)·득령(得令)·득시(得時)·득시절(得時節)이라고도 한다. 여기서 주의할 점은 득시(得時)를 글자 그대로 직역하여 좋은 시간을 얻었다는 뜻으로 이해하면 안된다.

그러면 득령(得令)·득시(得時)는 무엇을 의미하는가? 이것은 왕상휴수사법(旺相休囚死法)의 왕상(旺相)에 해당하는데, 육친(六親)으로는 비견(比肩)·겁재(劫財)가 닿는 곳이다. 가령 갑을(甲乙)일생이 인묘(寅卯)월, 병정(丙丁)일생이 사오(巳午)월, 무기(戊己)일생이 사오(巳午)나 진술축미(辰戌丑未)월, 경신(庚辛)일생이 신유(申酉)월, 임계(壬癸)일생이 해자(亥子)월에 태어난 것을 말한다. 이러한 경우를 신왕(身旺)이라 하고, 이에 해당하지 않으면 실령(失令) 또는 실시(失時)라 하며 신약(身弱)이라 한다.

2. 득세(得勢)

득세(得勢)는 사주에서 일주(日柱) 천간(天干)이 생조(生助)를 많이 받는 것을 말한다. 생조(生助)의 생(生)은 인성(印星), 조(助)는 비견(比肩)·겁재(劫財)를 말하니 일간(日干)이 다봉인수(多逢印綬), 즉 비견(比肩)·겁재(劫財)의 도움을 받는 것을 말한다.

이것을 다시 구체적으로 해석하면 갑을(甲乙)일생이 간지(干支)에서 수목지생조(水木之生助), 병정(丙丁)일생이 간지(干支)에서 목화지생조(木火之生助), 무기(戊己)일생이 간지(干支)에서 화토지생조(火土之生助), 경신(庚辛)일생이 간지(干支)에서 토금지생조(土金之生助), 임계(壬癸)일생이 간지(干支)에서 금수지생조(金水之生助)를 받는 것을 말한다.

이렇게 도움이 많으면 득세(得勢)라 하여 신왕(身旺)이라 하고, 미약하면 실세(失勢)라 하여 신약(身弱)이라 한다. 득령(得令)을 하지 못해도 생부(生扶)하는 것이 많다. 이것은 허약하게 태어난 사람이 산삼 녹용으로 보신하여 힘이 왕성해지는 것처럼 약이 강으로 변한다.

반대로 일간(日干)을 극하는 관살(官殺)이나 일간(日干)의 기운을 빼는 식신(食神)·상관(傷官)이나 재성(財星)이 많으면 아무리 득령(得令)해도 심하게 억눌리고 소모되어 허약해진다. 이는 건강하게 태어난 사람이 병에 시달리거나 먹지 못해 약해지는 것과 같다.

3. 득지(得地) : 득기(得氣)

득지(得地)는 일간(日干)을 위주로 하여 지지(地支)에서 포태양생

법(胞胎養生法)으로 봉장생(逢長生 : 印綬), 봉관(逢冠 : 建祿), 봉왕(逢旺 : 比劫), 묘고(墓庫), 진기(進氣)를 만나는 것을 말한다. 기운을 얻었다 하여 득기(得氣)라고도 하고, 땅에 발을 붙이거나 뿌리를 박았다고 하여 유근(有根) 또는 착근(着根)이라고도 한다. 여기에 해당하면 왕(旺)이라 하고, 그렇지 못하면 실지(失地) 또는 무기(無氣), 무근(無根)이라 하여 약(弱)한 것으로 본다.

위에서 말한 것 중 장생(長生)·왕(旺)·관(冠)이 득지(得地)인 것은 이해되지만 묘고(墓庫)가 득지(得地)라는 것에는 의문이 생길 것이다. 이것은 무조건 각 일주(日主)에 진술축미(辰戌丑未) 묘고(墓庫) 또는 각 일주(日柱)에 해당되는 묘고(墓庫), 예를 들면 갑을(甲乙)일 미고(未庫), 병정(丙丁)일 술고(戌庫)를 말하는 것이 아니기 때문이다.

갑을(甲乙)일 목일주(木日柱)에 진고(辰庫)는 진(辰) 중 을목(乙木)으로 상존목기(尙存木氣)하고, 진토(辰土)는 습토(濕土)로 유기(有氣)가 되고, 봉술고(逢戌庫)는 장차 해(亥)에 진행하여 수진기(水進氣)로 목장생(木長生) 진기(進氣)로 유기(有氣)하는 것이고, 병정화(丙丁火)·무기토(戊己土)일 미고(未庫)는 미(未) 중 정화기토(丁火己土)로 상존화토기(尙存火土氣)요, 축(丑)은 화토(火土) 장생(長生) 인궁(寅宮)으로 임박 진기(進氣)하여 유기(有氣)하고, 또 경신금(庚辛金)일 술고(戌庫)는 술(戌) 중 신금(辛金)으로 상존금기(尙存金氣)요, 진고(辰庫)는 금장생(金長生) 사(巳) 중 경금(庚金)으로 진기(進氣)하여 유기(有氣)하고, 임계수(壬癸水)일 축고(丑庫)는 축(丑) 중 계수(癸水)로 상존수기(尚存水氣)요, 미고(未庫)는 수(水) 장생(長生) 신궁(申宮)으로 향하여 진기(進氣)가 되어 유기(有氣)가 되는 것이다.

그리고 갑을(甲乙)일 미고(未庫)는 사주에 해(亥)나 묘(卯)를 얻었을 경우, 병정무기(丙丁戊己)일 술고(戌庫)는 인(寅)이나 오(午)를 얻었을 경우, 경신(庚辛)일 축고(丑庫)는 사(巳)나 유(酉)를 얻었을 경우, 임계(壬癸)일 진고(辰庫)는 신(申)이나 자(子)를 얻었을 경우 합세하여 유기(有氣)로 작용한다. 복잡한 것 같으나 상존기(尚存氣) 진기(進氣)라는 것만 알면 자연 풀린다.

이상에서 설명한 것과 같이 득시(得時)·득세(得勢)·득기(得氣)를 왕(旺)이라 하고, 실시(失時)·실세(失勢)·실시(失地)를 약(弱)이라 한다. 왕(旺)은 다시 극왕(極旺)·중왕(中旺)·소왕(小旺)으로 나누고, 쇠(衰)는 다시 극쇠(極衰)·중쇠(中衰)·소쇠(小衰)로 나눈다. 그리고 왕(旺)은 강하고 쇠(衰)는 약한 것인데, 이것을 다시 최강·중강·소강·최약·중약·소약으로 나눈다. 이것을 신주왕약(身主旺弱) 분별 6가지 원칙이라고도 한다.

4. 신주강약(身主强弱) 6원칙

그러면 어떤 경우에 최왕이라 하고, 어떤 경우에 최약 또는 중강·소강·중약·소약이라 하는가. 앞에서 설명한 득세(得勢)·득시(得時)·득지(得地) 3가지를 모두 갖추면 최강이라 하고, 2가지를 갖추면 소강이라 한다. 그리고 실시(失時)·실세(失勢)·실지(失地) 중 1가지를 갖추면 소약이라 하고, 2가지를 갖추면 중약이라 한다. 그러나 반드시 그런 것은 아니다. 득시(得時)·득세(得勢)·득지(得地) 중에서 1가지만 갖추고도 중강이 되는 경우가 있고, 실시·실세·실지 중에서 1가지만 갖추고도 중약이 되는 경우가 있다. 이것은 사주의 배정에 따라 달라진다.

1. 최강사주

乙 甲 己 乙
亥 子 卯 亥
生 沐 旺 生

이 사주는 갑(甲)일생이 묘(卯)월에 태어나 득령(得令)했고, 년지(年支) 해(亥) 중 임수(壬水), 일지(日支) 자(子) 중 계수(癸水), 시지(時支) 해(亥) 중 임수(壬水), 년시(年時) 을목(乙木)이 모두 인성(印星) 비겁(比劫)으로 득세(得勢)했다. 또 년시지(年時支) 해(亥)에서 장생(長生)을 얻어 득지(得地)했으니 최강사주이다.

己 壬 壬 甲
酉 子 申 申
沐 旺 生 生

이 사주는 임(壬)일생이 신(申)월에 태어나 득령(得令)하지 못했으나 자(子) 중 계수(癸水)의 비겁(比劫), 년월지(年月支) 신(申) 중 경금(庚金), 유(酉) 중 신금(辛金) 인수(印綬)로 득세(得勢)했고, 년월일이 모두 생왕(生旺)으로 최강사주가 되었다.

甲　丙　甲　丙
子　子　寅　寅
胎　胎　生　生

이 사주는 갑(甲)일 인(寅)월생이라 득령(得令)했고, 년시 갑목(甲木) 비견(比肩), 일시지(日時支) 자(子) 중 계수(癸水) 인수(印綬)로 득세(得勢)했다. 또 년월지(年月支) 인(寅) 건록(建祿)을 놓아 득지(得地)하여 최강사주가 되었다.

2. 중강사주

甲　辛　辛　戊
午　巳　酉　戌
病　死　建　帶

신(辛)일생이 유(酉)월에 태어나 득령(得令)했고, 또 생년 무토(戊土), 년지(年支) 술(戌) 무토(戊土) 인수(印綬), 월간(月干) 신금

(辛金), 월지(月支) 유(酉) 신금(辛金) 비견(比肩)이 있어 득세(得勢)했는데, 일시(日時)에 사병(死病)과 일지(日支) 사(巳) 병화(丙火), 시지(時支) 오(午) 정화(丁火), 년지(年支) 술(戌) 정화(丁火) 관성(官星)이 있어 약지(弱地)가 되어 중강사주가 되었다.

壬　丁　己　丙
寅　卯　亥　午
死　病　胎　建

이 사주는 정화(丁火)일생이 해(亥)월에 태어나 실령(失令)했으나, 생년 병오화(丙午火), 일시(日時) 정임합목(丁壬合木), 일시지(日時支) 인묘(寅卯), 월일지(月日支)에 해묘목국(亥卯木局)이 있어 득세(得勢)했고, 생년 오(午)에 득지(得地)하고 인오화국(寅午火局)을 이루어 중강사주가 되었다.

3. 소강사주

丁　癸　壬　丁
巳　巳　子　巳
胎　胎　建　胎

이 사주는 계(癸)일생이 자(子)월에 태어나 득령(得令)했으나　금수(金水)의 생조(生助)를 많이 받지 못하여 득세(得勢)하지 못했고, 년월시지(年月時支) 태(胎)로 득지(得地)하지 못하고, 년일시에서 재(財)를 만나 약해지니 소강사주가 되었다.

```
丙 壬 乙 甲
午 寅 亥 寅
胎 病 建 病
```

이 사주는 임(壬)일생이 년상(年上) 갑목(甲木)과 년일지(年日支) 인목(寅木)으로 설기(泄氣)가 심하고, 시상(時上) 병화(丙火), 시지(時支) 오화(午火)를 극하여 신약(身弱)이 되었다. 그러나 다행히 생월에 득령(得令)하여 소강사주가 되었다.

4. 최약사주

```
己 甲 乙 庚
巳 午 酉 申
病 死 胎 絕
```

이 사주는 갑(甲)일생이 유(酉)월에 태어나 실령(失令)했고, 다봉관살(多逢官殺, : 年上 庚金, 偏官) 년지(年支) 신(申) 중 경금(庚金) 편관(偏官), 월지(月支) 유(酉) 중 신금(辛金) 정관(正官))에 다봉설기(多逢泄氣, 日支 午 丁火, 時支 巳 丙火 食傷)했을 뿐 아니라 무인무조(無印無助)되어 실세(失勢)했다. 또 년월지(年月)에서 절태(絶胎), 일시지(日時支)에서 병사(病死)하여 최약사주이다.

丙　庚　壬　乙
子　寅　午　卯
死　絶　沐　胎

이 사주는 경(庚)일생이 오(午)월에 태어나 실령(失令)했고, 년월일시(年月日時)에서 무인무조(無印無助)로 다봉재합살(多逢財合殺)으로 극신(剋身)하여 실세(失勢)했고, 또 일시(日時)에서 절사(絶死)로 실지(失地)하여 최약사주가 되었다.

5. 중약사주

壬　丙　丙　甲
辰　寅　子　子
帶　生　胎　胎

이 사주는 병(丙)일생이 자(子)월에 태어나 실령(失令)했고, 년월지(年月支) 자수(子水)와 시상(時上) 임수(壬水)로 최약으로 보인다. 그러나 다행히 년상(年上) 갑목(甲木) 인수(印綬)가 일지(日

支) 인목(寅木)에 착근(着根)하여 일시지(日時支) 인진목국(寅辰木局)으로 생조(生助)하고, 일지(日支) 인궁(寅宮)에 병화(丙火) 장생(長生)으로 득지(得地)하여 중약사주가 되었다.

辛 丙 丁 乙
卯 申 亥 亥
沐 病 絶 絶

이 사주는 병(丙)일생이 해(亥)월에 태어나 실령(失令)했고, 병신(丙申)일로 일주(日柱)가 쇠약하여 실지(失地)이나, 년상(年上) 을목(乙木)이 시지(時支) 묘목(卯木)에 착근(着根)하여 해묘(亥卯)로 목국(木局)을 이루고, 정화(丁火)가 투출(透出)하여 중약사주이다.

6. 소약사주

壬 乙 乙 乙
午 亥 酉 卯
生 死 絶 建

을(乙)일생이 유(酉)월에 태어나 실령(失令)했으나 년월일시(年月日時)에 다봉비견인수지조(多逢比肩印綬之助)하여 득세(得勢)했고, 지지(地支)에 묘해(卯亥)로 득지(得地)하여 소약사주가 되었다.

庚 壬 甲 辛
戌 子 午 酉
帶 旺 胎 沐

이 사주는 임(壬)일생이 년상(年上) 신금(辛金), 년지(年支) 유
(酉) 중 신금(辛金), 시상(時上) 경금(庚金), 일지(日支) 자(子) 중
계수(癸水)로 득세(得勢)했고, 일지(日支) 자(子)에 왕하여 착근
(着根)하여 태왕(太旺)하다. 그러나 오(午)월 염염한 임수(壬水)이
니 실령(失令)했고, 월시(月時) 오술(午戌)로 재국(財局)을 이루어
소약사주가 되었다.

소강과 소약은 같은 것 같으나 다르다. 소강은 강한 사주가 실
(失)을 많이 하고, 소약은 약한 사주가 득(得)을 많이 한 것이다.
그리고 최강과 최약은 그리 좋지 않은 것이 원칙이나 최강이라도
관살(官殺)이 잘 배치되거나 설정영(泄精英)되면 좋고, 최약이라도
종살(從殺)·종재(從財)·종아(從我)가 있으면 좋다. 따라서 이 법
도 길흉을 판단하는 전부가 아니라 어떤 범주를 세우는 한 방법일
뿐이다. 왕상휴수사법(旺相休囚死法)에 비하면 한층 구체적이고 전
진한 법으로 격국(格局) 용신(用神)의 기초에 중요한 자료이다.

제10장. 용신격국론(用神格局論)

1. 용신(用神)

　일주(日柱)는 체(體)이고 용신(用神)은 정신(精神)이다. 체(體)는 사장이며 용신(用神)은 지배인이다. 그외 고용인은 희신(喜神)·기신(忌神)·구신(仇神)·구신(救神)에 해당한다. 용신(用神)을 돕는 것은 희신(喜神)이고, 해(害)가 되는 것은 기신(忌神)이다.

　체신(體神)이 있어야 용신(用神)이 있고, 용신(用神)의 활동에 따라 체신(體神)의 길흉흥쇠가 달라진다. 체신(體神)은 아신(我身), 즉 일주(日柱)이다. 나의 길흉은 용신(用神)의 작용에 따라 달라지니 서로 떨어질 수 없는 인연이 있다. 용신(用神)운과 희신(喜神)운이 오면 만사가 형통한다.

■ 용어 해설

용신(用神) : 나에게 이로운 것이다.

희신(喜神) : 용신(用神)을 돕는 것이며, 약신(藥神)이라고도 한다.

기신(忌神) : 나에게 해로운 것이며, 병신(病神)이라고도 한다.

구신(仇神) : 구(仇)는 원수라는 뜻이다. 조격신(阻隔神)이라고도 하며, 희신(喜神)을 파극(破剋)한다.

구신(救神) : 구(救)는 구제한다는 뜻이다. 통관신(通關神)이라고도 하며, 사주에 기신(忌神)이 있으면 기신(忌神)을 화(化)하거나 기신(忌神)에서 생화(生化)된다.

한신(閑神) : 용신(用神)이나 일주(日柱)에게 무해무덕한 간지(干支)를 말한다.

2 용신(用神)의 종류

1) 일간용신(日干用神)

일간(日干)을 생조하는 육신이 많으면 신강(身强 : 身旺)이라 하고, 일간(日干)을 억제하는 육신이 많으면 신약(身弱)이라 한다. 일간(日干)이 강하면 일간(日干)을 억제하는 식신(食神)이나 상관(傷官)이나 재관(財官)이 용신(用神)이고, 일간(日干)이 약하면 일간(日干)을 생해주는 인성(印星)이나 비겁(比劫)이 용신(用神)이다.

2) 억부용신(抑扶用神)

일간용신(日干用神法)과 같다. 강하면 설하거나 제거해야 하고, 약하면 같은 오행이 있거나 도와주는 오행이 있어야 한다.

3) 조후용신(調候用神)

사람은 모두 천지의 기후를 받아 생명을 지니므로 사주도 기후의
조절이 중요한데, 이것을 조후용신(調候用神)이라 한다. 만약 난조
(暖燥)가 과하면 우로(雨露)로 윤택하게 해야 하고, 한습(寒濕)이
과하면 태양의 열로 화창하게 해야 한다. 이것은 생극제화(生剋制
化)하는 법이 아니라 기후의 조화가 좋은지 나쁜지에 따라 운명의
흥쇠에 큰 작용을 하니 조후용신(調候用神)은 중요하다.

4) 병약용신(病藥用神)

건강을 해치는 것이 병이듯이 사주의 중화를 해치는 것이 병이고,
그 병을 제거하는 것이 약이다. 가령 신약(身弱) 사주가 인수(印
綬)에 의존하는데, 인수(印綬)를 해치는 재성(財星)이 있으면 재성
(財星)이 곧 병이고, 재성(財星)을 제거하는 비견(比肩)이나 겁재
(劫財)가 약이다. 병이 있는데 약이 있으면 치유되어 발전할 수 있
지만 약이 없으면 발전을 기대할 수 없다. 병약설을 가장 강조하는
『명리정종(命理正宗)』에 '대병자(大病者)는 대귀하고 무병자(無病
者)는 평범하다'는 말이 있다.

5) 전왕용신(專旺用神)

어느 한 오행이 사주팔자를 독점한 경우, 극왕한 그 대세를 건드
릴 수 없어 전왕(專旺)한 왕신(旺神)을 그대로 용신(用神)으로 택

하는 것을 말한다. 예를 들어 무인(戊寅)년 을묘(乙卯)월 을묘(乙卯)일 무인(戊寅)시생이라면 목(木)이 전권을 잡아 무토(戊土)가 발붙일 곳이 없으니 극왕한 목(木)을 누르면서 허약한 토(土)를 생부(生扶)하면 오히려 큰 파란이 일어난다. 따라서 왕목(旺木)을 그대로 도와주고 생해주는 것이 개운하는 열쇠가 된다.

6) 통관용신(通關用神)

상극하는 두 오행이 대등하게 대립할 때 이쪽과 저쪽을 통하게 해주는 것을 통관용신(通關用神)이라고 한다. 예를 들어 금(金)과 목(木)이 금극목(金剋木)으로 상극할 때 중간에 수(水)가 있으면 금생수(金生水)·수생목(水生木)하여 화해된다. 따라서 통관(通關)은 흉신이 변하여 길신(用神)이 된다.

① 금목(金木)이 상극할 때는 수(水)가 통관용신(通關用神)이다.
② 토수(土水)가 상극할 때는 금(金)이 통관용신(通關用神)이다.
③ 목토(木土)가 상극할 때는 화(火)가 통관용신(通關用神)이다.
④ 수화(水火)가 상극할 때는 목(木)이 통관용신(通關用神)이다.
⑤ 화금(火金)이 상극할 때는 토(土)가 통관용신(通關用神)이다.

이것을 다시 육신관계로 보면 다음과 같다.
① 재성(財星)과 인성(印星)이 상극할 때는 관성(官星)이 통관용신(通關用神)이다.

② 인성(印星)과 식상(食傷)이 상극할 때는 비겁(比劫)이 통관용신 (通關用神)이다.

③ 관성(官星)과 비겁(比劫)이 상극할 때는 인성(印星)이 통관용신 (通關用神)이다.

④ 식상(食傷)과 관성(官星)이 상극할 때는 재성(財星)이 통관용신 (通關用神)이다.

⑤ 비겁(比劫)과 재성(財星)이 상극할 때는 식상(食傷)이 통관용신 (通關用神)이다.

7) 행운용신(幸運用神)

사주에 용신(用神)이 없을 때는 대운이나 세운에서 용신(用神)을 잡는 것을 행운용신(幸運用神)이라고 한다.

8) 육신용신(六神)用神)

일간(日干) 대 육신을 대조하여 용신(用神)을 잡는 것을 육신용신 (六神用神)이라고도 한다. 예를 들면 다음과 같다.

— 일주(日柱)가 왕하고 식신(食神)이나 상관(傷官)이 많으면 재성 (財星)이 용신(用神)이다.

— 일주(日柱)가 왕하고 식신(食神)이나 상관(傷官)이 많은데 재성 (財星)이 없으면 인성(印星)이 용신(用神)이다.

— 일주(日柱)가 왕하고 식신(食神)이나 상관(傷官)이 많은데 재성 (財星)도 없고 인성(印星)도 없으면 식신(食神)이나 상관(傷官)

이 용신(用神)이다.

— 일주(日柱)가 왕하고 관살(官殺)이 많으면 상관(傷官)이 용신(用神)이다.

— 일주(日柱)가 왕하고 관살(官殺)이 많은데 상관(傷官)이 없으면 재성(財星)이 용신(用神)이다.

— 일주(日柱)가 왕하고 관살(官殺)이 많은데 상관(傷官)도 없고 재성(財星)도 없으면 관성(官星)이 용신(用神)이다.

— 일주(日柱)가 왕하고 재성(財星)이 있으면 관성(官星)이 용신(用神)이다.

— 일주(日柱)가 왕하고 재성(財星)이 없으면 식신(食神)이나 상관(傷官)이 용신(用神)이다.

— 일주(日柱)가 왕하고 재성(財星)이 많은데 관살(官殺)도 없고 식신(食神)이나 상관(傷官)도 없으면 재성(財星)이 용신(用神)이다.

— 일주(日柱)가 왕하고 인성(印星)이 많으면 재성(財星)이 용신(用神)이다.

— 일주(日柱)가 왕하고 인성(印星)이 많은데 재성(財星)이 없으면 관살(官殺)이 용신(用神)이다.

— 일주(日柱)가 왕하고 인성(印星)이 많은데 재성(財星)도 없고 관살(官殺)도 없으면 식신(食神)이나 상관(傷官)이 용신(用神)이다.

— 일주(日柱)가 왕하고 비견(比肩)이나 겁재(劫財)가 많으면 관살

(官殺)이 용신(用神)이다.

— 일주(日柱)가 왕하고 비견(比肩)이나 겁재(劫財)가 많은데 관살
(官殺)이 없으면 상관(傷官)이 용신(用神)이다.

— 일주(日柱)가 왕하고 비견(比肩)이나 겁재(劫財)가 많은데 관살
(官殺)과 식상(食傷)이 없으면 재성(財星)이 용신(用神)이다.

— 일주(日柱)가 약하고 식신(食神)이나 상관(傷官)이 많으면 인성
(印星)이 용신(用神)이다.

— 일주(日柱)가 약하고 식신(食神)이나 상관(傷官)이 많고 인성
(印星)이 없으면 재성(財星)이 용신(用神)이다.

— 일주(日柱)가 약하고 식신(食神)이나 상관(傷官)이 많고 인성
(印星)도 없고 재성(財星)도 없으면 비견(比肩)이나 겁재(劫財)
가 용신(用神)이다.

— 일주(日柱)가 약하고 관살(官殺)이 많으면 인성(印星)이 용신
(用神)이다.

— 일주(日柱)가 약하고 관살(官殺)이 많은데 인성(印星)이 없으면
식신(食神)이나 상관(傷官)이 용신(用神)이다.

— 일주(日柱)가 약하고 관살(官殺)이 많은데 인성(印星)과 상관
(傷官)이 없으면 비견(比肩)이나 겁재(劫財)가 용신(用神)이다.

— 일주(日柱)가 약하고 재성(財星)이 많으면 비겁(比劫)이 용신
(用神)이다.

— 일주(日柱)가 약하고 인성(印星)이 많은데 재성(財星)이 없으면
겁재(劫財)가 용신(用神)이다.

— 일주(日柱)가 약하고 인성(印星)이 많은데 겁재(劫財)가 없고 재성(財星)이 없으면 관살(官殺)이 용신(用神)이다.

— 일주(日柱)가 약하고 인성(印星)이 태과하면 재성(財星)이 용신 (用神)이다.

3. 격국(格局)에 따라 용신(用神) 잡는 법

격국(格局)에 따라 용신(用神)은 각양각색으로 달라지고, 같은 격 국(格局)이어도 적용하는 방법 또한 여러 가지이다. 이를 종합적으 로 쉽고 빠르게 아는 원리와 방법은 다음과 같다.

1. 정관격(正官格)

1) 정관용관격(正官用官格)

① 일간(日干)이 강하고 비견(比肩)이나 겁재(劫財)가 많으면 비견 (比肩)이나 겁재(劫財)가 병(病)이 되므로 비견(比肩)이나 겁재 (劫財)를 억누르는 관성(官星)이 용신(用神)이다.

2) 정관용재격(正官用財格)

① 일간(日干)이 강하고 인수(印綬)가 많으면 관성(官星)이 더 허 약해지니 인수(印綬)를 누르고 관성(官星)을 보강하는 재성(財 星)이 용신(用神)이다.

② 일간(日干)이 강하고 식신(食神)이나 상관(傷官)이 많으면 재성(財星)을 용신(用神)으로 삼아 식신(食神)이나 상관(傷官)을 설기(泄氣)하며 관성(官星)을 도와야 한다.

3) 정관용겁격(正官用劫格)

① 일간(日干)이 약하고 정관(正官)을 돕는 재성(財星)이 많으면 재성(財星)을 누르고 일주(日柱)를 돕는 비견(比肩)이나 겁재(劫財)가 용신(用神)이다.

4) 정관용인격(正官用印格)

① 일간(日干)이 약하고 정관(正官)을 도와주는 재성(財星)이 많으면 재성(財星)을 누르고 일주(日柱)를 도와주는 비견(比肩)이나 겁재(劫財)가 용신(用神)이다. 그러나 비견(比肩)이나 겁재(劫財)가 없으면 인수(印綬)가 용신(用神)이다.

② 일간(日干)이 약하고 관살(官殺)이 많으면 인수(印綬)를 용신(用神)으로 삼아 관살(官殺)을 설기(泄氣)하고 일주(日柱)를 생부(生扶)해야 한다.

③ 일간(日干)이 약하고 식신(食神)이나 상관(傷官)이 많으면 인수(印綬)를 용신(用神)으로 삼아 식신(食神)이나 상관(傷官)을 설기(泄氣)하며 일주(日柱)를 생부(生扶)해야 한다.

2. 편관격(偏官格) : 칠살격(七殺格)

1) 칠살용살격(七殺用殺格)

① 일간(日干)이 강하고 비견(比肩)이나 겁재(劫財)가 많으면 비견(比肩)이나 겁재(劫財)가 병(病)이 되니 비견(比肩)이나 겁재(劫財)를 억누르는 관살(官殺 : 七殺)이 용신(用神)이다.

2) 칠살용재격(七殺用財格)

① 일간(日干)이 강하고 인수(印綬)가 많으면 관살(官殺)이 더욱더 허약해지니 인수(印綬)를 누르고 관살(官殺)을 보호하는 재성(財星)이 용신(用神)이다.

② 일간(日干)이 강하고 식신(食神)이나 상관(傷官)이 많으면 재성(財星)을 용신(用神)으로 삼아 식신(食神)이나 상관(傷官)을 설기(泄氣)하며 관살(官殺)을 도와야 한다.

3) 칠살용식상격(七殺用食傷格)

① 일간(日干)이 강하고 관살(官殺)이 많으면 식신(食神)이나 상관(傷官)을 용신(用神)으로 삼아 관살(官殺)을 억제한다.

4) 칠살용겁격(七殺用劫格)

① 일간(日干)이 약하고 재성(財星)이 많으면 재성(財星)을 누르고 일주(日柱)를 돕는 비견(比肩)이나 겁재(劫財)를 용신(用神)으로 삼는다.

5) 칠살용인격(七殺用印格)

① 일간(日干)이 약하고 관살(官殺)을 돕는 재성(財星)이 많으면 재성(財星)을 누르고 일원(日元)를 돕는 비견(比肩)이나 겁재(劫財)가 용신(用神)이다. 그러나 비견(比肩)이나 겁재(劫財)가 없으면 인수(印綬)가 용신(用神)이다.

② 일간(日干)이 약하고 관살(官殺)이 많으면 인수(印綬)를 용신(用神)으로 삼아 관살(官殺)을 설기(洩氣)하며 일주(日柱)를 도와야 한다.

③ 일간(日干)이 약하고 식신(食神)이나 상관(傷官)이 많으면 인수(印綬)를 용신(用神)으로 삼아 일간(日干)을 도와주며 식신(食神)이나 상관(傷官)을 억제한다.

3. 정재격(正財格) · 편재격(偏財格)

1) 재용재격(財用財格)

① 일간(日干)이 강하고 인수(印綬)가 많으면 재성(財星)을 용신(用神)으로 삼아 인수(印綬)를 눌러야 한다.

② 일간(日干)이 강하고 식신(食神)이나 상관(傷官)이 많으면 재성(財星)을 용신(用神)으로 삼아 식신(食神)이나 상관(傷官)을 설기(洩氣)하며 관살(官殺)을 도와야 한다.

③ 일간(日干)이 강하고 관살(官殺)이 많은데 상관(傷官)이 없으면 재성(財星)이 용신(用神)이다.

2) 재용식상격(財用食傷格)

① 일간(日干)이 강하고 비견(比肩)이나 겁재(劫財)가 많으면 식신(食神)이나 상관(傷官)으로 재성(財星)을 도와주어야 한다.

3) 재용관살(官殺)격(財用官殺格)

① 일간(日干)이 강하고 비견(比肩)이나 겁재(劫財)가 많으면 비견(比肩)이나 겁재(劫財)가 병(病)이 되니 비견(比肩)이나 겁재(劫財)를 누르는 관성(官星)이 용신(用神)이다.

4) 재용인격(財用印格)

① 일간(日干)이 약하고 관살(官殺)이 많으면 인수(印綬)를 용신(用神)으로 삼아 관살(官殺)을 설기(泄氣)하며 일간(日干)을 생해주어야 한다.

② 일간(日干)이 약하고 식신(食神)이나 상관(傷官)이 많으면 인수(印綬)를 용신(用神)으로 삼아 식신(食神)이나 상관(傷官)을 누르고 일주(日柱)를 생해준다.

5) 재용비겁격(財用比劫格)

① 일간(日干)이 약하고 재성(財星)이 많으면 비견(比肩)이나 겁재(劫財)를 용신(用神)으로 삼아 일간(日干)을 돕고 재성(財星)을 눌러준다.

4. 인수격(印綬格)

1) 인수용재격(印綬用財格)

① 일간(日干)이 강하고 인수(印綬)가 많으면 재성(財星)을 용신 (用神)으로 삼아 인수(印綬)를 누르고 관살(官殺)을 생부(生扶) 한다.

② 일간(日干)이 강하고 식신(食神)이나 상관(傷官)이 많으면 재성 (財星)을 용신(用神)으로 삼아 식신(食神)이나 상관(傷官)을 설 기(泄氣)하며 관성(官星)을 돕는다.

2) 인용관살격(印用官殺格)

① 일간(日干)이 강하고 비견(比肩)이나 겁재(劫財)가 많으면 비견 (比肩)이나 겁재(劫財)가 병(病)이 되니 비견(比肩)이나 겁재 (劫財)를 억누르는 관살(官殺)이 용신(用神)이다.

② 일간(日干)이 강하고 재성(財星)이 많으면 관살(官殺)을 용신 (用神)으로 삼아 재성(財星)을 누르고 인수(印綬)를 보호한다.

3) 인용식상격(印用食傷格)

① 일간(日干)이 강한데 비견(比肩)이나 겁재(劫財)가 많고 관살 (官殺)이 있으면 관살(官殺)을 용신(用神)으로 삼고, 관살(官殺) 이 없으면 식신(食神)이나 상관(傷官)을 용신(用神)으로 삼아 일간(日干)을 설기(泄氣)시킨다.

4) 인수용인격(印綬用印格)

① 일간(日干)이 약한데 관살(官殺)이 많으면 인수(印綬)를 용신 (用神)으로 삼아 관살(官殺)을 설기(泄氣)하고 일주(日柱)를 도 와준다.

② 일간(日干)이 약하고 식신(食神)이나 상관(傷官)이 많으면 인수 (印綬)를 용신(用神)으로 삼아 일간(日干)을 도와주며 식신(食 神)이나 상관(傷官)을 누른다.

③ 일간(日干)이 약하고 관살(官殺)을 돕는 재성(財星)이 많으면 재성(財星)을 누르고 일주(日柱)를 돕는 비견(比肩)이나 겁재 (劫財)가 용신(用神)이다. 만일 비견(比肩)이나 겁재(劫財)가 없 으면 인수(印綬)가 용신(用神)이다.

5) 인수용겁격(印綬用劫格)

① 일간(日干)이 약하고 재성(財星)이 많으면 재성(財星)을 누르며 일주(日柱)를 돕는 비견(比肩)이나 겁재(劫財)를 용신(用神)으 로 삼는다.

5. 식신격(食神格)

1) 식신용재격(食神用財格)

① 일간(日干)이 강하고 인수(印綬)가 많으면 관성(官星)이 더욱 더 허약해지니 인수(印綬)를 누르고 관성(官星)을 보강하는 재 성(財星)이 용신(用神)이다.

② 일간(日干)이 강하고 식신(食神)이나 상관(傷官)이 많으면 재성(財星)을 용신(用神)으로 삼아 식신(食神)이나 상관(傷官)을 설기(泄氣)하며 관성(官星)을 도와준다.

③ 일간(日干)이 강하고 관살(官殺)이 많은데 상관(傷官)이 없으면 재성(財星)이 용신(用神)이다.

2) 식신용관살격(食神用官殺格)

① 일간(日干)이 강하고 비견(比肩)이나 겁재(劫財)가 많으면 비견(比肩)이나 겁재(劫財)가 병이 되니 비견(比肩)이나 겁재(劫財)를 억누르는 관살(官殺)이 용신(用神)이다.

② 일간(日干)이 강하고 재성(財星)이 많으면 관살(官殺)을 용신(用神)으로 삼아 재성(財星)을 누르며 인수(印綬)를 보호한다.

3) 식신용식상격(食神用食傷格)

① 일간(日干)이 강한데 비견(比肩)이나 겁재(劫財)가 많고 관살(官殺)이 있으면 관살(官殺)을 용신(用神)으로 삼고, 관살(官殺)이 없으면 식신(食神)이나 상관(傷官)을 용신(用神)으로 삼아 일간(日干)을 설기(泄氣)시킨다.

4) 식신용인격(食神用印格)

① 일간(日干)이 약하고 관살(官殺)이 많으면 인수(印綬)를 용신(用神)으로 삼아 관살(官殺)을 설기(泄氣)하고 일주(日柱)를 도와준다.

② 일간(日干)이 약하고 식신(食神)이나 상관(傷官)이 많으면 인수(印綬)를 용신(用神)으로 삼아 일간(日干)을 도와주며 식상(食傷)을 누른다.

③ 일간(日干)이 약하고 관살(官殺)을 돕는 재성(財星)이 많으면 재성(財星)을 누르고 일주(日柱)를 돕는 비견(比肩)이나 겁재(劫財)가 용신(用神)이다. 만일 비겁(比劫)이 없으면 인수(印綬)가 용신(用神)이다.

5) 식신용겁격(食神用劫格)

① 일간(日干)이 약하고 재성(財星)이 많으면 재성(財星)을 누르고 일주(日柱)를 돕는 비견(比肩)이나 겁재(劫財)를 용신(用神)을 삼는다.

6. 상관격(傷官格)

1) 상관용재격(傷官用財格)

① 일간(日干)이 강하고 인수(印綬)가 많으면 관성(官星)이 더욱 더 허약해지니 인수(印綬)를 누르고 관성(官星)을 보강하는 재성(財星)이 용신(用神)이다.

② 일간(日干)이 강하고 식신(食神)이나 상관(傷官)이 많으면 재성(財星)을 용신(用神)으로 삼아 식신(食神)이나 상관(傷官)을 설기(泄氣)하며 관성(官星)을 돕는다.

③ 일간(日干)이 강하고 관살(官殺)이 많은데 상관(傷官)이 없으면

재성(財星)이 용신(用神)이다.

2) 상관용살격(傷官用殺格)

① 일간(日干)이 강하고 비견(比肩)이나 겁재(劫財)가 많으면 비견(比肩)이나 겁재(劫財)가 병(病)이 되니 비견(比肩)이나 겁재(劫財)를 억누르는 관살(官殺)이 용신(用神)이다.

② 일간(日干)이 강하고 재성(財星)이 많으면 관살(官殺)을 용신(用神)으로 삼아 재성(財星)을 누르고 인수(印綬)를 보호한다.

3) 상관용인격(傷官用印格)

① 일간(日干)이 약하고 식신(食神)이나 상관(傷官)이 많으면 인수(印綬)를 용신(用神)으로 삼아 일간(日干)을 돕고 식신(食神)이나 상관(傷官)을 누른다.

② 일간(日干)이 약하고 관살(官殺)이 많으면 인수(印綬)를 용신(用神)으로 삼아 관살(官殺)을 설기(泄氣)하며 일간(日干)을 도와준다.

③ 일간(日干)이 약하고 관살(官殺)을 돕는 재성(財星)이 많으면 비견(比肩)이나 겁재(劫財)가 용신(用神)이다. 만일 비겁(比劫)이 없으면 인수(印綬)가 용신(用神)이다.

4) 상관용겁격(傷官用劫格)

① 일간(日干)이 약하고 재성(財星)이 많으면 재성(財星)을 누르고 일간(日干)을 돕는 비견(比肩)이나 겁재(劫財)를 용신(用神)을

삼는다.

5) 목화상관격(木火傷官格)

목화상관격(木火傷官格)은 관성(官星)이 용신(用神)이고, 목화진상관격(木火眞傷官格)은 인수(印綬)가 용신(用神)이다. 신약상관격(身弱傷官格)은 진상관격(眞傷官格)이라 하고, 신왕상관격(身旺傷官格)격은 가상관격(假傷官格)이라고 한다.

6) 화토상관격(火土傷官格)

화토상관격(火土傷官格)은 인수(印綬)가 용신(用神)이다.

7) 토금상관격(土金傷官格)

토금상관격(土金傷官格)은 인수(印綬)가 용신(用神)이다.

8) 금수상관격(金水傷官格)

금수상관격(金水傷官格)은 관성(官星)이 용신(用神)이다.

9) 수목상관격(水木傷官格)

수목상관격(水木傷官格)은 재성(財星)이 용신(用神)이다.

7. 건록격(建祿格)

① 신강(身强)하고 재성(財星)이 많으면 관살(官殺)이 용신(用神)이고, 관살(官殺)이 없으면 식신(食神)이나 상관(傷官)이 용신

(用神)이다.

② 신강(身强)하고 식신(食神)이나 상관(傷官)이 많으면 재성(財星)이 용신(用神)이다.

③ 신강(身强)하고 관살(官殺)이 많으면 재성(財星)이 용신(用神)이다.

④ 비견(比肩)이나 겁재(劫財)가 많으면 관살(官殺)이 용신(用神)이다.

⑤ 인수(印綬)가 많으면 재성(財星)이 용신(用神)이다.

⑥ 신약(身弱)하고 재성(財星)이 많으면 비견(比肩)이나 겁재(劫財)가 용신(用神)이다.

⑦ 신약(身弱)하고 관살(官殺)이 많으면 인수(印綬)가 용신(用神)이다.

⑧ 신약(身弱)하고 식신(食神)이나 상관(傷官)이 많으면 인수(印綬)가 용신(用神)이다.

8. 양인격(羊刃格) : 월인격(月刃格)

① 관살(官殺)이 약하면 재성(財星)이 용신(用神)이다.

② 관살(官殺)이 강하면 인성(印星)이 용신(用神)이다.

③ 신강(身强)하고 식신(食神)이나 상관(傷官)이 많으면 재성(財星)이 용신(用神)이다.

④ 비견(比肩)이나 겁재(劫財)가 많으면 관살(官殺)이 용신(用神)

이다.

⑤ 인수(印綬)가 많으면 재성(財星)이 용신(用神)이다.

⑥ 식신(食神)이나 상관(傷官)이 많으면 인성(印星)이 용신(用神)
이다.

9. 종격(從格)

① 종왕격(從旺格)은 비견(比肩)이나 겁재(劫財)가 용신(用神)이다.

② 종강격(從强格)은 인수(印綬)·비견(比肩)이나 겁재(劫財)가 용신
(用神)이다.

③ 종재격(從財格)은 재성(財星)이 용신(用神)이다.

④ 종살격(從殺格)은 칠살(七殺)이 용신(用神)이다.

⑤ 종아격(從兒格)은 식신(食神)이나 상관(傷官)이 용신(用神)이다.

10. 화격(化格)

① 갑기화토격(甲己化土格)은 토(土)가 용신(用神)이다.

② 을경화금격(乙庚化金格)은 금(金)이 용신(用神)이다.

③ 병신화수격(丙辛化水格)은 수(水)가 용신(用神)이다.

④ 정임화목격(丁壬化木格)은 목(木)이 용신(用神)이다.

⑤ 무계화화격(戊癸化火格)은 화(火)가 용신(用神)이다.

11. 일행득기격(一行得氣格)

① 곡직격(曲直格)은 목(木)이 용신(用神)이다.

② 염상격(炎上格)은 화(火)가 용신(用神)이다.

③ 가색격(稼穡格)은 토(土)가 용신(用神)이다.

④ 종혁격(從革格)은 금(金)이 용신(用神)이다.

⑤ 윤하격(潤下格)은 수(水)가 용신(用神)이다.

12. 양기성상격(兩氣成象格)

① 목화(木火) 양기성상격(兩氣成象格)은 화(火)가 용신(用神)이다.

② 화토(火土) 양기성상격(兩氣成象格)은 토(土)가 용신(用神)이다.

③ 토금(土金) 양기성상격(兩氣成象格)은 금(金)이 용신(用神)이다.

④ 금수(金水) 양기성상격(兩氣成象格)은 수(水)가 용신(用神)이다.

⑤ 수목(水木) 양기성상격(兩氣成象格)은 목(木)이 용신(用神)이다.

양기성상격(兩氣成象格)은 오행이 상극일 때는 양기상적격(兩氣相敵格)이라 하며 일반 내격(內格)의 취용법과 같다. 양기상적격(兩氣相敵格)에는 토수양기상적격(土水兩氣相敵格)·수화양기상적격(水火兩氣相敵格)·화금양기상적격(火金兩氣相敵格)·금목양기상적격(金木兩氣相敵格)·목토양기상적격(木土兩氣相敵格) 등이 있다.

4. 격국(格局)

　4길신(正財·正官·正印·食神)은 순용(順用)하는 것이 용신(用神)이고, 4흉신(七殺·傷官·偏印·偏財·羊刃)은 역용(逆用)하는 것이 용신(用神)이다. 그러나 인성(印星)도 태과하면 편인(偏印)이 되고, 정관(正官)도 과다하면 칠살(七殺)이 되고, 식신(食神)도 과다하면 상관(傷官)이 되고, 정재(正財)도 과다하면 편재(偏財)가 되고, 겁재(劫財)도 과다하면 양인(羊刃)이 되니 역용(逆用)이 가능하다.

　역용(逆用)이란 생화(生化)보다 극제(剋制)로 다스리는 것이다. 예를 들면 정관(正官)의 순용(順用)은 인수(印綬), 칠살(七殺)의 역용(逆用)은 식신(食神), 정재(正財)의 순용(順用)은 재왕생관(財旺生官), 편재(偏財)의 역용(逆用)은 득비이재(得比理財)이다.

① 여기(餘氣)·중기(中氣)·정기(正氣) 중에서 정기(正氣)가 투출(透出)하면 무조건 격으로 잡고, 여기(餘氣)와 중기(中氣)는 투출(透出)한 것을 격으로 정한다.
② 초기(初氣)와 중기(中氣)가 동시에 투출(透出)하면 월지(月支)에서 회합하여 투출(透出)한 천간(天干)을 돕는 것을 격으로 정한다.
③ 여기(餘氣)·중기(中氣)·정기(正氣) 모두 투출(透出)하지 않았으면 월지(月支)의 본기(本氣)로 격을 정한다.

④ 비견(比肩)이나 겁재(劫財)가 투출(透出)했으면 일간(日干)과 같은 기이니 격으로 정할 수 없고, 정관(正官)이 투출(透出)했으면 정관격(正官格)으로 보고, 재(財)가 투출(透出)했으면 재격(財格)으로 본다.

⑤ 4왕지(旺支 : 子午卯酉)월은 여기(餘氣)나 정기(正氣) 중 어느 것이 투출(透出)했거나 투출(透出)한 것이 하나도 없어도 무조건 월지(月支)로 격을 정한다. 단 오병기정(午丙己丁)은 기토(己土)가 투출(透出)했으면 격을 정할 수 있다.

⑥ 4묘지(墓支 : 辰戌丑未)월은 장간(臟干)이 혼잡되어 잡기(雜氣)라고 하는데, 진(辰) 중에 투출(透出)한 지장간(支臟干)으로 격을 정한다.

⑦ 월지(月支)에서 투출(透出)한 천간(天干)을 합거(合去)하면 격을 잡을 수 없으나 용신(用神)은 잡을 수 있다.

⑧ 4생지(生支 : 寅申巳亥)월의 여기(餘氣)인 무토(戊土)는 격을 잡을 수 없고, 중기(中氣)와 정기(正氣) 중에서 격을 잡는다.

제11장. 격국(格局)에 따라 용신(用神)으로 감명하는 법

1. 정관격(正官格)

1. 정관용관격(正官用官格)

일간(日干)이 강하고 비견(比肩)이나 겁재(劫財)가 많으면 정관 (正官)이 용신(用神)이다. 재관운(財官運)을 만나면 만사형통하고, 인성(印星)이나 비겁(比劫)운을 만나면 만사불통이다.

```
乙  戊  丙  癸        己  庚  辛  壬  癸  甲  乙
卯  辰  辰  亥        酉  戌  亥  子  丑  寅  卯
```

본명은 무(戊)일 진(辰)월생이 시상(時上) 을목(乙木) 관성(官星) 이 투간(透干)하여 정관격(正官格)이다. 무(戊)일생이 진(辰) 무토(戊土)에 착근(着根)했는데 월상(月上) 병화(丙火)가 생하니 신왕(身旺)하다. 일간(日干)이 강하고 비겁(比劫)이 많으니 관성(官星)이 용신(用神)이고, 토(土)가 왕하고 목(木)이 약하니 재성(財星)이 희신(喜神)이다. 재고(財庫)가 월일지(月日支)에 있으니 양배성가(良配成家)하고, 계(癸)운부터 행정에 출세하여 46세까지 순조롭게 진출했다. 해(亥)대운은 만사형통이나 무(戊)운 이후에는 불길하다.

2. 정관용재격(正官用財格)

일간(日干)이 강하고 인수(印綬)가 많으면 재성(財星)이 용신(用神)이다. 식재운(食財運)을 만나면 만사가 형통하고, 인성(印星)이나 비겁(比劫)운을 만나면 만사가 불통이다.

일간(日干)이 강하고 식상(食傷)이나 상관(傷官)이 많으면 재성(財星)이 용신(用神)이다. 재관(財官)운이 오면 운세가 열리고, 비견(比肩)이나 겁재(劫財)운을 만나면 만사가 막히고 파란이 많다.

戊 己 甲 癸　　　丁 戊 己 庚 辛 壬 癸
辰 未 寅 丑　　　未 申 酉 戌 亥 子 丑

이 사주는 기(己)일 인(寅)월생으로 월상(月上) 갑목(甲木) 정관(正官)이 투간(透干)하여 정관격(正官格)이다. 기(己)일생이 시상

(時上) 무토(戊土) 년지(年支) 축(丑) 중 기토(己土), 일지(日支) 미(未) 중 기토(己土), 시지(時支) 진(辰) 중 무토(戊土) 비겁(比劫)이 태왕(太旺)한데, 일지(日支) 미(未) 중 정화(丁火)가 생하니 신왕(身旺)하다. 월상(月上) 갑목(甲木)은 월지(月支) 인(寅) 중 갑목(甲木), 시지(時支) 진(辰) 중 을목(乙木)에 착근(着根)하여 목관(木官)이 왕하다. 그러니 관왕(官旺)을 좋아하여 년상(年上) 계수(癸水)가 용신(用神)인데, 계수(癸水) 역시 년지(年支) 축(丑) 중 계수(癸水)에 착근(着根)하여 아름답다. 초중년 서북운에 대귀했고, 무기토(戊己土)운에 불리했다.

3. 정관용겁격(正官用劫格)

일간(日干)이 약하고 재성(財星)이 많으면 비견(比肩)이나 겁재(劫財)가 용신(用神)이다. 인성(印星)·비견(比肩)·겁재(劫財)운으로 가면 만사형통하고, 재관(財官)운으로 가면 만사불통이다.

| 己 | 乙 | 庚 | 戊 | | 癸 | 甲 | 乙 | 丙 | 丁 | 戊 | 己 |
| 卯 | 丑 | 申 | 申 | | 丑 | 寅 | 卯 | 辰 | 巳 | 午 | 未 |

이 사주는 을(乙)일 무(戊)월생으로 월지(月支) 신(申) 중 경금(庚金)이 월상(月上)에 투간(透干)하여 정관격(正官格)이다. 을(乙)일생이 신(申)월에 실령(失令)했고, 월상(月上) 경금(庚金) 관

성(官星)이 왕한데 년상(年上) 무토(戊土), 시상(時上) 기토(己土), 일지(日支) 축(丑) 중 기토(己土)를 왕한 재성(財星)이 생하니 관성(官星)이 더 왕하여 시지(時支) 묘(卯) 중 을목(乙木)이 용신(用神)이다. 신(申)과 묘(卯)에 현침성(縣針星)이 있으니 치과의사이고, 운이 실기하여 재물이 불성이며 가정도 실패한다. 고생하다 50세부터 친구의 도움으로 개업하여 발재했다. 약한 목(木)이 왕운을 만났기 때문이다. 을묘갑인계(乙卯甲寅癸)운은 길하고, 축(丑)운은 왕금(旺金)이 유력하여 불길하다.

4. 정관용인격(正官用印格)

일간(日干)이 약한데 재성(財星)이 많으면 비견(比肩)이나 겁재(劫財)가 용신(用神)이다. 만일 비견(比肩)이나 겁재(劫財)가 없으면 인수(印綬)가 용신(用神)이다. 인성(印星)이나 비겁(比劫)운으로 가면 길하고, 재관(財官)운을 만나면 흉하다.

일간(日干)이 약하고 관살(官殺)이 많으면 인수(印綬)가 용신(用神)이다. 인수(印綬)나 비겁(比劫)운으로 가면 만사가 형통하고, 재관(財官)운을 만나면 만사가 뜻대로 되지 않는다.

일간(日干)이 약하고 식신(食神)이나 상관(傷官)이 많으면 인수(印綬)가 용신(用神)이다. 인수(印綬)운이나 인수(印綬)를 생해주는 관운에 발복하고, 식신(食神)이나 상관(傷官)의 재성(財星)운을 만나면 만사가 막혀 파란이 따른다.

```
丁 戊 乙 癸        壬 辛 庚 己 戊 丁 丙
巳 子 卯 亥        戌 酉 申 未 午 巳 辰
```

이 사주는 무(戊)일 묘(卯)월에 태어나 월지(月支) 묘(卯) 중 을목(乙木)이 월상(月上)에 투간(透干)하여 정관격(正官格)이다. 무(戊)일생이 묘(卯)월에 태어나 실령(失令)했고, 년상(年上) 계수(癸水), 년지(年支) 해(亥) 중 임수(壬水), 일지(日支) 자(子) 중 계수(癸水) 재성(財星)이 왕하다. 월상(月上) 을목(乙木), 월지(月支) 묘(卯) 중 을목(乙木) 관성(官星)이 있으니 일간(日干)이 약하다. 일간(日干)이 약하고 재관(財官)이 왕하니 시상(時上) 정화(丁火) 인성(印星)이 용신(用神)이다.

병진(丙辰) 정사(丁巳)대운에 부유한 집안에서 태어나 성장했고, 무(戊)운에 출가하여 기미(己未)운까지는 남편이 출세했다. 화(火)가 용신(用神)이니 자식궁이 좋아 아들 둘이 명랑하고, 경신(庚申)운도 목(木)을 극제(剋制)하니 길하고, 신유(辛酉)운도 무흠(無欠)이다. 그러나 임(壬)운은 용신(用神) 정화(丁火)를 합거(合去)하여 흉하다.

```
丙 己 甲 戊        辛 庚 己 戊 丁 丙 乙
寅 卯 寅 寅        酉 申 未 午 巳 辰 卯
```

이 사주는 기(己)일 인(寅)월생으로 월지(月支) 인(寅) 중 갑목

(甲木)이 월상(月上)에 투간(透干)하여 정관격(正官格)이다. 관살(官殺)이 왕하여 신약(身弱)하니 시상(時上) 병화(丙火) 인수(印綬)가 용신(用神)이다. 남방 화(火)운도 좋고 금(金)운도 좋은데 사주에 습기가 없다. 그러나 금(金)운에 왕목(旺木)을 작파하여 생화(生火)하면 길할 것이다.

5. 유관거살격(留官去殺格)

정관격(正官格)에 살이 투간(透干)하여 관살(官殺)이 혼잡하면 흉한데, 살을 합거(合去)하고 정관(正官)을 남기면 사주가 맑아진다. 정관(正官)을 충극(沖剋)하는 식상(食傷)운을 꺼린다.

丁	丁	癸	戊		丙	丁	戊	己	庚	辛	壬
未	酉	亥	戌		辰	巳	午	未	申	酉	戌

정(丁)일 해(亥)월생으로 정화(丁火)가 일지(日支) 유금(酉金)에 앉아 있고, 월상(月上) 계수(癸水) 칠살(七殺)이 투출(透出)하여 태약하다. 그러나 시상(時上) 정화(丁火) 비견(比肩)이 돕고, 기신(忌神) 계수(癸水)를 무토(戊土)가 합거(合去)하여 정계충(丁癸沖)을 막아 정관격(正官格)을 맑게 하니 더 빼어난 명이 되었다.

신유(辛酉)·경신(庚申)대운에는 재생관(財生官)하여 남편이 입신양명했으나, 기미(己未)·무오(戊午)대운에는 상관견관(傷官見

官)하여 순조롭지 못했다. 정사(丁巳)대운에 정계충(丁癸沖)으로 무계합(戊癸合)이 풀려 격국(格局)이 탁해지고, 사해충(巳亥沖)으로 정관격(正官格)을 파극(破剋)하여 부부가 세상을 떠났다.

2. 편관격(編官格)

1. 칠살용살격(七殺用殺格)

일간(日干)이 강하고 비견(比肩)이나 겁재(劫財)가 많으면 칠살(七殺)이 용신(用神)이다. 재성(財星)이나 칠살(七殺)운을 만나면 발복하고, 인수(印綬)나 비견(比肩)이나 겁재(劫財)운을 만나면 되는 일이 없다.

辛 庚 丙 甲　　甲 癸 壬 辛　庚 己 戊 丁
巳 戌 寅 申　　戌 酉 申 未　午 巳 辰 卯

이 사주는 경(庚)일 인(寅)월에 태어나 실령(失令)했으나, 인비(印比)가 중중하여 득세(得勢)하니 신강(身强)하다. 병화(丙火) 관성(官星)이 용신(用神)이고, 갑목(甲木)이 희신(喜神)이다.

정묘(丁卯)대운은 목화(木火) 희용신(喜用神)운이니 부귀한 가문에서 태어나 다복하게 성장했으나 무(戊)운에 불운했고, 진(辰)대

운에는 갑목(甲木)이 득지(得地)하여 만사가 형통하다. 기사(己巳)
대운 중 기(己)운에 갑기합(甲己合)으로 침체되었고, 오(午)대운에
화용신(火用神)이 득왕(得旺)하여 대귀하다가, 신(辛)대운에 병신
합(丙辛合)으로 용신(用神)이 합거(合去)하여 세상을 떠났다.

2. 칠살용재격(七殺用財格)

　일간(日干)이 강하고 인수(印綬)가 많으면 재성(財星)이 용신(用
神)이다. 식상(食傷)이나 재성(財星)운으로 가면 도처에 춘풍이고,
정관(正官)이나 인성(印星)이나 비겁(比劫)은 추풍낙엽의 운이다.
만일 일간(日干)이 강하고 식신(食神)이나 상관(傷官)이 많으면 재
성(財星)이 용신(用神)이다. 재관(財官)운으로 가면 길하고, 비견
(比肩)이나 겁재(劫財)운으로 가면 불길하다.

癸　癸　庚　己　　壬　癸　甲　乙　丙　丁　戊　己
亥　丑　午　酉　　戌　亥　子　丑　寅　卯　辰　巳

　이 사주는 계(癸)일 오(午)월에 태어나고, 월지(月支) 오(午) 중
기토(己土)가 년상(年上)에 투간(透干)하여 편관격(偏官格)이다.
계(癸)일생이 오(午)월에 태어나 실령(失令)했으니 신약(身弱)인데
월상(月上) 경금(庚金), 년지(年支) 유(酉) 중 신금(辛金), 일지(日
支) 축(丑) 중 신금유축(辛金酉丑) 금국(金局) 인성(印星)이 왕하

고, 시상(時上) 계수(癸水), 시지(時支) 해(亥) 중 임수(壬水) 비겁(比劫)이 있으니 신약(身弱)이 신강(身强)으로 변했다. 년상(年上) 기토(己土) 편관(偏官)은 월상(月上) 경금(庚金) 인성(印星)을 설하는데 오(午) 중 기토(己土)에 착근(着根)하고, 월지(月支) 오(午) 중 정화(丁火)의 생조(生助)를 받으니 유정하다. 일간(日干)이 강하고 인성(印星)이 많으면 재성(財星)이 용신(用神)이다.

병인(丙寅)운에 화용신(火用神)을 도와주니 육군대장이 되었다가, 을목(乙木)운에 년상(年上) 기토(己土) 관성(官星)을 극하여 퇴역한 어느 장군의 사주이다.

3. 칠살용식상격(七殺用食傷格) : 식신제살격(食神制殺格)

일간(日干)이 강하고 관살(官殺)이 많으면 식신(食神)이나 상관(傷官)이 용신(用神)이다. 식상(食傷)운으로 가면 이름을 떨치고, 인성(印星)운으로 가면 도처에서 화가 속출한다.

甲 壬 戊 戊　　乙 甲 癸 壬 辛 庚 己
辰 辰 午 辰　　丑 子 亥 戌 酉 申 未

이 사주는 임(壬)일 오(午)월생으로 년상(年上) 무토(戊土)가 투출(透出)하여 칠살격(七殺格)이다. 임수(壬水)가 삼진고(三辰庫)에 통근(通根)하여 식상제살(食傷制殺)이 가능하다.

계해(癸亥)운에 갑목(甲木)이 득장생(得長生)하여 대귀했다가, 갑자(甲子)운에 오(午)를 충하여 대왕살국(大旺殺局)을 충기(沖起)시켜 불록(不祿)했다. 식신제살격(食神制殺格)은 살이 왕하면 식신(食神)으로 격퇴시키는 것이다.

```
丁 乙 己 庚        丙 乙 甲 癸 壬 辛 庚
丑 酉 卯 申        戌 酉 申 未 午 巳 辰
```

본명은 을(乙)일 묘(卯)월생으로 득령(得令)했으나, 년상(年上) 경금(庚金)이 투출(透出)하고 유축신금(酉丑申金)이 득세(得勢)하여 신강(身强)이 약으로 변했다. 비록 정관(正官) 경금(庚金)이라도 시(時) 중 정화(丁火) 식신(食神)으로 극제(剋制)할 수 있다.

임(壬)운에 약한 일주(日柱)를 도와 길한 것 같으나 용신(用神) 정화(丁火)를 합거(合去)하니 부모가 패가했고, 오화(午火)대운에 정화(丁火)가 득록(得祿)하여 최고의 운을 맞았고, 계수(癸水)운은 용신(用神) 정화(丁火)를 충극(沖剋)하니 불운했다. 미(未)대운은 묘미합(卯未合)으로 일주(日柱)가 기세를 얻어 분발했으나, 신(申)운에는 고생하고 유(酉)운에 묘유충(卯酉沖)으로 대흉했다.

4. 칠살용겁격(七殺用劫格)

일간(日干)이 약하고 재성(財星)이 많으면 비견(比肩)이나 겁재

(劫財)가 용신(用神)이다. 인성(印星)이나 비겁(比劫)운을 만나면 만사가 뜻대로 되고, 상관(傷官)이나 재성(財星)운을 만나면 실패와 화가 속출한다.

丙 庚 丙 丁   戊 己 庚 辛 壬 癸 甲 乙
子 申 午 酉   戌 亥 子 丑 寅 卯 辰 巳

이 사주는 경(庚)일 오(午)월에 태어나고, 월지(月支) 오(午) 중 정화(丁火)가 투간(透干)하여 칠살격(七殺格)이다. 경금(庚金)이 신(申) 건록(建祿)을 얻었으나 관살(官殺)이 득세(得勢)하니 신약(身弱)하다. 비겁(比劫)으로 일간(日干)을 돕고 식상(食傷)으로 제살(制殺)해야 한다. 초년 목화(木火)운에는 불운했으나, 신축(辛丑)·경자(庚子)대운에 장관직에 올라 공명을 얻고 사업이 번창하여 부까지 얻었다.

5. 칠살용인격(七殺用印格) : 살중용인격(殺重用印格)

일간(日干)이 약하고 관살(官殺)을 도와주는 재성(財星)이 많으면 비견(比肩)이나 겁재(劫財)가 용신(用神)이다. 그러나 비견(比肩)이나 겁재(劫財)가 없으면 인성(印星)이 용신(用神)이다. 인성(印星)이나 비견(比肩)이나 겁재(劫財)운을 만나면 발복하고, 재관(財官)운을 만나면 만사가 뜻대로 되지 않는다.

일간(日干)이 약하고 관성(官星)이 많으면 인성(印星)이 용신(用神)이다. 인성(印星)·비견(比肩)·겁재(劫財)운을 만나면 운세가 좋고, 재관(財官)운을 만나면 흉하다.

일간(日干)이 약하고 식신(食神)이나 상관(傷官)이 많으면 인성(印星)이 용신(用神)이다. 인성(印星)운을 만나면 행복하고, 식신(食神)이나 상관(傷官)의 재성(財星)운을 만나면 불행하다.

```
甲 戊 甲 戊    壬 辛 庚 己 戊 丁 丙 乙
寅 午 寅 子    戌 酉 申 未 午 巳 辰 卯
```

이 사주는 무(戊)일 인(寅)월에 태어나고, 월지(月支) 인(寅) 중 갑목(甲木)이 월간(月干)에 투간(透干)하여 편관격(偏官格)에 해당한다. 월시지(月時支) 인목(寅木)에 월시상(月時上) 갑목(甲木)이 녹근했으니 토쇠살왕(土衰殺旺)이 분명하다. 다행히 무토(戊土) 일간(日干)이 일지(日支) 오화(午火)의 생조(生助)를 받고, 인오합(寅午合)으로 화국(火局)을 이루어 살인상생(殺印相生)이 된다. 자오(子午) 상충(相沖)으로 자수(子水) 재성(財星)을 두려워 하는데, 그 자수(子水)는 인(寅)을 생하여 오(午)를 충하지 않으니 인(寅)에 통관(通關)되어 화(火)를 돕는다.

남방 화(火)운에 등과하여 대귀하고 토(土)운 역시 길했다. 살중용인격(殺重用印格)은 적장의 칼(七殺)이 두려워 책사(印星)를 보내 포섭하는 계략이라고 할 수 있다.

6. 관살혼잡격(官殺混雜格)

정관(正官)과 칠살(七殺)이 모두 투출(透出)하면 관살(官殺)이 혼잡되었다고 한다. 칠살(七殺)을 합거(合去)하여 관(官)을 남기거나 일주(日柱)가 신왕(身旺)하면 식상(食傷)운이 길하고, 신약(身弱)하면 인수(印綬)운이 길하다.

戊　辛　丙　丁　　　己　庚　辛　壬　癸　甲　乙
子　酉　午　酉　　　亥　子　丑　寅　卯　辰　巳

이 사주는 신(辛)일 오(午)월에 태어나고, 병정(丙丁) 관살(官殺)이 모두 투간(透干)하여 관살(官殺)이 혼잡되었다. 일주(日柱)가 신약(身弱)하니 일간(日干)을 돕는 운이 좋고, 인수(印綬)가 있으니 식상(食傷)운도 무방하나 재관(財官)운은 꺼린다.

을사(乙巳)·갑진(甲辰)·계묘(癸卯)·임인(壬寅)대운은 모두 불운하여 고생했으나, 신축(辛丑)·경자(庚子)대운에 일주(日柱)를 돕고 제살(制殺)하니 장관직에 올라 20년 동안 부귀를 누렸다.

7. 거관유살격(去官留殺格)

거관유살격(去官留殺格)이란 정관(正官)을 합하고 칠살(七殺)을 남기는 것을 말한다. 관살(官殺)이 혼잡된 것을 맑게 한다는 의미에서는 좋지만, 살을 합거(合去)하여 정관(正官)을 남기는 것보다는 격이 떨어진다. 관살(官殺) 혼잡은 대개 신약(身弱)하기 때문에 재생살(財生殺)하는 것을 매우 꺼리고 식상(食傷)운도 흉하다. 인비(印比)운으로 향해야 길하다.

```
丁 辛 丙 壬      癸 壬 辛 庚 己 戊 丁
酉 亥 午 戌      丑 子 亥 戌 酉 申 未
```

이 사주는 신(辛)일 오(午)월생으로 월지(月支) 오(午) 중 정화(丁火)가 시상(時上)에 투간(透干)하여 편관격(偏官格)이다. 병화(丙火) 정관(正官)이 투출(透出)하여 관살(官殺)이 혼잡되었는데 임병충(壬丙沖)으로 정관(正官)을 제거하고 칠살(七殺)을 남겨 거관유살격(去官留殺格)을 이루었다.

정미(丁未)대운은 정임합거(丁壬合去)하여 임수(壬水)를 제거하니 학업을 중단하고 불운했으나, 무신(戊申)대운부터 사업이 발전하여 경술신해(庚戌辛亥)운에 큰 부를 이루었다.

8. 재자약살격(財滋弱殺格)

재자약살격(財滋弱殺格)은 재(財)로 약한 칠살(七殺)을 돕는 것이다. 칠살(七殺)이 비록 흉신이나 재격(財格)에 군겁(群劫)을 이루면 칠살(七殺)로 비겁(比劫)을 격퇴시켜야 한다. 칠살격(七殺格)

에 인수(印綬)가 태왕(太旺)하여 살이 무력하면 재생살(財生殺)하여 칠살(七殺)을 돕는 것을 재자약살격(財滋弱殺格)이라 한다.

$$
\begin{array}{cccc}
庚 & 庚 & 丙 & 己 \\
辰 & 申 & 寅 & 酉
\end{array}
\qquad
\begin{array}{cccccccc}
戊 & 己 & 庚 & 辛 & 壬 & 癸 & 甲 & 乙 \\
午 & 未 & 申 & 酉 & 戌 & 亥 & 子 & 丑
\end{array}
$$

이 사주는 경(庚)일 인(寅)월생으로 재격(財格)인데 비겁(比劫)이 중중하여 군겁(群劫)의 위태로움이 있다. 마땅히 병화(丙火) 칠살(七殺)을 재생살(財生殺)하여 비겁(比劫)을 다스려야 한다. 사주 구성은 빼어나지만 목화(木火)운으로 향해야 하는데 금수(金水)운으로 흘러 아쉽다. 갑자(甲子)·계해(癸亥)운은 고군분투하며 약간 발전했으나 결국 신경(申庚)대운에 세상을 하직했다.

9. 살인상생격(殺印相生格)

살인상생(殺印相生)이란 칠살격(七殺格)에 인수(印綬)가 투출(透出)하여 약한 일주(日柱)를 돕는 것이다. 살중용인격(殺重用印格)은 인수(印綬)가 지지(地支)에서 회합하여 일주(日柱)를 상생하고, 살인상생격(殺印相生格)은 인수(印綬)가 천간(天干)에 투간(透干)하여 살인상생(殺印相生)을 이룬다. 용신(用神)이 천간(天干)과 지지(地支)에 따른 차이만 있을 뿐 큰 차이는 없다. 칠살격(七殺格)을 장수라고 한다면 살중용인격(殺重用印格)은 덕장이고, 살인상생격(殺印相生格)은 지장이라고 할 수 있다.

```
丁 己 乙 戊        壬 辛 庚 己 戊 丁 丙
卯 巳 卯 午        戌 酉 申 未 午 巳 辰
```

이 사주는 기(己)일 묘(卯)월에 태어나고, 월지(月支) 묘(卯) 중 을목(乙木)이 투출(透出)하여 편관격(偏官格)이다. 기(己)일 묘(卯)월생이라 실령(失令)했으나 인수(印綬)·비겁(比劫)의 도움으로 신왕살왕(身旺殺旺)이다.

무(戊)운에는 고등고시에 합격하고, 27세에는 아들을 낳았으며, 20년간 남방 화(火)운에서 검사로 승승장구했고, 경(庚)운에는 검찰총장이 되었다. 원국에서 제살(制殺)하지 못하고 또 조열한 편이었는데 금(金)이 작목생화(斫木生火)하는 한편 금(金) 중에 습기가 있기 때문이다. 신(申)운에는 대법원으로 영전했고, 신(辛)운에는 지방청으로 전출했으나 흠이 없었다. 유(酉)운에도 길하나 임(壬)운에 용신(用神) 정화(丁火)를 합거(合去)하면 퇴직할 것이다.

10. 살인상정격(殺印相停格)

칠살(七殺)이 왕하여 신약(身弱)할 때 양인(羊刃)이 합살(合殺)하여 칠살(七殺)의 횡포를 막아주는 것을 살인상정격(殺印相停格)이라고 한다.

甲 丙 壬 丁　　庚 己 戊 丁 丙 乙 甲 癸
午 子 子 亥　　申 未 午 巳 辰 卯 寅 丑

이 사주는 노무현 대통령 부인 권양숙 씨의 명조이다. 병(丙)일
자(子)월에 태어나 임수(壬水) 칠살(七殺)이 투출(透出)했으나 갑
목(甲木) 인수(印綬)로 화살생신(化殺生身)하고, 오(午) 중 정화
(丁火)가 투출(透出)하여 정임(丁壬) 합살(合殺)하여 살인상정(殺
印相停)의 대귀격을 이루었다. 무오(戊午)대운에 남편인 노무현이
대통령에 당선되었다.

11. 살경제과격(殺輕制過格) : 제살태과격(制殺太過格)

살경제과격(殺輕制過格)이란 식상(食傷)이 중하여 칠살(七殺)이
약해진 경우를 말한다. 재관(財官)운이 길하고 인수(印綬)운도 무
방하나 식상(食傷)운은 흉하다.

戊 辛 己 丁　　癸 甲 乙 丙 丁 戊
子 亥 酉 亥　　卯 辰 巳 午 未 申

이 사주는 신(辛)일 유(酉)월생이 정화(丁火)가 투출(透出)하여
칠살격(七殺格)이다. 년일시지(年日時支)에 식상(食傷)이 중하여
칠살(七殺) 정화(丁火)가 위태롭다. 무기토(戊己土) 인성(印星)으

로 식상(食傷)을 다스려 칠살(七殺)을 보호해야 한다.

병오(丙午) 을사(乙巳)대운은 길하여 승승장구했으나, 갑진(甲辰)대운은 갑기합(甲己合)하여 희신(喜神)이 무력하고, 자진합(子辰合)으로 식상(食傷) 수(水)가 동하니 칠살(七殺)이 더욱 약해져 큰 손재를 당했다.

12. 살중제경격(殺重制輕格)

살중제경격(殺重制輕格)이란 칠살(七殺)이 중한데 살을 극제(剋制)하는 식상(食傷)이 약한 경우를 말한다. 식상(食傷)운은 길하고 재관(財官)운은 흉하다.

甲	辛	丁	壬		乙	甲	癸	壬	辛	庚	己	戊
午	丑	未	辰		卯	寅	丑	子	亥	戌	酉	申

이 사주는 신(辛)일 미(未)월에 태어나고 정화(丁火)가 투출(透出)하여 칠살격(七殺格)이다. 정화(丁火)가 오미(午未)에 통근(通根)하여 신왕살왕강(身旺殺旺强)하니 식상(食傷)으로 극제(剋制)해야 한다. 신해(辛亥)·임자(壬子)·계축(癸丑)대운은 북방 수(水)운으로 향하여 칠살(七殺)을 다스리니 대귀했다.

3. 재백격(財帛格)

1. 재용재격(財用財格)

일간(日干)이 강하고 인수(印綬)가 많으면 재성(財星)이 용신(用神)이다. 식상(食傷)이나 재성(財星)운을 만나면 만사가 형통하고, 인성(印星)이나 비겁(比劫)운을 만나면 만사가 막힌다.

일간(日干)이 강하고 식신(食神)이나 상관(傷官)이 많으면 재성(財星)이 용신(用神)이다. 재관(財官)운을 만나게 크게 발전하고, 비겁(比劫)운을 만나면 되는 일이 없다.

일간(日干)이 강하고 관살(官殺)이 많은데 상관(傷官)이 없으면 재성(財星)이 용신(用神)이다. 식상(食傷) 재성(財星)운을 만나면 발전하고, 관살(官殺)운을 만나면 불길하다.

己　乙　壬　癸　　　乙　丙　丁　戊　己　庚　辛
卯　亥　戌　亥　　　卯　辰　巳　午　未　申　酉

이 사주는 을(乙)일 술(戌)월에 태어나 월지(月支) 술(戌) 중 무토(戊土)로 격을 정하니 정재격(正財格)이다. 을(乙)일생이 술(戌)월에 실령(失令)했고, 시상(時上)에 기토(己土)가 있어 신약(身弱)으로 보이나 년상(年上) 계수(癸水)와 월상(月上) 임수(壬水)가 투출(透出)하고 해(亥)에 착근(着根)하여 인수(印綬)가 득세(得勢)하

여 신강(身强)으로 변했다. 무토(戊土) 재성(財星)이 용신(用神)이
니 재용재격(財用財格)이다.

　신유경신(辛酉庚申)운은 왕목(旺木)을 극제(剋制)하니 부잣집에
서 태어나 성장했고, 기미(己未)·무오(戊午)·정사(丁巳)·병진
(丙辰)대운에는 풍족했다. 을묘(乙卯)대운은 용신(用神)을 극제(剋
制)하여 불운했다.

| 庚 | 庚 | 己 | 乙 | | 壬 | 癸 | 甲 | 乙 | 丙 | 丁 | 戊 |
| 辰 | 申 | 卯 | 未 | | 申 | 酉 | 戌 | 亥 | 子 | 丑 | 寅 |

　이 사주는 경(庚)일 묘(卯)월에 태어나 월지(月支) 묘(卯) 중 을
목(乙木) 재성(財星)이 년상(年上)에 투간(透干)하여 정재격(正財
格)이다. 경(庚)일생이 실령(失令)했으나 인비(印比)가 득세(得勢)
하여 신왕(身旺)하다. 월령(月令) 재성(財星)이 용신(用神)이니 재
용재격(財用財格)이다. 자(子)대운부터 을해(乙亥)·갑(甲)대운까
지 큰 재물을 모아 거부가 되었으나, 술(戌)운에는 곤고하다가 신
(申)운에 재물을 파하고 출가하여 수도하다가 죽었다.

| 丁 | 癸 | 丙 | 庚 | | 己 | 庚 | 辛 | 壬 | 癸 | 甲 | 乙 |
| 巳 | 亥 | 戌 | 申 | | 卯 | 辰 | 巳 | 午 | 未 | 申 | 酉 |

　계(癸)일 술(戌)월에 실령(失令)했으나 비겁(比劫)·인수(印綬)가

중하여 신약(身弱)하지 않다. 능히 재(財)를 감당하니 재성(財星)이 용신(用神)이다. 남방 화(火)운에 거부가 된 여자의 명조이다,

2. 재용식상격(財用食傷格) : 식신생재격(食神生財格)

일간(日干)이 강하고 비견(比肩)이나 겁재(劫財)가 많으면 식신(食神)이나 상관(傷官)이 용신(用神)이다. 식신(食神)이나 상관(傷官)운으로 가면 발복하고, 인성(印星)이나 비겁(比劫)운으로 가면 화를 당한다.

丙	甲	戊	甲		乙	甲	癸	壬	辛	庚	己
寅	子	辰	寅		亥	戌	酉	申	未	午	巳

이 사주는 갑(甲)일 진(辰)월생이 월지(月支) 진(辰) 중 무토(戊土)가 투간(透干)하여 편재격(偏財格)이다. 비겁(比劫)이 중중하여 신강(身强)하니 병화(丙火) 식신(食神)이 용신(用神)이다.

초년 기사(己巳)운에 부귀한 가문에서 태어났고, 경오(庚午)대운에는 관직에 나갔고, 신(辛)운은 용신(用神) 병화(丙火)를 합거(合去)하여 상배(喪配)하고 가정도 불운하였다. 미(未)운에 재혼했으나 임신계(壬申癸)운이 불길하였고, 유(酉)운에는 건강이 좋지 않았다. 병화(丙火)가 유(酉) 사지(死地)이기 때문이다. 사주의 격은 좋으나 운이 따르지 않아 크게 발달하지 못했다.

```
庚 庚 甲 癸        丁 戊 己 庚 辛 壬 癸
辰 申 寅 亥        未 申 酉 戌 亥 子 丑
```

경(庚)일 인(寅)월에 태어나 인(寅) 중 갑목(甲木)이 투간(透干)하여 편재격(偏財格)이다. 경(庚)일 인(寅)월에 실령(失令)했으나 경금(庚金)이 투출(透出)하여 녹지(祿地)에 앉으니 신왕(身旺)하다. 일주(日柱)가 신왕(身旺)하니 상관(傷官)으로 재성(財星)을 생조하는 상관생재격(傷官生財格)이다. 식상(食傷)이 용신(用神)이니 식재(食財)운은 길하고 인수(印綬)와 비겁(比劫)운은 흉하다.

초년 계축(癸丑)대운부터 임자(壬子)·신해(辛亥)대운까지 용신(用神)운으로 흘러 사업으로 대성하여 거부가 되었으나, 경술(庚戌)·기(己)대운에는 큰 손실을 보았다.

3. 재용관살격(財用官殺格)

일간(日干)이 강하고 비견(比肩)이나 겁재(劫財)가 많으면 관성(官星)이 용신(用神)이다. 관성(官星)운으로 가면 만사형통하고, 인성(印星)이나 비겁(比劫)운으로 가면 만사가 불통이다.

```
己 辛 甲 庚        辛 庚 己 戊 丁 丙 乙
丑 酉 寅 酉        酉 申 未 午 巳 辰 卯
```

이 사주는 여명으로 신(辛)일 인(寅)월에 태어나 월지(月支) 인(寅) 갑목(甲木)이 월상(月上)에 투간(透干)하여 정재격(正財格)이다. 신(辛)일생이 정월 차가운 계절에 태어났는데, 년일지(年日支)에 유금(酉金)이 있어 금토(金土)가 왕성하니 신강(身强)하다. 인(寅) 병화(丙火) 관성(官星)이 억부(抑扶)와 조후(調候)를 병용하니 더 빼어난 명조가 되었다.

을묘(乙卯)·병진(丙辰)운은 용신(用神) 화관성(火官星)을 도와주니 부귀한 가정에서 태어나 성장했고, 정사(丁巳)·무오(戊午)대운에는 남편이 출세하고, 자식도 준수하여 순로를 향했다. 그러나 경신(庚申)운은 인신(寅申)이 상충(相沖)하여 불운하였다.

4. 재용인격(財用印格)

일간(日干)이 약하고 관살(官殺)이 많으면 인성(印星)이 용신(用神)이다. 인성(印星)이나 비겁(比劫)운을 만나면 발전하고, 재관(財官)운을 만나면 운수가 막힌다. 일간(日干)이 약하고 식신(食神)이나 상관(傷官)이 많으면 인성(印星)이 용신(用神)이다. 인성(印星)이나 비겁(比劫)운에는 발전하고, 식신(食神)이나 상관(傷官) 또는 재성(財星)운을 만나면 모든 것이 막힌다.

癸 丁 庚 癸   癸 甲 乙 丙 丁 戊 己
卯 卯 申 丑   丑 寅 卯 辰 巳 午 未

이 사주는 정(丁)일 신(申)월에 태어나 금수(金水) 재관(財官)이 득세(得勢)하여 신약(身弱)하다. 묘목(卯木) 인수(印綬)가 화관(化官)하는 용신(用神)이다.

남방 화토(火土)운에 출사했고, 병술(丙戌)년에 발재하여 가업이 번창했다. 진(辰)운은 소흉했으나 이후 을묘(乙卯)·갑인(甲寅) 용신(用神) 대운으로 흘러 재정이 풍족했다. 묘목(卯木) 용신(用神)이 초목이라 인삼을 재배하여 성공한 것이다.

5. 재용겁격(財用劫格)

일간(日干)이 약하고 재성(財星)이 많으면 비견(比肩)이나 겁재(劫財)가 용신(用神)이다. 비겁(比劫)운을 만나면 발전하고, 식상(食傷)이나 재성(財星)을 만나면 불길하다.

甲	乙	戊	己		辛	壬	癸	甲	乙	丙	丁
申	酉	辰	巳		酉	戌	亥	子	丑	寅	卯

이 사주는 을(乙)일 진(辰)월에 태어나 월지(月支) 진(辰) 무토(戊土)가 월상(月上)에 투간(透干)하여 정재격(正財格)이다. 재관(財官)이 중하여 신약(身弱)하니 시상(時上) 갑목(甲木) 겁재(劫財)를 취하여 재용겁격(財用劫格)이다.

정묘(丁卯)·병인(丙寅)운에 부잣집에서 태어나 부족한 것 없이 성장하였고, 축(丑)운에는 부친상을 당했으나 갑자(甲子)·계해(癸亥)·임(壬)대운까지 흥성했다. 그러나 술(戌)운에 진술충(辰戌沖)하여 갑목(甲木)의 뿌리가 흔들리니 위태롭고, 신유(辛酉)대운도 불길하다.

6. 재다신약격(財多身弱格)

재다신약격(財多身弱格)은 재(財)가 왕하여 일원(日元)이 신약(身弱)한 것을 말한다. 비겁(比劫)이 재성(財星)을 극제(剋制)하니 용신(用神)이고, 인성(印星)이 재(財)를 도우니 희신(喜神)이다. 인성(印星)이 없으면 귀는 얻지 못하지만 못하지만 부는 얻을 수 있다.

甲	甲	乙	戊		壬	辛	庚	己	戊	丁	丙
戌	戌	丑	辰		申	未	午	巳	辰	卯	寅

갑(甲)일 축(丑)월생이 재성(財星)이 태왕(太旺)하여 신약(身弱)하니 재다신약격(財多身弱格)이다. 시상(時上) 갑목(甲木)이 용신(用神)이며 진(辰)중 계수(癸水) 인수(印綬)가 희신(喜神)이다. 그런데 재성(財星)운으로 흘러 역행하니 무진(戊辰)대운에 사업을 실패하였고, 기사(己巳)대운도 뜻대로 되는 일이 없었다.

7. 신왕재왕격(身旺財旺格)

일원(日元)이 강하고 재성(財星)도 강하면 신왕재왕(身旺財旺)하여 대부격을 이룬다. 신왕재왕(身旺財旺)하면 중화되기 때문에 재관(財官) 식상(食傷)운과 인비(印比)운도 나쁘지 않지만 중화를 깨는 운은 꺼린다. 일주(日柱)를 상충(相沖)하거나 재성(財星)을 합충(合沖)하는 운을 조심해야 한다.

庚 丙 乙 乙 　　戊 己 庚 辛 壬 癸 甲

寅 午 酉 丑 　　寅 卯 辰 巳 午 未 申

이 사주는 병(丙)일 유(酉)월에 태어나 월지(月支) 유(酉) 중 경금(庚金)이 투간(透干)하여 편재격(偏財格)에 해당한다. 병(丙)일 유(酉)월에 실령(失令)하고 재성(財星) 경금(庚金)이 투간(透干)하여 신약(身弱)한 것 같으나 인오(寅午)가 회합하여 일원(日元)을 돕고, 을목(乙木) 인수(印綬)가 투간(透干)하여 신왕재왕격(身旺財旺格)이다. 신왕재왕(身旺財旺)하면 재성(財星)을 상충(相沖)하는 운을 꺼린다. 신사(辛巳)·경진(庚辰)대운에 큰 부자가 되었으나, 기묘(己卯)대운에 묘유(卯酉)가 상충(相沖)하니 아내와 사별했고 재산도 탕진했다.

8. 군비겁쟁재격(群比劫爭財格)

군비겁쟁재격(群比劫爭財格)이란 재격(財格)인데 비겁(比劫)이 무리를 지어 재(財)를 겁탈하는 것을 말한다. 재물이 흩어지고 처자와 인연이 박하며 거주지가 불안하고 직업의 변동이 많다. 만약 부유한 집안에서 태어났으면 재물이 있어도 상속문제로 형제간에 불화한다.

丁　丙　丙　丙　　　癸　壬　辛　庚　己　戊　丁

酉　寅　申　申　　　卯　寅　丑　子　亥　戌　酉

병(丙)일 신(申)월에 태어나 편재격(偏財格)이다. 병정(丙丁) 비겁(比劫)이 무리를 지어 신금(申金) 재성(財星)을 분탈하니 군겁쟁재격(群劫爭財格)이다. 평생 직업이 불안하며 의식주가 곤궁했다. 알콜중독으로 정신분열 증세가 있어 이혼하고, 신(申) 역마(驛馬)가 있어 택시운전을 하다 강제퇴직을 당하자 분을 품고 경자(庚子)대운에 불을 질러 수많은 인명을 살상하고는 감옥에 들어갔다.

9. 득비이재격(得比理財格)

득비이재격(得比理財格)이란 재다신약(財多身弱)을 비겁(比劫)으로 재(財)를 다스리는 것으로, 재용겁격(財用劫格)의 취용과 비슷하다. 인비(印比)운이 길하고 재관운(財官運)은 불리하다.

$$庚\ 丙\ 丙\ 辛 \qquad 戊\ 己\ 庚\ 辛\ 壬\ 癸\ 甲\ 乙$$
$$寅\ 午\ 申\ 酉 \qquad 子\ 丑\ 寅\ 卯\ 辰\ 巳\ 午\ 未$$

이 사주는 병(丙)일 신(申)월에 태어나고 경금(庚金)이 인오(寅午)에서 장생(長生)과 양인(羊刃)을 얻어 신강(身强)한 것 같으나, 병신합수(丙辛合水)하여 신약(身弱)하다. 목화(木火)가 희용신(喜用神)이고, 금수(金水)는 기신(忌神)이다.

초년 을미(乙未)·갑오(甲午)대운은 목화(木火) 희신(喜神)운이니 다복한 가정에서 태어나 어려움이 없었고, 계(癸)대운은 다소 불운했으나 사(巳)대운은 화용신(火用神)이 득왕(得旺)하여 크게 발전했다. 임진(壬辰)대운 임(壬)운은 수(水) 기신(忌神)이 득왕(得旺)하여 불길했고, 진(辰)대운에 진유합(辰酉合) 금국(金局)을 이루어 화용신(火用神)이 병사궁(病死宮)이 되어 파가탕진하였다.

4. 인수격(印綬格)

1. 인수용재격(印綬用財格)

일간(日干)이 강하고 인성(印星)이 많으면 재성(財星)이 용신(用

神)이다. 상관(傷官)이나 재성(財星)운을 만나면 만사가 형통하고,
비겁(比劫)이나 정관(正官) 또는 인성(印星)운을 만나면 만사가 불
성이다.

일간(日干)이 강하고 식신(食神)이나 상관(傷官)이 많으면 재성
(財星)이 용신(用神)이다. 재관(財官)운을 만나면 만사가 형통하고,
비겁(比劫)운을 만나면 만사가 막힌다.

乙 甲 丙 己　　甲 癸 壬 辛 庚 己 戊 丁
亥 子 子 亥　　申 未 午 巳 辰 卯 寅 丑

갑(甲)일 자(子)월에 태어나 인수국(印綬局)을 이루어 신왕(身旺)
하니 식재(食財)가 희용신(喜用神)이다. 병화(丙火)가 조후(調候)
를 겸하고, 용신(用神) 재성(財星)을 생조(生助)하니 빼어난 명조
가 되었다. 상공부장관을 배명받은 바 있는 임영신의 명조이다.

甲 癸 辛 癸　　癸 甲 乙 丙 丁 戊 己 庚
寅 亥 酉 丑　　丑 寅 卯 辰 巳 午 未 申

이 사주는 계(癸)일 유(酉)월에 태어나 월령(月令) 유(酉) 중 신
금(辛金)이 월상(月上)에 투간(透干)하여 편인격(偏印格)에 해당한
다. 인(寅) 병화(丙火) 재성(財星)이 조후(調候)를 병행하는 용신
(用神)이고, 식신(食神)을 부조(扶助)하는 희신(喜神)이다. 무오(戊

午)대운에 부와 명예가 따랐고, 정사(丁巳)·병(丙)대운까지 왕성
하였다. 진(辰)운은 습하여 불리했으나 을묘(乙卯)·갑인(甲寅)운
까지는 평탄할 것이다.

2. 인수용관살격(印綬用官殺格)

일간(日干)이 강하고 비견(比肩)이나 겁재(劫財)가 많으면 관살
(官殺)이 용신(用神)이다. 재성(財星)과 관살(官殺)운을 만나면 발
전하고, 인성(印星)이나 비겁(比劫)운을 만나면 만사가 불리하다.
일간(日干)이 강하고 재성(財星)이 많으면 관살(官殺)이 용신(用
神)이다. 정관(正官)이나 인수(印綬)운에 발복하고, 상관(傷官)이나
재성(財星)운에는 풍파가 많다.

戊	壬	庚	癸		癸	甲	乙	丙	丁	戊	己
申	申	申	丑		丑	寅	卯	辰	巳	午	未

임(壬)일 신(申)월에 태어나 월지(月支) 신(申) 중 경금(庚金)이
월상(月上)에 투간(透干)하여 편인격(偏印格)이다. 금수(金水)가
태왕(太旺)하여 신왕(身旺)하니 관살(官殺)이 용신(用神)이다. 칠
살(七殺) 무토(戊土)가 축토(丑土)에 착근(着根)했으나 무력하니
대귀격은 되지 못한다. 그러나 대운이 남방 화(火)운으로 향하니
칠살(七殺)을 부조(扶助)하여 사주의 부족한 부분을 채워준다.

초년 남방 화(火)운에 권직에 올랐고, 을(乙)운에는 무토(戊土)가 쇠하니 퇴직하여 상업으로 생계를 이었다. 갑인(甲寅)운에는 고전하고, 계(癸)운에 무계합(戊癸合)으로 용신(用神)이 합거(合去)하니 불길할 것이다.

庚	壬	己	壬	辛	壬	癸	甲	乙	丙	丁	戊
戌	申	酉	辰	丑	寅	卯	辰	巳	午	未	申

이 사주는 임(壬)일 유(酉)월에 태어나 월지(月支) 유(酉) 중 경금(庚金)이 시상(時上)에 투간(透干)하여 편인격(偏印格)이다. 임일주(壬日柱)가 유(酉)월 금왕절(金旺節)에 태어났으니 금수(金水)가 왕성하고 기토(己土)가 약한데 화(火)가 없어 귀명이 되지 못한다. 그러나 남방 화(火)운으로 달려 부족함을 보완했다.

정미(丁未)·병오(丙午)·을사(乙巳)대운은 부유했으나, 갑진(甲辰)대운은 갑기합(甲己合)으로 용신(用神)을 합거(合去)하고, 진유합(辰酉合)하여 관성(官星) 뿌리를 배반하니 간지불순(干支不順)이 되어 사망했다.

3. 인용식상격(印用食傷格)

일간(日干)이 강하고 비견(比肩)이나 겁재(劫財)가 많으면 관살(官殺)이 용신(用神)이다. 그러나 관살(官殺)이 없으면 식신(食神)

이나 상관(傷官)이 용신(用神)이다. 식신(食神)이나 상관(傷官)운
에는 출세하고, 인성(印星)·비겁(比劫)운에는 화를 당한다.

辛 壬 辛 辛　　己 戊 丁 丙 乙 甲 癸 壬
亥 寅 丑 酉　　酉 申 未 午 巳 辰 卯 寅

이 사주는 임(壬)일생이 축(丑)월에 태어났고, 월지(月支) 축(丑)
중 신금(辛金)이 월상(月上)에 투간(透干)하여 잡기정인격(雜氣正
印格)에 해당한다. 임(壬)일생이 금수(金水)가 왕성한데 월령(月
令) 축(丑) 중 기토(己土) 정관(正官)은 습토(濕土)이므로 용신(用
神)이 되지 못하고, 일지(日支) 인목(寅木) 식상(食傷)이 암장(暗
藏)된 병화(丙火)의 온기를 받으며 해(亥)에 장생합(長生合)으로
유정하니 설기(泄氣)하는 용신(用神)이다.

임인(壬寅)·계묘(癸卯)·갑진(甲辰)·을(乙)대운까지는 용신(用
神)운이라 순탄하나, 무신(戊申)운은 인신충(寅申沖)으로 용신(用
神)을 상충(相沖)하니 불길하다.

4. 인수용인격(印綬用印格)

일간(日干)이 강하고 관살(官殺)이 많으면 인성(印星)이 용신(用
神)이다. 인성(印星)이나 비겁(比劫)운을 만나면 길하고, 재관(財
官)운을 만나면 흉하다.

일간(日干)이 약하고 식신(食神)이나 상관(傷官)이 많으면 인성 (印星)이 용신(用神)이다. 인성(印星)이나 비겁(比劫)운을 만나면 발전하고, 식신(食神)이나 상관(傷官) 또는 재성(財星)운을 만나면 화를 당한다.

일간(日干)이 약하고 재성(財星)이 많으면 비견(比肩)이나 겁재 (劫財)가 용신(用神)이다. 그러나 비겁(比劫)이 없으면 인성(印星) 이 용신(用神)이다. 인성(印星)이나 비겁(比劫)운을 만나면 만사형 통하고, 식신(食神)이나 상관(傷官)재운을 만나면 큰 화를 당한다.

甲	乙	丙	癸		戊	己	庚	辛	壬	癸	甲	乙
申	酉	辰	丑		申	酉	戌	亥	子	丑	寅	卯

이 사주는 을(乙)일 진(辰)월에 태어났는데 진(辰) 중 계수(癸 水)가 투출(透出)하여 편인격(偏印格)이다. 재관(財官)이 태왕(太 旺)하여 일원(日元)이 신약(身弱)하니 계수(癸水)가 일원(日元)을 부조(扶助)하는 용신(用神)이고, 갑목(甲木)은 희신(喜神)이다. 갑 목(甲木)이 재성(財星)을 억제하니 재물에 장해를 받지 않고 관생 인(官生印)하니 명예가 따른다.

『궁통보감(窮通寶鑑)』에 을목(乙木)이 진(辰)월에 태어나고 병화 (丙火)와 계수(癸水)가 있으면 수화기제(水火旣濟)를 이루어 대귀 격을 이룬다고 했다. 계수(癸水)를 먼저 쓰고 병화(丙火)를 조후 (調候)로 쓴다. 갑목(甲木)이 있으면 어떠한 운도 불리하지 않다고 했다. 갑목(甲木)은 재성(財星)을 막아 용신(用神) 인수(印綬)를 보호하고, 을목(乙木)과 갑목(甲木)은 등라계갑(藤蘿繫甲)하여 신약(身弱)함을 꺼리지 않기 때문이다.

대운이 희용신(喜用神)인 수목(水木)운으로 흘러 의식이 풍족하다. 그러나 무신(戊申)대운은 무계합(戊癸合)으로 용신(用神)을 합거(合去)하고, 갑목(甲木) 희신(喜神)이 신금(申金) 절지(絶支)에 임하니 희용신(喜用神)이 모두 기세를 잃어 명이 위태로울 것이다.

5. 인수용겁격(印綬用劫格)

일간(日干)이 약하고 재성(財星)이 많으면 비견(比肩)이나 겁재(劫財)가 용신(用神)이다. 비겁(比劫)이나 인성(印星)운은 만사형통하고, 식상재(食傷財)운은 만사불성이다.

己 乙 癸 丁　　乙 丙 丁 戊 己 庚 辛 壬
卯 酉 丑 亥　　巳 午 未 申 酉 戌 亥 子

을(乙)일 축(丑)월에 태어났는데 축(丑) 계수(癸水)가 투출(透出)하여 편인격(偏印格)이다. 기토(己土) 재성(財星)이 투출(透出)하여 재다신약격(財多身弱格)이 되었으니 비겁(比劫)·인수(印綬)가 희용신(喜用神)이다. 초년 임자(壬子)·신해(辛亥)대운은 길하나, 기유(己酉)·무신(戊申)대운은 불길하다.

6. 탐재괴인격(貪財壞印格)

탐재괴인(貪財壞印)은 재(財)가 인수(印綬)를 파극(破剋)한다는 뜻이다. 인수(印綬)는 학문·교육·종교를 관장하는데, 재극인(財剋印)하니 배움이 깊지 못하고 돈 때문에 신의를 저버릴 수 있다. 고로 학자나 문인이 재물을 탐하면 명예가 손상되고, 인수(印綬)가 용신(用神)인 관공리는 재운이 오면 재물(수뢰)죄를 범하기 쉽다.

가령 갑(甲)일생의 인수(印綬)는 수(水)이고, 재(財)는 토(土)인데 토극수(土剋水)하기 때문에 인수(印綬)가 용신(用神) 중에 재(財)가 있으면 탐재괴인(貪財壞印格)이라 하여 병으로 취급한다. 다시 재(財)운이 오면 용신(用神) 인수(印綬)가 파극(破剋)되니 손재관재가 생길 수 있다.

5. 식신격(食神格)

1. 식신용재격(食神用財格) : 식신생재격(食神生財格)

일간(日干)이 강하고 인수(印綬)가 많으면 재성(財星)이 용신(用神)이다. 식신(食神)이나 상관(傷官) 또는 재성(財星)운을 만나면 발전하고, 인성(印星)이나 비겁(比劫)운을 만나면 실패한다.

일간(日干)이 강하고 식신(食神)이나 상관(傷官)이 많으면 재성

(財星)이 용신(用神)이다. 재관(財官)운을 만나면 크게 발전하고, 비견(比肩)이나 겁재(劫財)운을 만나면 크게 실패한다.

일간(日干)이 강하고 관살(官殺)이 많은데 상관(傷官)이 없으면 재성(財星)이 용신(用神)이다. 식신(食神)이나 상관(傷官) 또는 재성(財星)운을 만나면 발복하고, 관살(官殺)운을 만나면 불리하다.

庚	庚	丁	乙		庚	辛	壬	癸	甲	乙	丙
辰	寅	亥	酉		辰	巳	午	未	申	酉	戌

이 사주는 경(庚)일 해(亥)월에 태어나 실령(失令)하였다. 득지(得地)하지 못했으나 시지(時支) 진토(辰土)가 생조(生助)하고, 년지(年支)가 유(酉) 양인(羊刃)을 얻고, 경금(庚金)이 투출(透出)하여 일원(日元)을 도와주니 신약(身弱)함을 꺼리지 않는다.

정화(丁火) 정관(正官)이 투출(透出)했으니 을목(乙木) 재성(財星)이 정화(丁火) 식신(食神)을 보호하는 용신(用神)이다. 비겁(比劫)과 재관(財官)운은 모두 무방하나, 용신(用神)을 충극(沖剋)하는 운은 불리하다.

재관(財官)운으로 흘러 막대한 재물을 모아 갑부가 되었으나, 경진(庚辰)대운에 을경합(乙庚合)으로 용신(用神) 재성(財星)을 무력하게 만들어 사망했다.

2. 식신용식상격(食神用食傷格)

일간(日干)이 강하고 비견(比肩)이나 겁재(劫財)가 많으면 식신(食神)이나 상관(傷官)이 용신(用神)이다. 식신(食神)이나 상관(傷官)운은 길하고, 인성(印星)이나 비겁(比劫)운은 흉하다.

庚	甲	丙	甲
午	寅	寅	子

癸	壬	辛	庚	己	戊	丁
酉	申	未	午	巳	辰	卯

이 사주는 갑(甲)일 인(寅)월에 태어나 월지(月支) 인(寅) 중 병화(丙火)가 월상(月上)에 투간(透干)하여 식신격(食神格)이다. 갑일주(甲日柱)가 인(寅)월에 득령(得令)했고, 년상(年上) 갑목(甲木)이 월일지(月日支)에 인(寅) 건록(建祿)을 얻었는데 년지(年支) 자수(子水)가 생조(生助)하니 신왕(身旺)하다. 병화(丙火)로 유통시키는 용신(用神)을 삼아 한냉한 절기에 조후(調候)를 병용하니 더욱 빼어난 사주가 되었다. 대운이 목화(木火)운으로 흘러 상업으로 흥하다가, 신(辛)대운에 병신합(丙辛合)으로 용신(用神)을 합거(合去)하니 사망했다.

3. 식신용인격(食神用印格)

일간(日干)이 약하고 관살(官殺)이 많으면 인성(印星)이 용신(用

神)이다. 인성(印星)이나 비겁(比劫)운을 만나면 길하고, 재관(財官)운을 만나면 흉하다.

일간(日干)이 약하고 식신(食神)이나 상관(傷官)이 많으면 인성(印星)이 용신(用神)이다. 관성(官星)이나 인성(印星)운을 만나면 길하고, 식신(食神)이나 상관(傷官) 또는 재운을 만나면 흉하다.

일간(日干)이 약하고 관살(官殺)을 도와주는 재성(財星)이 많으면 비견(比肩)이나 겁재(劫財)가 용신(用神)이다. 그러나 비견(比肩)이나 겁재(劫財)가 없으면 인성(印星)이 용신(用神)이다. 인성(印星)이나 비겁(比劫)운을 만나면 발전하고, 상관(傷官)이나 재관(財官)운을 만나면 실패한다.

甲	壬	丙	己		己	庚	辛	壬	癸	甲	乙
辰	戌	寅	酉		未	申	酉	戌	亥	子	丑

이 사주는 임(壬)일 인(寅)월에 태어나 월지(月支) 인(寅) 중 갑목(甲木)이 시상(時上)에 투간(透干)하여 식신격(食神格)이다. 임일주(壬日柱)가 인(寅)월생이라 실령(失令)하였고, 재관(財官)이 득세(得勢)하여 신약(身弱)하니 유금(酉金)이 용신(用神)이다.

임(壬)운부터 기신(忌神) 병화(丙火)를 제압하여 출세했고, 술(戌)대운은 아내궁이 불리하나 용신(用神) 유금(酉金)을 도와 무탈했고, 신유(辛酉)운도 승승장구하였고, 경신(庚申)대운에는 지방은 행장이 되었다

4. 식신용비겁격(食神用比劫格)

일간(日干)이 약하고 재성(財星)이 많으면 비견(比肩)이나 겁재(劫財)가 용신(用神)이다. 인성(印星)이나 비겁(比劫)운을 만나면 만사형통하고, 상관(傷官)이나 재관(財官)운을 만나면 화를 당한다.

```
甲 甲 丙 甲      己 庚 辛 壬 癸 甲 乙
戌 午 寅 辰      未 申 酉 戌 亥 子 丑
```

갑(甲)일 인(寅)월에 태어나 월지(月支) 인(寅) 중 병화(丙火)가 투간(透干)하여 식신격(食神格)이다. 일명 목화통명격(木火通明格) 사주라고도 하는데, 이런 사람은 두뇌가 비상하며 언변이 능하고 인품이 강직하다. 갑(甲)일 인(寅)월에 득령(得令)하고 비겁(比劫)이 득세(得勢)하여 신강(身强)한 것 같으나, 인오술(寅午戌) 화국(火局)을 이루고 월상(月上) 병화(丙火)가 투출(透出)하여 신약(身弱)하다. 비겁(比劫)이 부조(扶助)하는 용신(用神)이고, 진(辰) 중 계수(癸水)가 조후(調候)하는 용신(用神)이다.

을축(乙丑)·갑자(甲子)·계해(癸亥)대운까지 순탄하며 남편이 출세했으나, 술(戌)대운 기축(己丑)년에 갑기합(甲己合)하여 용신(用神) 갑목(甲木)이 무력하고 진술충(辰戌沖)으로 진(辰) 중 계수(癸水)가 파극되어 크게 실패했다. 경신(庚申)·신유(辛酉)운에는 갑경충(甲庚沖)하나 병화(丙火)가 있으니 칠살(七殺)이 두렵지 않고, 조후(調候) 용신(用神) 수(水)를 생조(生助)하여 다시 발재했다. 그러나 기미(己未)대운 임자(壬子)년에 갑기합(甲己合)하고 자오(子午)충으로 왕자충(旺字沖)하니 세상을 떴다.

5. 식신제살격(食神制殺格)

식신격(食神格)인데 칠살(七殺)이 투출(透出)하면 식신(食神)으로 칠살(七殺)을 제하여 일간(日干)을 보호해야 한다. 식신(食神)이 용신(用神)이니 신약(身弱)해도 편인도식(偏印倒食)을 꺼리고, 재성(財星)운을 가장 꺼린다. 식신(食神)으로 재(財)를 도와 재생살(財生殺)하니 칠살(七殺)이 일원(日元)을 공격하기 때문이다.

	丁	乙	辛	己		甲	乙	丙	丁	戊	己	庚
	丑	亥	未	巳		子	丑	寅	卯	辰	巳	午

이 사주는 을(乙)일 미(未)월생이 시상(時上) 정화(丁火)가 투출(透出)했으니 식신격(食神格)이다. 비록 일원(日元)이 신약(身弱)하나 신금(辛金) 칠살(七殺)을 막는 것이 시급하니 정화(丁火) 식신(食神)이 제살(制殺)하는 용신(用神)이다.

정묘(丁卯)·병인(丙寅)대운에 칠살(七殺)을 극제(剋制)하니 부귀를 이루었고, 축(丑)대운에는 용신(用神) 정화(丁火)가 빛을 잃어 목숨이 위태롭다.

6. 식신용관살격(食神用官殺格)

일간(日干)이 강하고 비견(比肩)이나 겁재(劫財)가 많으면 관살(官殺)이 용신(用神)이다. 재성(財星)이나 관살(官殺)운을 만나면 발전하고, 인성(印星)이나 비겁(比劫)운을 만나면 실패한다.

일간(日干)이 강하고 재성(財星)이 많으면 관살(官殺)이 용신(用神)이다. 재성(財星)이나 관살(官殺)운을 만나면 이름을 떨치고, 인성(印星)이나 비겁(比劫)운을 만나면 화를 당한다.

丁	庚	己	丙		丙	乙	甲	癸	壬	辛	庚
酉	午	亥	寅		午	巳	辰	卯	寅	丑	子

이 사주는 경(庚)일 해(亥)월에 태어나 금수(金水) 식신격(食神格)이다. 금수(金水) 식신격(食神格)은 조후(調候)가 시급하니 관살(官殺) 병화(丙火)를 용신(用神)으로 삼고, 인(寅) 중 갑목(甲木) 재성(財星)으로 희신(喜神)을 삼는다.

임인(壬寅)·계묘(癸卯)대운에 승승장구했고, 갑(甲)대운에는 농림부장관까지 지냈다. 그러나 신(申)대운 경신(庚申)·신해(辛亥)운에 희신(喜神)이 갑경충(甲庚沖)하고 수기(水氣)가 득왕하여 퇴직했다.

6. 상관격(傷官格)

1. 상관용재격(傷官用財格)

일간(日干)이 강하고 인수(印綬)가 많으면 재성(財星)이 용신(用神)이다. 식신(食神)이나 상관(傷官) 또는 재성(財星)운을 만나면 만사가 형통하고, 인성(印星)이나 비겁(比劫)운을 만나면 만사가 불통이다.

일간(日干)이 강하고 식신(食神)이나 상관(傷官)이 많으면 재성(財星)이 용신(用神)이다. 재관(財官)운을 만나면 만사가 형통하고, 비겁(比劫)운을 만나면 만사가 불성이다.

일간(日干)이 강하고 관살(官殺)이 많은데 상관(傷官)이 없으면 재성(財星)이 용신(用神)이다. 식신(食神)이나 상관(傷官) 또는 재성(財星)운을 만나면 발복하고, 관살(官殺)운을 만나면 불길하다.

```
己 壬 己 庚        丙 乙 甲 癸 壬 辛 庚
酉 申 卯 午        戌 酉 申 未 午 巳 辰
```

이 사주는 임(壬)일 묘(卯)월에 태어나 상관격(傷官格)이다. 인수(印綬)가 중중하고 신왕(身旺)한데 기토(己土) 정관(正官)이 상관(傷官)에 앉아 극되니 재생관(財生官)으로 기토(己土) 정관(正官)을 보호해야 한다. 재성(財星) 오화(午火)가 용신(用神)이다. 남방

화(火)운에 관직에 올랐다가 갑(甲)운에 관성(官星) 기토(己土)를
합거(合去)하니 퇴직했다.

2. 상관용관격(傷官用官格)

일간(日干)이 강하고 비견(比肩)이나 겁재(劫財)가 많으면 관살
(官殺)이 용신(用神)이다. 재성(財星)이나 칠살(七殺)운을 만나면
발전하고, 인수(印綬)나 비겁(比劫)운을 만나면 실패한다.

일간(日干)이 강하고 재성(財星)이 많으면 관살(官殺)이 용신(用
神)이다. 재성(財星)이나 칠살(七殺)운을 만나면 이름을 떨치고, 인
성(印星)이나 비겁(比劫)운을 만나면 유명무실하다.

| 戊 | 庚 | 辛 | 丁 | | 癸 | 甲 | 乙 | 丙 | 丁 | 戊 | 己 | 庚 |
| 寅 | 申 | 亥 | 巳 | | 卯 | 辰 | 巳 | 午 | 未 | 申 | 酉 | 戌 |

이 사주는 경(庚)일 신(申)월에 태어나 식상격(食傷格)이다. 금수
(金水) 식상격(食傷格)은 관살(官殺)이 용신(用神)이다. 본래 식상
격(食傷格)은 정관(正官)을 꺼리나 조후(調候)가 시급하니 정관(正
官)이 용신(用神)이고, 재성(財星)이 희신(喜神)이 된다. 초년 서방
금(金)운에는 유명무실했으나 남방 화(火)운에 쿠테타를 일으켜
대통령이 된 박정희의 명조이다.

3. 상관용인격(傷官用印格)

일간(日干)이 약하고 식신(食神)이나 상관(傷官)이 많으면 인성(印星)이 용신(用神)이다. 정관(正官)이나 인성(印星)운을 만나면 운이 열리고, 식신(食神)이나 상관(傷官)운을 만나면 운이 막힌다.

일간(日干)이 약하고 관살(官殺)이 많으면 인성(印星)이 용신(用神)이다. 인성(印星)이나 비겁(比劫)운을 만나면 발복하고, 재관(財官)운을 만나면 화를 당한다.

일간(日干)이 약하고 관살(官殺)을 돕는 재성(財星)이 많으면 재성(財星)을 억제하는 비겁(比劫)이 용신(用神)이다. 그러나 비겁(比劫)이 없으면 인성(印星)이 용신(用神)이다. 인성(印星)이나 비겁(比劫)운을 만나면 길하고, 재관(財官)운을 만나면 흉하다.

```
癸 甲 乙 丁        戊 己 庚 辛 壬 癸 甲
酉 午 巳 酉        戌 亥 子 丑 寅 卯 辰
```

이 사주는 갑(甲)일 사(巳)월생이 정화(丁火)가 투출(透出)하니 목화(木火) 상관격(傷官格)이다. 식상관살(食傷官殺)이 왕하여 신약(身弱)한데 화기(火氣)가 왕성하니 물이 필요하다. 계수(癸水)가 억부(抑扶)와 조후(調候)를 병용하는 용신(用神)이다.

임인(壬寅)대운은 정임(丁壬)이 합거(合去)하고 인오(寅午) 회합하여 화기(火氣)가 동하니 불운했으나, 금수(金水)가 희용신(喜用

神)인 신축(辛丑)·경자(庚子)대운에는 부귀가 창성했다.

4. 상관용겁격(傷官用劫格)

일간(日干)이 약하고 재성(財星)이 많으면 비견(比肩)이나 겁재(劫財)운에는 만사가 형통하고, 재관(財官)운에는 만사가 막힌다.

己 戊 辛 癸　　癸 甲 乙 丙 丁 戊 己 庚

未 申 酉 亥　　丑 寅 卯 辰 巳 午 未 申

이 사주는 무(戊)일 유(酉)월에 태어났고, 유(酉) 중 신금(辛金)이 투출(透出)하여 토금(土金) 상관격(傷官格)이다. 식재(食財)가 왕하여 신약(身弱)하니 겁재(劫財)가 일원(日元)을 부조(扶助)하는 용신(用神)이고, 인수(印綬)는 희신(喜神)이다.

기미(己未)·무오(戊午)대운에 관직으로 나가 출세했고, 정사(丁巳)·병진(丙辰)대운에는 부귀를 겸전했다. 그러나 을묘(乙卯)대운부터 용신(用神) 기토(己土)가 파극(破剋)되어 불운할 것이다.

5. 상관용상관격(傷官用傷官格)

일간(日干)이 강하고 재성(財星)이나 관성(官星)이 투출(透出)하면 상관(傷官)이 용신(用神)이다. 식재(食財)운은 길하고, 인수(印

綬)운은 불길하다.


```
戊 壬 乙 癸        戊 己 庚 辛 壬 癸 甲
申 申 卯 亥        申 酉 戌 亥 子 丑 寅
```


이 사주는 임(壬)일 묘(卯)월생으로 을목(乙木)이 투출(透出)하여 상관격(傷官格)이다. 임(壬)일간이 묘(卯)월에 태어나 실령(失令) 했으나, 신금(申金) 장생(長生)에 득지(得地)하고 비겁(比劫)이 중 중하여 득세(得勢)하니 신왕(身旺)하다. 상관(傷官)을 용신(用神) 으로 삼아 기세를 유통시켜야 한다.

계축(癸丑)·임자(壬子)·신해(辛亥)대운은 기세를 쫓아 무난했 으나, 경술(庚戌)대운에 용신(用神)을 을경(乙庚) 합거(合去)하니 사망했다.

■ 진상관(眞傷官)과 가상관(假傷官)

진상관(眞傷官)은 월지(月支)에 상관(傷官)을 놓은 것이고, 가상 관(假傷官)은 월지(月支)에 인성(印星)이나 비겁(比劫)을 놓고 사 주에 있는 상관(傷官)으로 용신(用神)을 삼는 것을 말한다.

신약진상관(身弱眞傷官)은 상관(傷官)을 인수(印綬)로 억제하는 운이 길하고, 식상(食傷)운을 만나면 반드시 패한다. 또 신왕진상관 (眞傷官)은 상관(傷官)이 설기하는 빼어난 수기(秀氣)니 식상(食 傷)운이 길하고, 인수(印綬)운을 만나면 반드시 패한다.

가상관격(假傷官格)도 마찬가지로 신약가상관(身弱假傷官)은 인수(印綬)로 상관(傷官)을 억제하는 것이 마땅하고, 신왕가상관(假傷官)은 인수(印綬)로 상관(傷官)을 극제(剋制)하면 꺼린다.

■ 파료상관(破了傷官)과 상관상진(傷官傷盡)

파료상관(破了傷官)은 상관(傷官)이 손상되었다는 뜻이고, 상관상진(傷官傷盡)은 상관(傷官)의 기운이 쇠해졌다는 뜻이다. 상관(傷官)이 약해졌다는 것에는 둘 다 비슷한 의미가 있지만 사용면에서는 다르다. 상관상진(傷官傷盡)은 상관(傷官)으로 신약(身弱)할 경우 상관(傷官)을 제하고 일주(日柱)를 보호할 때 쓰는 것이고, 파료상관(破了傷官)은 신왕사주에 상관(傷官)이 기세를 설기하는 용신(用神)인데 상관(傷官)을 파괴할 때 쓴다.

상관상진(傷官傷盡)의 사주는 인수(印綬)운에 상관(傷官)을 억제하여 대길하고, 파료상관(破了傷官)의 사주는 인수(印綬)운에 용신(用神) 상관(傷官)을 파극(破剋)하여 대흉하다. 고로 상관상진(傷官傷盡)은 길하고, 파료상관(破了傷官)은 흉하다.

7. 건록격(建祿格) : 월겁격(月劫格)

월지(月支)에 건록(建祿)이 있으면 건록격(建祿格)이다. 건록격(建祿格)은 월령(月令)을 얻어 신왕(身旺)하니 천간(天干)의 배합만 유정하면 부귀하다. 건록격(建祿格)에 관인(官印)이 투출(透出)

하면 귀명이 되고, 식재(食財)가 투출(透出)하면 부명이 된다. 건록격(建祿格)에 재관인(財官印)이 조화를 이루면 부귀를 모두 겸하고, 대운이 흥운으로 가도 기회만 잡으면 성공할 수 있다.

월지(月支) 건록(建祿)은 일간(日干)과 같기 때문에 격국(格局)을 정하지 않는 것이 원칙이나 관살(官殺)이 투출(透出)하면 정관격(正官格)과 칠살격(七殺格)의 취용법과 같고, 재성(財星)이 투출(透出)하면 재격(財格)의 취용법과 같다.

재관(財官)이 투출(透出)하지 않고 신약(身弱)하면 인수(印綬)가 용신(用神)이고, 신강(身强)하면 식상(食傷)이 용신(用神)이다. 정관(正官)이 용신(用神)이면 건록용관격(建祿用官格), 재(財)가 용신(用神)이면 건록용재격(建祿用財格), 인수(印綬)가 용신(用神)이면 건록인수격(建祿印綬格), 식상(食傷)이 용신(用神)이면 건록식상격(建祿食傷格)이다. 격국(格局)과 용신(用神)을 정하면 격국(格局)의 이름만 들어도 사주의 조합과 희기(喜忌)를 가늠할 수 있다.

■ 건록격(建祿格)의 희기(喜忌)

— 사주에 재성(財星)이 많고 신약(身弱)하면 비견(比肩)이나 겁재(劫財)가 용신(用神)이다. 인수(印綬)나 비겁(比劫)운에는 발복하나 재관(財官)운에는 만사가 막힌다.

— 사주에 재성(財星)이 많고 신강(身强)하면 관살(官殺)이 용신(用神)이다. 재관(財官)운을 만나면 발전하나 인수(印綬)나 비겁(比劫)운을 만나면 만사불성이다.

— 사주에 재성(財星)이 많고 신강(身强)한데 관살(官殺)이 없으면 식상(食傷)이 용신(用神)이다. 식상(食傷)이나 재성(財星)운에는 발복하나 인수(印綬)나 비겁(比劫)운에는 크게 실패한다.

— 사주에 관살(官殺)이 많고 신약(身弱)하면 인수(印綬)가 용신(用神)이다. 인수(印綬)나 비겁(比劫)운에는 발복하나 재관(財官)운을 만나면 풍파가 많다.

— 사주에 관살(官殺)이 많고 신강(身强)하면 관살(官殺)이나 재성(財星)이 용신(用神)이다. 재관(財官)운에는 발복하나 인수(印綬)나 비겁(比劫)운에는 흉하다.

— 사주에 식상(食傷)이 많고 신약(身弱)하면 인수(印綬)가 용신(用神)이다. 인수(印綬)나 비겁(比劫)운을 만나면 발전하나 식재(食財)운을 만나면 불리하다.

— 사주에 식상(食傷)이 많고 신강(身强)하면 재성(財星)이 용신(用神)이다. 식상(食傷)이나 재성(財星)운을 만나면 발복하나 인수(印綬)나 비겁(比劫)운을 만나면 파란이 많다.

— 사주에 비겁(比劫)이 많으면 관살(官殺)이 용신(用神)이다. 재관(財官)운을 만나면 발복하나 인수(印綬)나 비겁(比劫)운을 만나면 대흉하다.

— 사주에 인수(印綬)가 많으면 재성(財星)이 용신(用神)이다. 식상(食傷)이나 재성(財星)운을 만나면 만사형통하나 인수(印綬)나 비겁(比劫)운을 만나면 만사불성이다.

1. 건록용관격(建祿用官格)

```
丁 乙 己 庚    丁 丙 乙 甲 癸 壬 辛 庚
丑 卯 卯 寅    亥 戌 酉 申 未 午 巳 辰
```

이 사주는 을(乙)일 묘(卯)월에 태어나 건록격(建祿格)이다. 일지 (日支)에서 건록(建祿)을 얻어 신강(身强)하니 정관(正官)이 용신 (用神)이다. 시지(時支) 정화(丁火)는 정관(正官)을 극하는 기신 (忌神)인데 임(壬)대운에 정임합(丁壬合)으로 기신(忌神)을 제거하 니 명예와 부가 창창했다.

오(午)대운에는 기신(忌神)이 득록(得祿)하여 상을 당하는 아픔을 겪었고, 갑(甲)운은 갑경충(甲庚沖)하여 용신(用神)을 파극(破剋) 하고 기신(忌神) 정화(丁火)를 도와주니 재물실패가 많았다. 그러 나 을유(乙酉)대운은 용신(用神)을 을경(乙庚) 합거(合去)했으나 금국(金局)으로 합화(合化)하여 해가 없었다. 병(丙)대운 갑오(甲 午)세운에 목화(木火) 기신(忌神)이 득세(得勢)하여 경금(庚金) 용 신(用神)이 파극(破剋)되니 세상을 하직하고 말았다.

2. 건록용재격(建祿用財格)

```
丙 己 甲 丙    辛 庚 己 戊 丁 丙 乙
寅 亥 午 辰    丑 子 亥 戌 酉 申 未
```

이 사주는 기(己)일 오(午)월에 태어나 건록격(建祿格)이다. 월지(月支)에 득령(得令)하고 인수(印綬)·비겁(比劫)이 득세(得勢)하여 신왕(身旺)하니 해(亥) 중 임(壬) 재성(財星)이 용신(用神)이다. 초년 신유(申酉)대운은 용신(用神) 해수(亥水)를 생조(生助)하여 길했고, 술(戌)운은 인오술(寅午戌) 화국(火局)을 이루어 수기(水氣)가 마르니 패가망신했다. 기해(己亥)대운부터 북방 수(水)운으로 향하니 상업의 기반을 닦아, 경자(庚子)·신축(辛丑)대운에는 재물이 풍족했다.

3. 건록재관격(建祿財官格)

丁	庚	甲	乙		丁	戊	己	庚	辛	壬	癸
亥	申	申	酉		丑	寅	卯	辰	巳	午	未

경(庚)일 신(申)월에 태어나 건록격(建祿格)이다. 신유(申酉) 비겁(比劫)이 득세(得勢)하여 신왕(身旺)하고, 재관(財官)이 투출(透出)하여 용신(用神)으로 삼으니 건록재관격(建祿財官格)이다.

신왕(身旺)하고 재관(財官)이 투출(透出)하면 부귀를 모두 이루는 상팔자가 된다. 대운이 목화(木火) 용신(用神)운으로 흘러 명예와 재물이 풍족했고, 자손들도 입신양명했다. 축(丑)대운은 정화(丁火)가 빛을 잃고 목기(木氣)가 절지(絶地)에 드니 세상을 하직했다.

8. 양인격(羊刃格) : 월인격(月刃格)

음일간(陰日干)은 양인(羊刃)으로 보지 않고, 양간(陽干)의 월지 (月支) 겁재(劫財)가 양인(羊刃)이다. 양인격(羊刃格)이 너무 강할 때는 관살(官殺)을 용신(用神)으로 삼으면 최상격 사주가 된다. 양 인(羊刃)은 일원(日元)을 너무 강하게 만들어 칠살(七殺)의 극제 (剋制)를 두려워하지 않는다.

양인(羊刃)을 양인살(羊刃殺)이라고도 하는데, 양인(羊刃)을 얻고 인수(印綬)가 중하면 일원(日元)이 더 강해져 중화를 잃을 때 살로 작용하여 흉한 일이 생긴다. 양인(羊刃)이 흉살로 작용할 때 일지 (日支)에 있으면 배우자와 불화하고, 시지(時支)에 있으면 자식이 무정하다. 그러나 칠살격(七殺格)에 양인(羊刃)이 있으면 살인상정 (殺印相停)이라 하여, 칠살(七殺)의 극제(剋制)를 감당한다. 이처럼 양인(羊刃)의 희기(喜忌)도 사주의 배합에 따라 달라진다.

■ 양인격(羊刃格)의 희기(喜忌)

— 사주에 인수(印綬)나 비겁(比劫)이 많아 신강(身强)하면 관살 (官殺)이 용신(用神)이다. 재관(財官)운을 만나면 발전하나 인 수(印綬)나 비겁(比劫)운을 만나면 크게 흉하다.

— 사주에 재성(財星)이 많고 신약(身弱)하면 비겁(比劫)이 용신 (用神)이다. 인수(印綬)나 비겁(比劫)운은 길하나 재관운(財官 運)은 흉하다.

— 사주에 식상(食傷)이 많고 신약(身弱)하면 인수(印綬)가 용신
  (用神)이다. 인수(印綬)나 비겁(比劫)운은 길하나 재관(財官)운
  은 흉하다.

— 사주에 관살(官殺)이 많아 신약(身弱)하면 인수(印綬)가 용신
  (用神)이다. 인수(印綬)나 비겁(比劫)운에 발전하나 재관운(財
  官運)에는 크게 실패한다.

— 사주에 관살(官殺)이 있는데 신강(身强)하면 재성(財星)이 용신
  (用神)이다. 재관(財官)운은 길하나 식상(食傷)이나 인수(印綬)
  나 비겁(比劫)운은 흉하다.

— 사주에 식상(食傷)이 있고 신강(身强)하면 재성(財星)이 용신
  (用神)이다. 식재(食財)운은 길하나 인수(印綬)운은 대흉하다.

— 사주에 재성(財星)이 있고 신강(身强)하면 식상(食傷)이 용신
  (用神)이다. 식상(食傷)이나 재성(財星) 또는 관살(官殺)운은 길
  하나 인수(印綬)나 비겁(比劫)운은 흉하다.

1. 양인용살격(羊刃用殺格)

庚 甲 乙 戊   壬 辛 庚 己 戊 丁 丙
午 戌 卯 戌   戌 酉 申 未 午 巳 辰

이 사주는 갑(甲)일 묘(卯)월에 태어나 양인격(羊刃格)이다. 일주
(日柱)가 신왕(身旺)하고 시상(時上) 경금이 투출(透出)하여 용신

(用神)으로 삼으니 양인용살격(羊刃用殺格)이다. 칠살(七殺)이 약하니 재성(財星)을 일주(日柱)를 돕는 희신(喜神)으로 삼으려고 하나, 술토(戌土)가 묘술합(卯戌合)하여 화국(火局)으로 변하니 오히려 재극살(財剋殺)하여 도움이 되지 않는다. 재(財)가 유정했다면 고관대작이 되었을 것이나, 조토(燥土)라 생금(生金)하지 못하여 큰 명예는 없었다.

정사(丁巳)·무오(戊午)·기미(己未)대운까지 30년간은 화(火)가 득왕(得旺)하여 관재(官災)가 끊이지 않다가, 경신(庚申)운부터 상업이 순순하여 안락하게 살았다.

2. 양인용재격(羊刃用財格)

庚	甲	丁	甲		甲	癸	壬	辛	庚	己	戊
午	辰	卯	寅		戌	酉	申	未	午	巳	辰

갑(甲)일 묘(卯)월에 태어나 양인격(羊刃格)이다. 비겁(比劫)이 중중하여 신왕(身旺)하니 칠살(七殺)이 용신(用神)이나, 정화(丁火)가 투출(透出)하여 칠살(七殺)을 파극(破剋)하니 재생살(財生殺)해야 한다. 시상(時上) 경금(庚金)이 약하나 일지(日支) 진토(辰土)의 생조(生助)를 받아 아내의 내조가 좋다.

경오(庚午)·신미(辛未)운에 군부에서 이름을 얻었고, 임신계유(壬申癸酉)운에는 기신(忌神) 정화(丁火)를 제거하고 경금(庚金)이 득왕(得旺)하여 부귀가 창창했다. 그러나 갑술(甲戌)대운은 진술충 (辰戌沖)하여 경금(庚金)이 흔들리고 오술합화(午戌合火)하여 경금(庚金)을 위협하니 불길할 것이다.

3. 양인용겁격(羊刃用劫格)

```
壬 丙 庚 己        癸 甲 乙 丙 丁 戊 己
辰 子 午 亥        亥 子 丑 寅 卯 辰 巳
```

이 사주는 병(丙)일 오(午)월에 태어나 양인격(羊刃格)이다. 득령 (得令)했으나 칠살(七殺)이 득세(得勢)하여 신약(身弱)하니, 겁재 (劫財) 오화(午火)가 용신(用神)이고 목(木)은 희신(喜神)이다.

무진(戊辰)·기사(己巳)대운은 칠살(七殺)를 극하여 무고했다. 정 묘(丁卯)·병인(丙寅)대운은 목화(木火)가 왕성하니 권력 관(官)이 고, 축(丑)대운은 오화(午火)가 약해져 퇴임했다. 그러다 자(子)대 운에 자오충(子午沖)으로 용신(用神)이 파극(破剋)되어 급사했다.

4. 양인용인격(羊刃用印格)

```
甲 戊 庚 己        癸 甲 乙 丙 丁 戊 己
寅 午 午 亥        亥 子 丑 寅 卯 辰 巳
```

무(戊)일 오(午)월에 태어나 양인격(羊刃格)이다. 일주(日柱)가 신왕(身旺)한데 인오(寅午)가 회합하여 칠살(七殺) 갑목(甲木)의 뿌리가 약해졌다. 경금(庚金)이 투출(透出)하여 칠살(七殺)을 극하니 인수(印綬)가 식신(食神)을 제거하는 용신(用神)이다.

기사(己巳)・무진(戊辰)대운은 칠살(七殺)이 약하여 한미한 가정에서 고학하였고, 정묘(丁卯)・병인(丙寅)대운에는 기신(忌神)인 식상(食傷) 경금(庚金)을 제거하고 칠살(七殺)이 힘을 얻으니 관직으로 나가 출세했다.

5. 양인용식상격(羊刃用食傷格)

```
癸 壬 庚 丙      丁 丙 乙 甲 癸 壬 辛
卯 寅 子 申      未 午 巳 辰 卯 寅 丑
```

이 사주는 임(壬)일 자(子)월에 태어나 양인격(羊刃格)이다. 인비(印比)가 득세(得勢)하여 신왕(身旺)하니 식상(食傷)이 설기(泄氣)하는 용신(用神)이다. 한절이라 조후(調候) 용신(用神)으로 병화(丙火)를 병용하니 목화(木火)가 길신이다.

초년 신축(辛丑)대운은 병신합(丙辛合)하여 병화(丙火)를 제거하니 아버지가 돌아가셨고, 임인(壬寅)・계묘(癸卯)대운은 식상(食傷)이 득세(得勢)하여 금융계로 나갔고, 갑(甲)대운은 식상(食傷) 용신(用神)이 투출(透出)하여 부귀가 창창했다. 을사(乙巳)・병오

(丙午)·정미(丁未)대운까지 목화(木火)가 희용신(喜用神)운이라 30년간 승승장구했다.

9. 외격(外格)

종격(從格)·화격(化格)·일행득기격(一行得氣格)·양신성상격(兩神成象格)은 특별한 원칙에 의하므로 외격(外格)이라 한다. 종격(從格)은 어느 한 오행이 특별히 강왕하거나, 전체를 독점하기 때문에 그 기세를 쫓아가는 격국(格局)을 말한다. 원해 강한 것은 눌러주고 약한 것은 생부(生扶)해주는 것이 사주의 원칙이지만, 너무 강한 것을 극제(剋制)하면 오히려 화를 부를 수 있다. 이것을 『적천수(滴天髓)』에서는 순역(順逆)과 강유(剛柔)의 원리로 설명했다. 무릇 강약·왕세·순역에 순응하는 것이 현실적인 물리요 역학의 원리이다. 종격(從格)은 일간(日干)을 중심으로 신강(身强)이나 신약(身弱)을 따지지 않고 사주의 대부분을 차지하는 육신의 기세에 따라 용신(用神)을 정하고, 그것을 거스르는 것이 있으면 역신(逆神) 또는 기신(忌神)이 된다.

1. 종왕격(從旺格)

종왕격(從旺格)은 건록월겁격(建祿月劫格)에 비겁(比劫)이나 인성(印星)이 득세(得勢)하여 거스르는 기운이 무력하면 성립된다. 보통은 격의 구분없이 인수(印綬) 태강하면 종강격(從强格)이고, 비겁(比劫) 태과하면 종왕격(從旺格)이다. 종왕격(從旺格)은 재관(財官)이 있으면 파격되고, 인수(印綬)나 비겁(比劫)이 희용신(喜用神)이다. 따라서 비겁(比劫)이나 인성(印星)운으로 가면 길하고, 재관(財官)운으로 역행하면 대흉하다.

$$
\begin{array}{cccc} 乙 & 甲 & 乙 & 癸 \\ 亥 & 寅 & 卯 & 卯 \end{array}
\qquad
\begin{array}{cccccc} 戊 & 己 & 庚 & 辛 & 壬 & 癸 & 甲 \\ 申 & 酉 & 戌 & 亥 & 子 & 丑 & 寅 \end{array}
$$

이 사주는 갑(甲)일 묘(卯)월에 태어나 득령(得令)했고, 월시상(月時上)에 을목(乙木), 년지(年支) 묘(卯) 을목(乙木), 일지(日支) 인(寅) 갑목(甲木) 비겁(比劫)으로 되어 있다. 또 년상(年上)에 계수(癸水), 시지(時支) 해(亥)에 임수(壬水) 인성(印星)이 있으니 종왕격(從旺格)이다.

초년 갑인(甲寅)운에 부잣집에서 태어나 성장하여 계축(癸丑)운에는 고시에 합격했다. 축(丑)은 토(土)이나 북방의 습토이므로 수(水)로 취급한다. 임자(壬子)·신해(辛亥) 운에 대귀했는데, 신해(辛亥)운은 신금(辛金) 목기(木氣)와 상극이나 금생수(金生水)하여 금(金)이 수(水)로 변하여 무사했던 것이고, 경술(庚戌)운은 금(金)과 토(土)가 목(木)과 상극되어 파직당하고 사망했다.

甲 丙 甲 丙	辛 庚 己 戊 丁 丙 乙
午 午 午 午	丑 子 亥 戌 酉 申 未

이 사주는 병(丙)일 오(午)월에 태어나 득령(得令)했고, 년상(年上) 병화(丙火)와 지지(地支)에 4양인(四羊刃)이 득세(得勢)했으니 종왕격(從旺格)이다. 갑오(甲午)·을미(乙未)·병(丙)운까지는 평탄했으나, 신(申)운은 군겁쟁재(群劫爭財)가 되어 병으로 고생했다. 정(丁)·무술(戊戌)·기해(己亥)운에는 벼슬길에 올라 부귀했으나, 경자(庚子)대운에는 자오(子午) 상충(相沖)하여 왕지(旺地)를 거스르니 사망했다.

2. 종강격(從强格)

종강격(從强格)은 종왕격(從旺格)과 취용이 비슷하나 월령(月令)에서 인수(印綬)가 득령(得令)하면 종강격(從强格)이라고 한다. 재관(財官)이 있으면 파격되어 인수(印綬)나 비겁(比劫)운이 길하나, 식상(食傷)이나 재관(財官)운은 흉하다.

己 己 丁 戊	甲 癸 壬 辛 庚 己 戊
巳 巳 巳 午	子 亥 戌 酉 申 未 午

이 사주는 기(己)일 사(巳)월에 태어났고 인비(印比)가 득세(得

勢)하여 종강격(從强格)이다. 초년 무오(戊午)·기미(己未)대운은 평탄했으나 사(巳) 중 경금(庚金) 상관(傷官)이 암장(暗藏)되었는데 화(火)의 기세에 눌리니 총명함이 떨어져 학업에 큰 진전은 없었다. 경신(庚申)·신유(辛酉)대운은 무난하나 임술(壬戌)대운은 반흉반길하고, 계해(癸亥)대운은 사해충(巳亥沖)으로 파란을 암시하고, 갑자(甲子)대운은 자오충(子午沖)하고 기신(忌神)이 왕하니 수명이 위태롭다.

壬	甲	壬	壬		己	戊	丁	丙	乙	甲	癸
申	子	寅	子		酉	申	未	午	巳	辰	卯

이 사주는 갑(甲)일 인(寅)월에 태어나 종왕격(從旺格)인 것 같으나 인수(印綬)가 득세(得勢)하니 종강격(從强格)이다. 시지(時支) 신금(申金)은 병이나 신자합수(申子合水)로 변하니 무해하다.

초운 계묘(癸卯)·갑진(甲辰)운은 사랑을 받으며 귀하게 자랐으나, 을사(乙巳)운은 수기(水氣)를 거슬러 부모가 모두 돌아가고, 병오(丙午)운에는 수화(水火)가 싸우니 가산을 탕진하고 죽었다.

3. 종재격(從財格)

丙	壬	戊	戊		辛	壬	癸	甲	乙	丙	丁
午	寅	午	午		亥	子	丑	寅	卯	辰	巳

이 사주는 임(壬)일생이 뿌리가 없고 인오(寅午) 화국(火局)으로 재성(財星)이 되었으니 기명종재격(棄命從財格)이다. 목화(木火)운에는 부귀했으나, 자(子)운에는 용신(用神) 오화(午火)를 충극(沖剋)하니 세상을 떠났다.

	庚	丁	庚	戊		丁	丙	乙	甲	癸	壬	辛
	戌	酉	申	申		卯	寅	丑	子	亥	戌	酉

본명은 정(丁)일생이 금왕절(金旺節)에 태어나 생기가 한 점도 없고, 신유술(申酉戌)이 금국(金局)을 이루고, 무토(戊土)가 설기(泄氣)하니 재성(財星)을 감당할 수 없어 종재격(從財格)이 되었다.

금토(金土)운이 길하고, 수(水)운은 왕한 금(金)이 설기(泄氣)하여 길하다. 그러나 비겁(比劫)인 화(火)운을 만나면 역세(逆勢)하여 대흉하다.

	乙	壬	庚	丙		丁	丙	乙	甲	癸	壬	辛
	巳	午	寅	寅		酉	申	未	午	巳	辰	卯

이 사주는 임(壬)일생이 무근(無根)하고, 인오합화(寅午合火)하여 식신(食神)이 재성(財星)이 되고, 목화(木火)가 득세(得勢)하니 기명종재격(棄命從財格)이다. 경금(庚金) 인성(印星)이 병(病)인데 병화(丙火)가 극하니 무력해져 귀명이 되었다. 갑오(甲午)대운에

고시에 합격하여 차관까지 올랐다. 그러나 신(申)운이 인신충(寅申沖)하여 기세를 거스르니 대흉할 것이다.

4. 종살격(從殺格)

乙	乙	辛	戊
丑	酉	酉	辰

甲	乙	丙	丁	戊	己	庚
寅	卯	辰	巳	午	未	申

이 사주는 을(乙)일생이 유금(酉金) 왕절(旺節)에 태어나 토금(土金)이 강하고, 을목(乙木)이 진(辰)에 유근(有根)이나 진유합(辰酉合)으로 금국(金局)이 되니 강한 칠살(七殺)을 따라야 한다. 초년 경신(庚申)·기미(己未)대운은 토금(土金)을 쫓아 길하나, 이후 대운에는 목화(木火)로 역행하니 대흉할 것이다.

甲	壬	丙	戊
辰	辰	辰	辰

壬	辛	庚	己	戊	丁
戌	酉	申	未	午	巳

이 사주는 임(壬)일 진(辰)월에 태어났고 무토(戊土)가 투출(透出)하여 칠살격(七殺格)이다. 갑목(甲木) 식신(食神)으로 칠살(七殺)을 극제(剋制)해야 마땅하나, 태산같은 무토(戊土)를 어찌 상대할 수 있겠는가. 갑목(甲木) 식신(食神)이 오히려 병이 된다. 관살(官殺)이 너무 강하니 자신의 명을 버리고 화토(火土)를 쫓아 종살

격(從殺格)이 된다.

기미(己未)운에는 군인으로 출신하였고, 경신(庚申)운에는 진관(進官)하여 부귀했다. 갑기합(甲己合)·갑경충(甲庚沖)으로 갑목(甲木) 병신(病神)을 제거했기 때문이다.

```
甲 辛 丁 丁      庚 辛 壬 癸 甲 乙 丙
午 巳 未 未      子 丑 寅 卯 辰 巳 午
```

사오미(巳午未)가 방국(方局)을 이루고, 목화(木火)가 득세(得勢)하여 신금(辛金)이 의지할 곳이 없어 종살격(從殺格)이다. 재관(財官)운은 길하나 칠살(七殺)을 거스르는 식상(食傷)운은 대흉하다.

5. 종아격(從兒格)

종아격(從兒格)은 일주(日柱)가 매우 약하고, 인성(印星)이나 관성(官星)이 없고, 사주 전체에 식상(食傷)이 무리를 이루면 성립된다. 종아격(從兒格)은 식상(食傷)이 용신(用神)이니 식상(食傷)이나 재성(財星)운을 만나면 대길하고, 관살(官殺)이나 인성(印星)운을 만나면 대흉하다.

```
癸 辛 壬 壬      戊 丁 丙 乙 甲 癸
亥 酉 子 子      午 巳 辰 卯 寅 丑
```

이 사주는 신(辛)일 자(子)월생이 수(水)가 태왕(太旺)하여 신약(身弱)하니 유금(酉金)이 생조(生助)하는 용신(用神)이나, 사주가 수왕(水旺)하니 기세를 쫓아 종아격(從兒格)이 된다. 따라서 유금(酉金)은 오히려 병(病)이 된다.

초년 계축(癸丑)운은 수(水)가 성하여 부잣집에서 태어나 성장했고, 갑(甲)운에는 왕한 수(水)를 설기(泄氣)하니 일찍 발신했다. 을묘(乙卯)운도 병신(病神) 유금(酉金)을 상충(相沖)하여 영달했다. 그러나 병진(丙辰)대운 무술(戊戌)년에 병임(丙壬)이 상충(相沖)하고 토극수(土剋水)하여 기를 거스르니 세상을 떠났다.

| 丙 | 甲 | 辛 | 戊 | | 甲 | 乙 | 丙 | 丁 | 戊 | 己 | 庚 |
| 寅 | 戌 | 酉 | 午 | | 寅 | 卯 | 辰 | 巳 | 午 | 未 | 申 |

이 사주는 갑(甲)일 유(酉)월에 태어나고, 시지(時支)에 인(寅) 건록(建祿)을 얻었으나 인오술(寅午戌) 화국(火局)을 이루고 병화(丙火)가 투출(透出)하니 강한 기세를 쫓아 종아격(從兒格)이 되었다. 신금(辛金)은 병신합(丙辛合)으로 제거할 수 있으나, 유금(酉金)은 병(炳)이 된다. 종아격(從兒格)은 식상(食傷)이 용신(用神)이니 어린아이처럼 귀엽고 인정이 많고, 종아격(從兒格)은 인수(印綬)가 식상(食傷)을 극하는 기신(忌神)이니 부모의 간섭을 매우 싫어한다. 운은 목화(木火)운이 길하고 금수(金水)운은 꺼린다.

초년 경신(庚申)대운은 금(金)운으로 흉하여 어릴 때 사고로 이마에 흉터가 생겼다. 기미(己未)·술(戌) 대운은 무난했고, 오(午)대운은 사주의 병인 유금(酉金)을 제거하니 재물운이 따랐고, 정(丁)대운은 신금(辛金)을 극제(剋制)하니 대길했고, 사(巳)대운은 사유합(巳酉合)하여 금(金)을 도우니 반흉반길(半凶半吉)하였다.

종아격(從兒格)은 관성(官星)이 병(病)이니 학업이 중단되고 초혼이 불길하다. 직장생활보다는 전문기술직이나 개인사업이 좋다. 정사(丁巳)대운 무자(戊子)·기축(己丑)년에 인연을 만나 행복한 가정을 꾸릴 것이다.

6. 가종격(假從格)

가종격(假從格)은 종하는 세력을 거스르는 기운이 있지만 매우 약하여 결국 종격(從格)이 되는 것이다.

乙	壬	己	戊		丙	乙	甲	癸	壬	辛	庚
巳	午	未	戌		寅	丑	子	亥	戌	酉	申

이 사주는 임(壬)일 미(未)월에 태어났고 칠살(七殺)이 득세(得勢)하여 종살격(從殺格)인데, 칠살(七殺)을 거스르는 을목(乙木) 식신(食神)이 있으니 가종살격(假從殺格)이다. 다행히 사오미(巳午未)가 화국(火局)을 이루어 을목(乙木)의 뿌리가 무력하니 귀명이 되었다.

경신(庚申)·신유(辛酉)대운은 병(病)인 식신(食神) 을목(乙木)을 제거하니 부귀한 집안에서 태어나 성장했고, 임(壬)운에는 가정에 사소한 액이 있었다. 술(戌)운은 화토(火土)가 왕하고 술미형(戌未刑)으로 을목(乙木)의 뿌리가 제거되니 명리와 재물이 창창했다. 계해(癸亥)운에는 을목(乙木) 기신(忌神)이 힘을 얻어 목극토(木剋土)하니 사망했다.

7. 가종재격(假從財格)

| 庚 | 壬 | 壬 | 乙 | | 丙 | 丁 | 戊 | 己 | 庚 | 辛 |
| 戌 | 寅 | 午 | 巳 | | 子 | 丑 | 寅 | 卯 | 辰 | 巳 |

이 사주는 임(壬)일 오(午)월에 태어나 인오술(寅午戌)이 화국(火局)을 이루고, 재성(財星)이 매우 강하나 임수(壬水)가 무근(無根)이라 종재격(從財格)이다. 그러나 재성(財星)을 거스르는 임수(壬水)가 투출(透出)하여 가종재격(假從財格)이다. 경금(庚金)이 시상(時上)에 투출(透出)하여 인수(印綬) 용신(用神)으로 생각하기 쉬우나, 인오술(寅午戌) 화국(火局)으로 뿌리가 손상되어 경금(庚金)이 의지할 수 없고 오히려 병(病)이 된다.

초년 신(辛)대운에는 기신(忌神) 임수(壬水)를 도와주니 단명했다. 가종격(假從格)은 병(病)이 되는 운을 만나면 대흉을 피할 길이 없다.

辛　丁　乙　乙　　　壬　辛　庚　己　戊　丁　丙
丑　丑　酉　巳　　　辰　卯　寅　丑　子　亥　戌

　이 사주는 정(丁)일생이 유(酉)월 금왕절(金旺節)에 태어나 사유축(巳酉丑) 금국(金局)을 이루고, 신금(辛金)이 투출(透出)하여 관살(官殺)이 너무 강하니 종재격(從財格)이다. 그러나 을목(乙木) 인수(印綬)가 투출(透出)하여 진종(眞從)이 아니라 가종재격(假從財格)이 되었다.

　해자(亥子)운은 왕신(旺神)이 설기(洩氣)되어 길하고, 축(丑)운은 왕신(旺神)이 입묘(入墓)되어 토다금침(土多金沈)하니 남편과 사별하고, 경신(庚辛)운은 좋으나 인묘(寅卯)운은 병신(病神)이 득록(得祿)하여 흉할 것이다.

8. 화격(化格) : 종화격(從化格)

　화격(化格)에는 화토격(化土格)·화금격(化金格)·화수격(化水格)·화목격(化木格)·화수격(化水格)이 있다. 화격(化格)은 종격(從格)과 용신(用神)을 취하는 방법이 비슷하며, 변한 오행을 거스르는 운이 가장 흉하다. 화격(化格)도 파격이 되면 가화격(假化格)이라 하고, 격국(格局)의 고저는 대운에 따라 달라진다. 가화격(假化格)도 운에서 병(病)을 제거하면 대길하고 격국(格局)도 같이 올라간다.

1) 화토격(化土格)

갑(甲)일 기(己)일생이 천간(天干)에 갑기합(甲己合)을 이루고 지지(地支)에 토(土)가 득세(得勢)하면 화토격(化土格)이다. 그러나 합하여 변하는 오행을 거스르는 오행이 또 있으면 파격(破格)이 된다. 화토금(火土金)으로 가면 길하고, 목(木)운으로 가면 흉하다.

己 甲 戊 己　　　辛 壬 癸 甲 乙 丙 丁
巳 戌 辰 丑　　　酉 戌 亥 子 丑 寅 卯

이 사주는 갑(甲)일생이 토(土) 일색인데, 천간(天干)에 양기토(兩己土)가 있으나 년상(年上) 기토(己土)는 멀리 있으니 무정하다. 시상(時上) 기토(己土)와 갑기합토(甲己合土)로 종화(從化)되니 화토(火土)운은 길하나, 경(庚)운은 합하는 갑목(甲木)을 충하여 격을 깨트리니 사망했다.

갑기합화(甲己合化)하면 갑목(甲木)이 토(土)로 변하여 갑경충(甲庚沖)이 없는 것 같다. 그러나 갑목(甲木)을 충하면 갑기합(甲己合)이 방해되어 화격(化格)이 깨진다. 선후기법을 잘 알아야 실수하지 않는다.

己 甲 辛 戊　　　甲 乙 丙 丁 戊 己 庚
巳 戌 酉 申　　　寅 卯 辰 巳 午 未 申

이 사주는 갑(甲)일생이 유(酉)월에 태어나 신유술(申酉戌) 금국(金局)을 이루어 갑목(甲木)이 매우 약하다. 일주(日柱)가 뿌리가 없으니 종살격(從殺格)으로 보이나 갑기합(甲己合)하여 술사화토(戌巳火土)를 따라 종화격(從化格)이다. 만약 종살격(從殺格)이라면 경신(庚申)운에 길했을텐데 경신(庚申)대운 신사(辛巳)운에 사망한 것으로 보아 화토격(化土格)이 분명하다. 경신(庚申)운에 갑경충(甲庚沖)으로 갑기합(甲己合)을 방해하니 화격(化格)이 깨져 사망한 것이다. 이런 경우에 오류가 많이 생기는데 전자의 사주를 참조하면 이해될 것이다.

甲 己 丙 戊　　　癸 壬 辛 庚 己 戊 丁
戌 丑 辰 辰　　　亥 戌 酉 申 未 午 巳

이 사주는 기(己)일 진(辰)월생이 토(土)가 많으니, 이를 극하는 토(土)가 병신(病神)인 것 같으나 갑기합화(甲己合化)하여 토(土)를 따르니 화토격(化土格)이다. 화토(火土)운이 길하고 경신(庚申)운도 무방하다.

이 사주는 경신(庚申)운에 갑경충(甲庚沖)하여 화격(化格)이 깨지니 무탈했다. 앞 사주가 갑경충(甲庚沖)으로 사망한 것과 대조적이다. 이유는 이미 갑목(甲木)은 토다목침(土多木沈)하여 힘을 잃었으니 화격(化格)이기 전에 종왕격(從旺格)이기 때문이다. 비록 이름은 화격(化格)이지만 종왕격(從旺格)의 관법으로 보아 갑목(甲

木)이 병(病)이니 이를 제거하는 원리로 보는 것이 옳다. 이렇게 같은 충이라도 기법에 따라 길흉이 달라지니 가볍게 접근하면 큰 실수를 범한다.

$$甲己乙戊 \qquad 甲癸壬辛庚己戊丁丙$$
$$戌未丑辰 \qquad 戌酉申未午巳辰卯寅$$

이 사주는 김영삼 전 대통령의 명조이다. 갑기화토격(甲己火土格)으로 앞 사주처럼 경오(庚午)대운에 갑경충(甲庚沖)하여 화격(化格)을 깨트렸지만 큰 문제는 없었다. 종왕격(從旺格)으로 보기 때문이다. 화토금(火土金)운이 길하고 목(木)운은 꺼린다.

임신(壬申)대운에 대통령이 되었는데, 갑목(甲木)이 절지(絶地)에 임하여 병(病)이 무력해졌기 때문이다. 그러나 수(水)운은 반흉하여 IMF로 인해 경제난국으로 이끈 오명을 남겼다.

2) 화금격(化金格)

을(乙)일 경(庚)일생이 을경합(乙庚合)을 이루고 사유축(巳酉丑)·신유술(申酉戌) 금국(金局)을 이루어 금(金)이 강한데, 이를 거스르는 화기(火氣)가 없으면 화금격(化金格)이 된다. 화금격(化金格)은 금(金)이 용신(用神)이다. 토금수(土金水)운이 길하고 화(火)운은 흉하다.

乙 庚 辛 癸　　　　甲 乙 丙 丁 戊 己 庚
酉 申 酉 丑　　　　寅 卯 辰 巳 午 未 申

　이 사주는 경금(庚金)이 금왕절(金旺節)에 태어나고 신왕(身旺)하여 설기(泄氣)하는 식신(食神)이 용신(用神)이라고 생각할 수 있다. 그러나 하나 있는 계수(癸水)가 탁하니 용신(用神)이 되지 못하고, 을경(乙庚)이 합하여 종화격(從化格)이 된다. 토금수(土金水)운은 길하고 화(火)운은 흉하다.

庚 乙 乙 庚　　　　戊 己 庚 辛 壬 癸 甲
辰 丑 酉 辰　　　　寅 卯 辰 巳 午 未 申

　이 사주는 을경합금(乙庚合金)하고 진유사유축합(辰酉巳酉丑合) 금국(金局)을 놓아 화금격(化金格)이다. 토금수(土金水)운은 길하고 화(火)운은 흉하다.

3) 화수격(化水格)

　병(丙)일 신(辛)일생이 병신합(丙辛合)하고, 해자축(亥子丑)·신자진(申子辰) 수국(水局)이 있거나, 수기(水氣)가 득세(得勢)하는데 이를 거스르는 토기(土氣)가 없으면 화수격(化水格)이 된다. 기세에 순응하여 금수목(金水木)운이 길하고, 토(土)운은 흉하다.

辛 丙 辛 丙　　　戊 丁 丙 乙 甲 癸 壬
卯 子 卯 申　　　戌 酉 申 未 午 巳 辰

이 사주는 병(丙)일생이 시상(時上) 신금(辛金)과 병신합(丙辛合)
하고, 년월(年月)이 병신합(丙辛合)하여 사주에 자수(子水)만 있지
만 절묘하게 화수격(化水格)이 된 경우이다. 금수(金水)운은 발달
하고 목화(木火)운은 흉하다.

壬 辛 丙 甲　　　癸 壬 辛 庚 己 戊 丁
辰 酉 子 申　　　未 午 巳 辰 卯 寅 丑

이 사주는 신(辛)일 자(子)월생이 신자진(申子辰) 수국(水局)을
이루고, 유금(酉金)이 생수(生水)하니 병신(丙辛)이 합화(合化)하
여 화수격(化水格)이다. 금수(金水)운은 길하나 토(土)운은 수(水)
를 극하니 불길하다.

丙 辛 壬 甲　　　己 戊 丁 丙 乙 甲 癸
申 酉 申 申　　　卯 寅 丑 子 亥 戌 酉

이 사주는 신(辛)일생이 지지(地支)에 금국(金局)을 이루고, 병신
합(丙辛合)을 하여 화수격(化水格)이다. 만약 종강격(從强格)이면
병화(丙火)가 병인데 화수격(化水格)이니 귀격이 되었다.

금수(金水)운이 길하고 목화(木火)운은 불리하다.

壬	丙	辛	壬	甲	乙	丙	丁	戊	己	庚
辰	申	亥	子	辰	巳	午	未	申	酉	戌

이 사주는 병(丙)일 해(亥)월생이 병신합(丙辛合)하여 수기(水氣)가 득세(得勢)하니 화수격(化水格)이다. 시지(時支) 진토(辰土)는 신자진(申子辰) 수국(水局)을 이루어 수(水)를 극하지 못하니 병(病)이 아니다. 금수(金水)운은 길하고 화토(火土)운은 흉하다.

4) 화목격(化木格)

정(丁)일생이 천간(天干)에서 임수(壬水)를 만나 정임합목(丁壬合木)하고, 주변에 목(木) 세력이 강하면 화목격(化木格)이 된다. 목(木)을 거스르는 금기(金氣)가 없어야 하고, 수목화(水木火)운은 길하나 금(金)운은 흉하다.

丁	丁	壬	壬	己	戊	丁	丙	乙	木	癸
未	卯	寅	辰	酉	申	未	午	巳	辰	卯

이 사주는 정임합목(丁壬合木)하고, 인묘진(寅卯辰) 방국(方局)을 이루고, 묘미합목(卯未合木)하여 목기(木氣)가 득세(得勢)하니 화목격(化木格)이다. 본래 쟁합(爭合)이나 투합(鬪合)은 합화(合化)

가 방해되어 불가하나 두 쌍이 모두 있어 성립된다. 대운은 수목화(水木火)운이 길하고 토금(土金)운은 불길하다.

$$
\begin{matrix}
丙 & 壬 & 丁 & 甲 \\
午 & 寅 & 卯 & 子
\end{matrix}
\qquad
\begin{matrix}
甲 & 癸 & 壬 & 辛 & 庚 & 己 & 戊 \\
戌 & 酉 & 申 & 未 & 午 & 巳 & 辰
\end{matrix}
$$

이 사주는 임(壬)일 묘(卯)월에 태어나 간지(干支)에 극설(剋洩)이 많다. 약한 임수(壬水)가 왕한 정화(丁火)와 합하여 종화(從化)가 되니 화목격(化木格)이다. 수목화(水木火)운은 길하고 토금(土金)운은 꺼린다. 지지(地支)의 수(水)운은 기세에 순응하니 길하나, 계유(癸酉)대운에 정계충(丁癸沖)으로 정임합(丁壬合)을 방해하여 격을 깨트려 사망했다.

5) 화화격(化火格)

무(戊)일 계(癸)일생이 무계합(戊癸合)을 놓고, 사오미(巳午未)·인오술(寅午戌) 화국(火局)을 놓으면 화화격(化火格)이다. 사주에 화(火)를 거스르는 수(水)가 없어야 격이 좋다. 대운은 목화토(木火土)운이 길하고, 수(水)운으로 가면 풍파가 많다.

$$
\begin{matrix}
戊 & 戊 & 癸 & 丙 \\
午 & 戌 & 巳 & 戌
\end{matrix}
\qquad
\begin{matrix}
丙 & 丁 & 戊 & 己 & 庚 & 辛 & 壬 \\
戌 & 亥 & 子 & 丑 & 寅 & 卯 & 辰
\end{matrix}
$$

이 사주는 무(戊)일 사(巳)월에 태어나고 화기(火氣)가 지나쳐 흉하나, 다행히 월상(月上)에 계수(癸水)가 있어 무계합(戊癸合)으로 화화격(化火格)을 이루었다. 따라서 목화토(木火土)운은 길하고 금수(金水)운은 흉하다.

```
戊 癸 辛 甲      戊 丁 丙 乙 甲 癸 壬
午 亥 未 寅      寅 丑 子 亥 戌 酉 申
```

이 사주는 일지(日支)에 계수(亥水)가 있고, 월간(月干)에 신금(辛金)이 있어 일주(日柱)를 생조(生助)한다. 억부법(抑扶法)으로 간명하기 쉬우나 계수(亥水)가 인해합(寅亥合)으로 목(木)을 동조하니 화화격(化火格)이다.

초년 임신(壬申) 계유(癸酉)대운은 금수(金水)운으로 화기(火氣)를 거슬러 파란이 많았고, 갑술(甲戌) 을해(乙亥)대운부터 부족한 화기(火氣)를 목생화(木生火)하여 도와주니 공명을 얻고 재물도 풍족했다. 그러나 병자(丙子)대운 임자(壬子)년에 화기(火氣)를 상충(相沖)하여 죽었다. 사주를 감명할 때 보통 일간(日干)의 억부(抑扶)를 생각하나, 일간(日干)이 합하면 먼저 오행의 기세를 보아 화격(化格)의 유무를 살펴야 한다.

```
戊 癸 戊 癸      乙 甲 癸 壬 辛 庚 己
午 卯 午 巳      丑 子 亥 戌 酉 申 未
```

이 사주는 계(癸)일 오(午)월 화왕절(火旺節)에 태어나고 양계양무(兩癸兩戊)가 쌍으로 합하여 화화격(化火格)을 이룬다. 수(水)가 하나도 없어 격이 맑으니 위인이 총명하다. 그러나 대운이 금수(金水)로 역행하니 풍파가 많다.

9. 일행득기격(一行得氣格)

일행득기격(一行得氣格)은 한 가지 기운으로만 된 구성된 사주를 말한다. 오행(五行)에 따라 곡직인수격(曲直仁壽格)·염상격(炎上格)·가색격(稼穡格)·종혁격(從革格)·윤하격(潤下格)으로 나눈다. 일행득기격(一行得氣格)은 종왕격(從旺格)의 일종이니 종왕격(從旺格)과 용신을 잡는 방법이 비슷하다. 기세를 쫓아 순응하는 운은 대길하나 역신하면 대흉하다.

1) 인수곡직격(仁壽曲直格)
인수곡직격(仁壽曲直格)의 곡직(曲直)은 굽을 곡, 곧을 직으로 나무가 굽고 곧은 목(木)의 형상과 인수(仁壽)는 어질어서 장수한다는 뜻을 의미한다. 인수곡직격(仁壽曲直格)은 갑을(甲乙)생이 해묘미(亥卯未)·인묘진(寅卯辰) 목국(木局)이 득세(得勢)한 것을 말한다. 목(木)이 용신(用神)이니 금(金)이 있으면 파격(破格)된다. 수목화(水木火)운은 길하고, 금(金)운은 대흉하다.

己 乙 甲 戊　　　辛 庚 己 戊 丁 丙 乙
卯 酉 寅 辰　　　酉 申 未 午 巳 辰 卯

이 사주는 을(乙)일 묘(卯)월생으로 인묘진(寅卯辰) 목국(木局)을 이루고, 갑목(甲木)이 투출(透出)하여 인수곡직격(仁壽曲直格)이다. 일지(日支) 유금(酉金)으로 목기(木氣)를 제압하기에는 너무 약하니 오히려 병(病)이 된다.

초년 을묘(乙卯)·병(丙)대운에는 부잣집에서 태어나 순탄했으나, 진(辰)대운은 진유합(辰酉合)으로 사주의 병(病)을 생조(生助)하니 실패가 많았다. 정(丁)대운에는 상업으로 성공하였고, 사(巳)대운은 사유합(巳酉合)으로 반흉반길했다. 오(午)운은 병(病)인 유금(酉金)을 극제(剋制)하니 재물이 더욱 왕성했고, 미(未)운은 왕목(旺木)이 입묘(入墓)하여 퇴운(退運)으로 접어드는데, 경신(庚申)대운은 왕목(旺木)을 극제(剋制)하니 더 위태롭다.

癸 乙 己 乙　　　壬 癸 甲 乙 丙 丁 戊
未 亥 卯 未　　　申 酉 戌 亥 子 丑 寅

이 사주는 을(乙)일생이 묘(卯)월 왕절(旺節)에 태어나 해묘미(亥卯未) 목국(木局)이 되고, 금기(金氣)가 없으니 곡직진격(曲直眞格)이다. 북방 수(水)운은 부귀하나 서방 금(金)운은 불운하다.

```
癸 乙 丁 乙        己 庚 辛 壬 癸 甲 乙 丙
未 卯 亥 卯        卯 辰 巳 午 未 申 酉 戌
```

을(乙)일 해(亥)월에 태어나 해묘미(亥卯未) 목국(木局)을 이루었
고, 정화(丁火)가 순기(順氣)하여 온수(溫水)로 생목(生木)하고, 간
지(干支)에 금(金)이 하나도 없으니 인수곡직격(仁壽曲直格)이다.
초년은 신유술(申酉戌) 방국(方局)으로 흘러 불운하다.

　일행득기격(一行得氣格)은 인수(印綬)운이 좋다. 그러나 위의 사
주처럼 식상(食傷)이 투출(透出)하여 기세를 유통시키면 인수(印
綬)로 파극(破剋)하는 것을 꺼린다.

```
癸 乙 己 庚        丙 乙 甲 癸 壬 辛 庚
未 亥 卯 戌        戌 酉 申 未 午 巳 辰
```

　이 사주는 을(乙)일 묘(卯)월에 태어나고, 해묘미합(亥卯未合) 목
국(木局)을 이루어 인수곡직격(仁壽曲直格)인데, 시상(時上) 경금
(庚金)이 투출(透出)하여 파격되었다. 초년 경진(庚辰) 신사(辛巳)
대운에 금(金)운이 들어 고난이 심했고, 임오계(壬午癸)운에는 의
식주가 풍족했다. 미(未)운에는 왕목(旺木)이 입묘(入墓)하여 크게
실패하고 신병으로 고생했고, 신(申)운에는 왕목(旺木)을 거슬러
죽었다.

```
甲 甲 乙 己      丁 戊 己 庚 辛 壬 癸 甲
子 寅 亥 卯      卯 辰 巳 午 未 申 酉 戌
```

이 사주는 갑(甲)일 해(亥)월에 태어났고, 해묘인(亥卯寅) 목국
(木局)을 이루어 인수곡직격(仁壽曲直格)이다. 천간(天干)에 기토
(己土)가 무근(無根)하고, 생조(生助)하는 화기(火氣)가 없으니 병
(病)이 된다. 임(壬)운은 왕목(旺木)을 도와 길하고, 신유(申酉)대
운은 계수(亥水)와 자수(子水)가 있어 금생수(金生水)하니 왕목(旺
木)을 파극(破剋)하지 않아 화가 없었다.

그러나 경신(庚辛)대운은 천간(天干)에 수(水)가 없어 왕목(旺木)
을 극제(剋制)하니 관재가 따랐다. 미(未)대운에는 해묘미목(亥卯
未木)으로 변하여 발전했고, 오(午)운에는 큰 재물을 모았다. 그러
나 기(己)운이 들자 기토(己土) 재성(財星)을 두고 천간(天干) 겁
재(劫財)가 쟁투를 벌여 한 순간에 파산하고 자살했다. 원국에 기
토(己土)가 천간(天干)의 병(病)으로 작용한 것이 결국 운에서 드
러난 것이다.

일행득기격(一行得氣格)은 원국의 병(病)을 제거하면 대길하나
병(病)운이 오면 대흉하다. 운이 극단적으로 드러나는 것이 특징이
다. 또한 위의 사주에서 알 수 있듯이 천간(天干)과 지지(地支)에
따라 운의 희기(喜忌)가 극명하게 다르니, 사주의 구조에 따른 변
화를 잘 읽어야 한다.

丙 乙 丁 甲　　　甲 癸 甲 辛 庚 己 戊
子 未 卯 寅　　　戌 酉 申 未 午 巳 辰

이 사주는 을(乙)일 묘(卯)월에 태어나 인묘미(寅卯未) 합국(合局)을 이루었고, 년상(年上) 갑목(甲木)이 투출(透出)하여 태왕한데 사주에 금(金)이 하나도 없으니 인수곡직격(仁壽曲直格)이다. 사주에 왕목(旺木)을 거스르는 병(病)이 없으니 대귀한 명조이다. 경신(庚申) 신(辛)운에는 만사가 불길했고, 오미(午未) 임계(壬癸)운에는 대권을 장악했으나 유(酉)운에 왕목(旺木)을 묘유충(卯酉沖)하여 사망했다.

2) 염상격(炎上格)

염상격(炎上格)은 화기(火氣)가 득세(得勢)하여 사주가 너무 조열하여 화(火)를 따르는 것을 말한다. 염상격(炎上格)은 병정(丙丁)일생이 인오술(寅午戌)·사오미(巳午未) 화국(火局)을 이루는 것인데, 화(火)를 거스르는 수(水)가 없어야 귀격이 된다. 염상격(炎上格)은 화(火)가 용신(用神)이니 목화토(木火土)운은 길하고 수(水)운은 대흉하다.

丁 丁 戊 戊　　　乙 甲 癸 壬 辛 庚 己
巳 未 午 午　　　丑 子 亥 戌 酉 申 未

본명은 정(丁)일 오(午)월생이 사오미(巳午未) 방국(方局)을 이루고, 화(火)가 왕하여 득세(得勢)했는데 수기(水氣)가 없으니 염상격(炎上格)이다. 목화토(木火土)운은 길하고 수(水)운은 흉하다.

기미(己未)·경신(庚申)·신유(辛酉)대운은 부귀한 가정에서 태어나 평탄했으나, 임(壬)대운에는 재산손실이 있었고, 계(癸)대운에는 무계합(戊癸合)하여 왕한 화(火)를 도와주니 평탄했다. 그러나 자(子)대운에 자오충(子午沖)하여 화(火)를 거스르니 칼에 맞아 죽었다.

이 사주는 신왕(身旺)하니 무토(戊土) 식신(食神)을 용신(用神)으로 삼아 내격(內格)으로 판단하기 쉽다. 그러나 원국에 금(金)이 있어야 한다. 그러나 무토(戊土)는 사주의 기세를 유통시키는 희신(喜神)이 틀림없다. 경신(庚申)·신유(辛酉) 재성(財星)운은 대개 흉하지만 원국의 무토(戊土)가 군겁쟁재(群劫爭財)로 막아 흉을 모면했다. 임수(壬水)운도 대개 흉이나 정임합목(丁壬合木)하여 화(火)를 거스르지 않으니 무탈했다. 계수(癸水)운은 이 사주가 염상격(炎上格)임을 알려주는 단서이다. 내격(內格) 상관(傷官) 무토(戊土)를 설기(泄氣)하는 용신(用神)으로 잡았다면 무계합거(戊癸合去)하여 용신기반(用神羈絆)이 되어 매우 불리했을 것이다.

甲	丙	丁	戊		甲	癸	壬	辛	庚	己	戊
午	寅	巳	午		子	亥	戌	酉	申	未	午

이 사주는 병(丙)일 사(巳)월에 태어났고, 인오합화(寅午合化)하고 화(火)가 득세(得勢)한데 수기(水氣)가 하나도 없으니 염상격(炎上格)이다. 초년 무오(戊午)·기미(己未)운에는 부잣집에서 태어나 귀하게 자랐으나, 금수(金水) 서방운에 가정이 몰락하여 곤고하게 지냈다. 해(亥)운에 왕화(旺火)를 사해충(巳亥沖)으로 충극(沖剋)하니 사망했다.

甲 丁 乙 丁　　己 庚 辛 壬 癸 甲
辰 巳 巳 未　　亥 子 丑 寅 卯 辰

이 사주는 정(丁)일 사(巳)월생이 목(木)이 득세하니 염상격(炎上格)이다. 진(辰) 계수(癸水)가 화기(火氣)를 거역하는 병(病)인데, 다행히 투출(透出)하지 않아 염상격(炎上格)이 된 것이다. 목화토(木火土)운은 길하고 금수(金水)운은 꺼린다.

계(癸)대운에 병이 투출(透出)하니 가정적으로 크게 실패했고, 인묘(寅卯)운은 목(木)운이니 무난했고, 신축(辛丑)운은 금(金)운이니 대흉했다. 대운은 오행으로 희기(喜忌)를 나누지만 원국의 구조와 간지(干支)의 합충(合沖)에 따라 달라진다는 것을 명심하라.

甲 丙 乙 丁　　戊 己 庚 辛 壬 癸 甲
午 戌 巳 未　　戌 亥 子 丑 寅 卯 辰

이 사주는 병(丙)일생이 사(巳)월 화왕절(火旺節)에 태어나 사오미(巳午未) 화국(火局)을 이루고, 수(水)가 하나도 없으니 염상격(炎上格)이다. 임인(壬寅) 계묘(癸卯)운에 대발했다. 임계(壬癸)는 수기(水氣)라 꺼리지만 원국에 갑을(甲乙)이 투출(透出)하여 수생목(水生木) 목생화(木生火)하여 화(火)의 기세를 정면으로 충돌하지 않아 무난했다. 신축(辛丑) 경자(庚子)대운에는 목화(木火)를 거스르니 불운했다.

3) 가색격(稼穡格)

가색격(稼穡格)은 곡식을 심고 거둔다는 의미에서 오행으로는 토(土)를 따르는 격을 말한다. 가색격(稼穡格)은 무기(戊己)일생이 진술축미(辰戌丑未)월에 태어나거나 토(土)가 득세(得勢)해야 하고, 목(木)이 있으면 파격(破格)이 된다. 가색격(稼穡格)은 토(土)가 용신(用神)이니 화토금(火土金)운은 길하고 목(木)운은 흉하다.

癸 戊 乙 戊　　壬 辛 庚 己 戊 丁 丙
丑 辰 丑 午　　申 未 午 巳 辰 卯 寅

이 사주는 무(戊)일생이 축(丑)월에 태어나 토(土)가 득세하니 가색격(稼穡格)이다. 월상(月上) 을목(乙木)이 투출(透出)하여 병(病)이 된다. 초년 병인(丙寅) 정(丁)운은 인오합화(寅午合火)하여 화(火)가 생토(生土)하여 길하고, 묘(卯)대운 계미(癸未)운에 기신

(忌神) 을목(乙木)이 묘(卯)에 득록(得祿)하여 사망했다.

조후론(調候論)에 치중하는 사람은 무토(戊土)가 축(丑)월에 태어나 을목(乙木)이 동토(凍土)에 앉아 한냉하니 오화(午火)를 용신(用神)으로 쓸 것이다. 그렇다면 정묘(丁卯) 목화(木火)운에 사망한 것은 어떻게 설명하겠는가?

또한 외격(外格)을 가볍게 보고 내격(內格)에 치중하는 사람은 비겁(比劫)이 매우 강하니 마땅히 정관(正官)을 용신(用神)으로 볼 것이다. 용신(用神) 을목(乙木)이 묘(卯)대운에 득록(得祿)했으니 마땅히 대길해야 하는데 사망한 이유는 어떻게 설명할 것인가.

사주학은 조후(調候)와 억부(抑扶)를 간과하면 안되나 기세의 흐름을 먼저 보아야 한다. 내격(內格)을 볼 때는 왕세강약·한난조습·격국(格局)과 용신(用神)을 병용하며 살펴야 한다. 그러나 종격(從格)·화격(化格)·일행득기격(一行得氣格)·양신성상격(兩神成象格) 등의 외격(外格)은 억부(抑扶)와 조후론(調候論)를 배제하고 오직 왕한 기세로 순응해야 한다.

己 戊 辛 己　　　　甲 乙 丙 丁 戊 己 庚
未 辰 未 未　　　　子 丑 寅 卯 辰 巳 午

이 사주는 무(戊)일생이 미(未)월 토왕절(土旺節)에 태어나 토(土)가 득세(得勢)하니 가색격(稼穡格)이다. 화토금(火土金)운이 길한데, 인수(印綬)는 지지(地支)는 길하나 신금(辛金)을 극하는 천간(天干)은 꺼린다.

초운 경오(庚午)·기사(己巳)·무진(戊辰)대운은 왕토(旺土)에 순응하여 길했고, 정묘(丁卯)·병인(丙寅)대운은 기세를 유통시키는 신금(辛金)을 화극금(火克金)하여 고초가 심했다.

```
己 戊 丙 戊        癸 壬 辛 庚 己 戊 丁
未 戌 辰 戌        亥 戌 酉 申 未 午 巳
```

이 사주는 무(戊)일생이 진(辰)월에 태어나 토다득세(土多得勢)하여 가색격(稼穡格)이다. 대운은 화토(火土)운은 길하고 금수(金水)운은 꺼린다. 그러나 병화(丙火)가 없고 금(金)이 있으면 금(金)운도 무방하다.

정사(丁巳)·무오(戊午)·기미(己未)대운에는 국방부 요직에서 이름을 떨쳤으나, 경신(庚申)·신유(辛酉)대운에는 금(金)운으로 향하여 왕토(旺土)가 설기(泄氣)되니 가산을 파하고 곤고함을 면하지 못했다. 임(壬)대운에는 희신(喜神) 병화(丙火)를 상충(相沖)하고, 군토(群土)가 수재(水財)를 만나 쟁재(爭財)하니 군겁쟁재(群劫爭財)하여 사망했다.

```
戊 己 壬 戊        己 戊 丁 丙 乙 甲 癸
辰 酉 戌 辰        巳 辰 卯 寅 丑 子 亥
```

본명은 기(己)일생이 술(戌)월에 태어나 토(土)가 득세하니 가색격(稼穡格)이다. 내격(內格)의 관점에서 보면 천간(天干) 임수(壬水)가 투출(透出)하고 신왕하니 유금(酉金)을 용신(用神)으로 보고 식신생재격(食神生財格)으로 착각하기 쉽다. 그러나 지지(地支)에 유금(酉金)이 금매불용(金埋不用)하니 년간(年干) 임수(壬水)를 생조(生助)할 수 없고, 임수(壬水)가 토(土)에 막혀 흐르지 못하니 사수(死水)가 되어 오히려 군겁(群劫)을 일으키는 병(病)이 된다. 만약 금수(金水)가 희용신(喜用神)이면 토(土)가 병(病)이 니 수목(水木) 재관(財官) 대운에 길했을 것이나 평생 발복하지 못했다.

4) 종혁격(從革格)

종혁격(從革格)은 경신(庚申)일생이 사유축(巳酉丑)·신유술(申酉戌) 금국(金局)을 이루거나 왕금(旺金)을 따르는 것을 말한다. 사주에 금(金)을 거스르는 화기(火氣)가 있으면 파격이 된다. 토금수(土金水)운은 길하고 화(火)운은 흉하다.

庚	庚	丙	辛		癸	壬	辛	庚	己	戊	丁
辰	申	申	酉		卯	寅	丑	子	亥	戌	酉

이 사주는 경(庚)일생이 신(申)월 금왕절(金旺節)에 태어나 만국이 금(金)이니 종혁격(從革格)인데, 병화(丙火)가 투출(透出)하여 병(病)이 되었다. 다행히 병신합(丙辛合)으로 제거하니 큰 흠은 없

다. 토금수(土金水)운은 길하고 목화(木火)운은 대흉하다.

무술(戊戌)·기해(己亥)·경자(庚子)대운에는 승승장구했으나, 축(丑)운에는 왕신(旺神)이 입묘(入墓)하여 죽었다. 만약 축(丑)운을 넘겼다면 인(寅)대운에 사망했을 것이다.

왕신(旺神)은 묘궁(墓宮)에 들면 기세가 꺾여 위태로울 수 있다. 삼합(三合)의 끝 글자가 묘궁(墓宮)이 된다. 갑을목(甲乙木)은 미토(未土)에 입묘(入墓)되고, 병정화(丙丁火)는 술토(戌土)에 입묘(入墓)되고, 경신금(庚辛金)은 축토(丑土)에 입묘(入墓)되고, 임계(壬癸)는 진토(辰土)에 입묘(入墓)된다. 내격(內格) 사주는 입묘(入墓)되는 것을 크게 꺼리지 않으나, 종왕(從旺) 사주에는 입묘(入墓)운에 수명이 다할 수 있다.

癸 辛 庚 癸　　癸 甲 乙 丙 丁 戊 己
巳 酉 申 酉　　丑 寅 卯 辰 巳 午 未

이 사주는 신(辛)일생이 신(申)월에 태어나 종혁격(從革格)인데 시지(時支) 사화(巳火)가 병(病)이나 사유합금(巳酉合金)하여 파격(破格)을 면했다. 그러나 남방 화(火)운은 불길하다. 대운이 목화(木火)운으로 흘러 파란이 많았고 발전하지 못한다. 종격(從格) 사주는 파격(破格)이 되어도 대운의 도움이 있으면 성공하고, 진격(眞格)이어도 대운에서 성패가 결정된다.

乙 庚 庚 癸　　　癸 甲 乙 丙 丁 戊 己

酉 戌 申 酉　　　丑 寅 卯 辰 巳 午 未

이 사주는 경(庚)일생이 신(申)월에 태어나 신유술(申酉戌) 금국
(金局)을 이루어 종혁격(從革格)이다. 사오미(午未) 남방 화(火)운
에 용신(用神)을 극해되는 일이 없이 고초가 따랐으나 진(辰)운에
들어 생금(生金)하니 관직에서 출세하여 부귀를 누렸다. 을묘(乙
卯)대운은 을경합금(乙庚合金)하여 무난했으나, 갑인(甲寅)운에 들
면서 왕지(旺地)를 인신(寅申)이 상충(相沖)하여 사망했다.

5) 윤하격(潤下格)

윤하격(潤下格)은 임계(壬癸)일생이 해자축(亥子丑)·신자진(申
子辰) 수국(水局)을 이루는 것을 말한다. 왕수(旺水)를 거스르는
토(土)가 있으면 파격(破格)이 된다. 금수목(金水木)운은 길하고,
화토(火土)운은 흉하다.

壬 癸 辛 壬　　　戊 丁 丙 乙 甲 癸 壬

子 丑 亥 子　　　午 巳 辰 卯 寅 丑 子

이 사주는 계(癸)일생이 해자축(亥子丑) 수국(水局)을 이루어 윤
하격(潤下格)이 되었다. 초년에는 임자(壬子)·계축(癸丑)운으로
흘러 부귀한 집안에서 호화롭게 성장했고, 갑을(甲乙)·을묘(乙卯)

운은 왕수(旺水)가 설기순세(洩氣順勢)하여 명망이 있었고, 진(辰) 운은 왕수(旺水)가 입묘(入墓)에 들어 사망했다.

```
辛 癸 辛 壬    丁 丙 乙 甲 癸 壬
酉 酉 亥 申    巳 辰 卯 寅 丑 子
```

이 사주는 계(癸)일생이 해(亥)월 수왕절(水旺節)에 태어나 금수 (金水)가 태왕하니 윤하격(潤下格)이나, 금수(金水)로만 국을 이루 어 양기성상격(兩氣成象格)이나 종강격(從强格)으로 볼 수 있다. 취용은 비슷하니 금수목(金水木)운은 길하고, 화토(火土)운은 흉하 다. 갑을(甲乙) 을묘(乙卯)운에 발복하여 공명을 얻었으나 병진(丙 辰)대운에 사망했다. 앞 사주처럼 왕신(旺神)이 입묘(入墓)했기 때 문이다.

```
壬 壬 辛 壬    戊 丁 丙 乙 甲 癸 壬
寅 子 亥 子    午 巳 辰 卯 寅 丑 子
```

이 사주는 임(壬)일생이 해왕절(亥旺節)에 태어나 금수(金水)가 태왕(太旺)하니 윤하격(潤下格)이다. 시지(時支) 인목(寅木)이 수 기(水氣)를 유통시켜 총명하다. 물은 위에서 아래로 흐르는 것이 이치이니 순리를 따르는 귀명이다. 만일 인목(寅木)이 년지(年支) 에 있으면 물이 거꾸로 흐르는 것이니 귀명이 되지 못한다.

임자(壬子)·계축(癸丑)대운에 부잣집에서 태어나 성장했고, 갑인
을묘(甲寅乙卯)운도 대길했고, 병진(丙辰)대운에는 왕수(旺水)가
입묘(入墓)했으나 무탈했다. 병신합수(丙辛合水)하고 자진합수(子
辰合水)하여 수기(水氣)가 멈추지 않고 흐르기 때문이다. 만약 시
지(時支)에 인목(寅木)이 없다면 수기(水氣)의 흐름이 끊어져 대흉
했을 것이다. 앞 사주와의 차이를 분별할 수 있을 것이다. 이 사람
은 사(巳)운에 죽었는데 사해충(巳亥沖)으로 왕자충극(旺字沖剋)
했기 때문이다.

10. 양기성상격(兩氣成象格)

양기성상격(兩氣成象格)은 2가지 오행으로만 국을 이루는 것을
말한다. 목화(木火)·화토(火土)·토금(土金)·금수(金水)·수목
(水木) 양기성상격(兩氣成象格)이 있다. 상생으로 국을 이루는 것
이 진격(眞格)이고, 상극으로 국을 이루면 일반 내격(內格)과 같은
방법으로 용신을 잡는다. 양기성상격(兩氣成象格)은 기세를 좇아
순응하는 운이 길하니 종격(從格)과 용신을 잡는 방법이 비슷하다.
예를 들어 목화(木火) 양기성상격(兩氣成象格)이면 목화(木火)를
극하는 금수(金水)운을 꺼린다.

```
丁 甲 丁 甲
卯 午 卯 午
```

이 사주는 갑(甲)일생이 묘(卯)월에 태어나 목화(木火)로만 구성
되어 목화(木火) 양기성상격(兩氣成象格)이다. 목화(木火)운은 길하
고 금수(金水)운은 흉하다.

甲 甲 甲 甲
午 午 午 午

이 사주도 목화(木火) 양기성상격(兩氣成象格)이다. 기세를 쫓아
목화(木火)운은 길하고 금수(金水)운은 꺼린다.

癸 戊 癸 戊
亥 戌 亥 戌

이 사주도 토(土)일생이 해(亥)월에 태어나 토수(土水) 2가지로만
구성되어 양기성상격(兩氣成象格)이다. 오행이 상극(相剋)되니 일
반 내격(內格)으로 취용한다. 신왕재왕(身旺財旺)하고 한냉한 절기
에 태어났으니 목화(木火)운은 길하고 금수(金水)운은 흉하다.

己 癸 己 癸
未 亥 未 亥

이 사주는 계(癸)일생이 미(未)월에 태어나 수토(水土) 2가지로만

구성되어 양기성상격(兩氣成象格)이다. 신왕살왕(身旺殺旺)하니 미(未)의 을목(乙木) 식신(食神)이 칠살(七殺)을 제살하는 용신(用神)이다. 을묘(乙卯) 갑인(甲寅)대운에는 칠살(七殺)을 극제(剋制)하니 출사하여 부귀영달했다.

乙　乙　乙　乙
酉　酉　酉　酉

　이 사주는 을(乙)일생이 유(酉)월에 태어나 목금(木金) 2가지로만 구성되었으니 양기성상격(兩氣成象格)이고, 을목(乙木)이 무근(無根)이니 종살격(從殺格)이다. 토금(土金)운은 길하고 화목(火木)운은 흉하다.

제12장. 역학으로 본 대통령이 나오는 이치

1. 역학으로 본 대통령이 나오는 이치

대통령은 하늘이 내린다는 말이 있다. 하늘의 도(道)를 천도(天道)라고 하는데, 이 천도(天道)의 이치를 알면 미래의 흐름을 내다볼 수 있다. 그래서 깨달음의 경지가 높았던 옛 성인들은 다양한 비결서를 통해 무지한 인간들에게 미래를 알려주고자 하였다.

역학(易學)은 천도(天道)의 이치를 밝히는 가장 중요한 학문이다. 역(易)의 시원은 하도용마(龍馬河圖)와 신구낙서(神龜洛書)이다. 이것을 보고 복희(伏羲)는 선천팔괘도(先天八卦圖)를, 문왕(文王)은 후천팔괘도(後天八卦圖)를 정립하여 역(易)의 발전을 가져왔다. 여기에는 매우 중요한 공통점이 있다. 물(水)에서 이치가 나왔다는 것이다. 그리고 사람도 모태의 양수라는 물에서 성장한다. 역수(易數)도 물에서 나오고 사람도 물에서 나오니 천도(天道)와 인도(人

道)가 다르지 않다. 그러므로 천도(天道)의 이치를 알면 인간사의 세세한 일을 알 수 있는 것이다.

예수도 진리를 펴기 전에 요한에게 물로 세례를 받았고, 석가도 강가의 보리수에서 진리를 얻었으며, 증산도 수운에게 천도(天道)를 내리고 천지대도를 폈다. 무릇 도(道)란 이렇게 일맥상통하는 법이다. 천명을 부여받는 대통령도 물과 관련이 있고, 이것이 앞으로 누가 대통령이 되는지를 예측하는데 중요한 실마리가 된다.

사주는 운명의 희기를 논할 수는 있지만 대통령의 당락을 예측하기는 어렵다. 그동안 우리나라 대통령을 지낸 사람들의 사주를 보면 특별히 빼어나거나 운이 기막히게 흐르지 않는 경우가 많았다. 필자는 대통령은 하늘이 정한다는 점에 착안하여 천도(天道)의 이치가 담긴 역(易)을 연구한 끝에 역학(易學)의 이치에 따라 대통령이 출현한다는 사실을 알았다.

오늘날 수많은 종교가 있지만 만인에게 충족감을 주지 못하는 것은 세상을 밝히며 미래를 알려주는 이치가 없기 때문이다. 진리란 현실과 동떨어지면 생명력을 잃는다. 한 치 앞도 알려주지 못하고 인성교리와 이치가 없는 믿음의 강요는 광신이라는 부작용을 낳고, 신이 인간에게 기대하는 영적진화를 저해하는 요소가 된다.

독자들이여! 역(易)은 역학인들만의 전유물이 아니다. 인류가 같이 공유하며 연구해야 하는 신비의 파일이며, 미래를 밝혀주는 열쇠이다. 이제 본론으로 들어가 대통령이 나오는 이치를 역(易)으로 풀어보겠다.

오행(五行)의 생성과정은 수(水)→화(火)→목(木)→금(金)→토(土)이다. 이는 성경에서 말하는 천지창조의 원리와 같다. 동서양의 진리가 한 줄기임을 실감할 수 있을 것이다. 오늘날 허다한 종교가 분파되고, 사상적인 양극화가 극대화된 것은 근본을 알지 못하기 때문이다.

성경의 "땅이 혼돈하고 공허하며 흑암에 운행하시느니라"라는 구절은 빛이 있기 전 수(水)의 상태를 말하는 것이고, "가라사대 빛이 있으라 하시매 빛이 있었고"라는 구절은 화(火)가 나오는 상태를 말하는 것이며, "가라사대 땅은 풀과 씨 맺는 채소와 각기 종류대로 씨 가진 열매 맺는 과목을 내라 하시매 그대로 되어"라는 구절은 목(木)이 나오는 상태를 말하는 것이다. 수(水)는 무거워 아래로 향하여 땅이 되고, 화(火)는 가벼워 위로 향하여 하늘이 되어 천지가 완성된 것으로 정리할 수 있다.

역(易)에서는 이것을 무극(無極)→태극(太極)→양의(兩儀 : 陰陽)→사상(四象 : 木火金水)→팔괘(八卦 : 土)로 설명한다. 무극(無極)의 혼돈상태에서 태극(太極)의 빛이 나와 천지가 음양(陰陽)으로 나뉘어 질서가 생기고, 음양(陰陽)의 충극(沖剋)작용으로 만물이 천지사방(四象)으로 나뉘어 만물(八卦)이 완성된 것이다. 대통령의 출현도 역의 원리에 따라 공식처럼 정리하면 한결 이해하기 쉽다. 다음의 원리를 이해하면 대통령은 물론 우리나라 근·현대의 중요한 사건들의 이치도 실감하게 될 것이다.

일제강점기	이승만	박정희	전두환	노태우
無極	太極	兩儀	四象	八卦
1910~1945년	1948년	1961년	1981년	1988년
1·6	2·7	3·8	4·9	5·10
木	火	土	金	水
춘	하	추	동	춘
아버지	어머니	아들	며느리	손자
天	地	日	月	星

  일제강점기 36년은 무극(無極)의 시대라고 할 수 있다. 주인없는 일제의 통치와 일장기의 태양이 무극(無極)을 의미한다. 일제통치 하에서 끊임없이 투쟁했던 독립운동은 태극(太極)의 기틀을 형성하는 과정이다. 한마디로 일장기는 무극(無極)이고, 태극기는 태극(太極)이다.

  1945년 해방을 기점으로 태극(太極)의 시대가 도래하였다. 만방에 태극기가 펄럭이니 태극(太極)의 기운이 충만해졌다. 태극(太極)의 대통령은 이승만이다. 태극(太極)은 곧 음양(陰陽)의 성질을 내포한다. 서방의 기운을 끌고와 동서 음양(陰陽)의 조화를 이루는데 적합한 인물이기 때문에 하늘은 김구보다 이승만을 택한 것이다.

  한편으로는 끊어진 이씨 조선의 맥을 이어준다는 의미도 있다. 무극(無極)에서 태극(太極)이 나오고, 태극(太極)에서 양의(兩儀)가 나오기 때문에 조선에서 대한민국으로 연결되는 과정에 이(李)씨 성을 가진 사람을 택한 것이다.

태극(太極)의 시대가 끝나고 양의(兩儀)의 시대를 이끈 주인공은 박정희이다. 양의(兩儀)란 태극(太極)의 기(氣)가 질(質)로 완성된 모습이다. 물질문명을 이루는 원동력이 바로 음양(陰陽)의 조화이다. 박정희가 기적이라고 일컫는 경제발전을 이룬 것은 바로 양의(兩儀)의 대통령이었기 때문이다.

양의(兩儀), 즉 음양(陰陽)의 시대가 끝나고 사상(四象)의 대통령은 전두환이 되었다. 음양(陰陽)은 사상(四象)을 낳는다. 음양(陰陽)은 해와 달이며, 해와 달이 있어 사계절이 생긴다. 이는 음양(陰陽)이 오행(五行)을 낳았기 때문이다. 전두환은 박정희가 낳았다고 할 정도로 박정희의 두터운 신망을 받았다.

앞의 표를 보면 전두환은 며느리이고 박정희는 아들이다. 아들과 며느리가 합방하니 당연히 아이가 생기고, 그 아이가 노태우이다. 가족으로 보면 손자인데, 손자는 곧 팔괘(八卦)의 완성을 이룬다. 아들과 며느리와 손자는 가족의 최소 단위이며 하나로 결속된다. 박정희의 명령으로 전두환이 주축이 되어 결성한 하나회가 바로 이러한 이치를 담고 있다.

전두환이 집권하기 위해 저지른 1980년 광주시민 학살도 역학(易學)의 이치가 담겨 있다. 앞에서 언급했듯이 박정희는 아들이고 전두환은 며느리인데, 둘의 합궁으로 자식이 생긴다. 정자와 난자가 착상되는 과정에서 정자는 하나만 살고 나머지는 죽는다. 다시 말하면 전두환이 노태우를 얻는 과정에서 광주시민들을 희생물로 삼은 것이다. 이렇게 노태우는 광주시민들이 흘린 피로 성장하여 8년

만에 팔괘(八卦)를 완성하는 대통령이 되었다.

노태우를 기점으로 팔괘(八卦)의 시대가 열리며, 사상(四象) 즉 사계절이 다 차고 새로운 봄의 시대로 접어든 것이다. 이것이 바로 우주의 봄을 알리는 신호이며, 이것을 축복하기 위해 1988년 서울에서 올림픽이 열렸다. 올림픽의 마스코트가 된 호돌이는 봄을 상징한다. 호돌이인 호랑이는 인(寅)월의 입춘을 의미하기 때문이다.

1988년 무진(戊辰)년은 음양(陰陽)이 오행(五行)으로 완성되는 해이기 때문에 이때부터 대통령의 임기가 5년단임제로 되고, 영원한 봄의 도수로 새로운 시대가 열렸음을 알린다. 박정희·전두환·노태우 대통령의 출현은 양의(兩儀)·사상(四象)·팔괘(八卦)가 하나로 완성됨을 의미한다. 이는 마치 톱니바퀴처럼 맞물려 한 치의 오차도 없이 돌아가는 것과 같다.

오호라 통제여, 오묘하도다, 역의 신비여! 이 순간 이런 감탄사가 나왔다면 이치가 눈에 들어온 것이다. 그러나 의심많은 사람들은 지나간 일들을 꽤맞춘 것이 아니냐며, 그렇다면 다음 대통령은 누가 되겠느냐고 물을 것이다. 그러나 원인은 모르면서 결과에만 관심을 기울이면 이치는 멀고 깨우침은 요원하다. 그러니 누가 대통령이 되느냐보다 먼저 이러한 이치를 깨닫는 것이 중요하다. 이치를 알면 굳이 나에게 묻지 않아도 알 수 있기 때문이다.

노태우가 팔괘(八卦)의 완성을 이루는 인물이기 때문에 1988년부터는 팔괘(八卦)의 성질을 닮은 사람이 대통령이 되는 것이다. 1988년 무진(戊辰)년에 팔괘(八卦)가 완성되듯이 이무기가 용으로 완성되어 승천한다. 용은 바다에서 승천하니 반드시 물이 있어야 한다. 즉 수(水) 기운을 얻지 못하면 대통령이 되지 못한다.

노태우는 물태우라는 소리를 들으며 물을 얻어 대권을 잡았다. 천도(天道)의 이치를 밝히려는 하느님의 놀라운 시나리오가 아닌가.

이후 1993년에는 김영삼이 거제도의 수(水) 기운을 받고 태어나 승천하였고, 1998년에는 김대중이 신안의 수(水) 기운을 받아 용상에 오른 것이다. 2003년 노무현도 수(水) 기운이 강한 김해(金海) 출신이다. 또한 대통령이 되기 전에 해양수산부 장관을 지낸 것도 이후의 천운을 예고한 것으로 볼 수 있다.

그렇다면 과연 2008년 대권은 누가 잡을 것인가? 앞의 이치로 궁리해보면 답을 찾을 수 있을 것이다. 아직은 후보가 확실하게 정해지지 않았으니 단정할 수 없으나 현재 나온 사람들을 위주로 살펴보면 어느 정도는 윤곽을 잡을 수 있다. 최근 여기저기서 발표하는 지지율을 보면 이명박과 박근혜가 압도적으로 우세하다. 그러나 이 두 사람은 결코 대권을 잡을 수 없다. 왜냐하면 역리(易理)에 부합하는 인물이 아니기 때문이다. 만약 이들 중 누군가가 대통령이 된다면 필자는 독자들을 기만한 죄로 역학인의 길을 접을 것이다.

이쯤에서 결론부터 말하면, 현재 드러난 인물 중에서 손학규가 가장 유력하다. 왜냐하면 손학규는 바다에 근접한 경기도 시흥시에서 태어나 수기(水氣)을 얻었으니 용의 운을 타고났고, 시흥시 인근에 있는 바다를 막아 호수를 만든 시화호는 경기도에서 용(龍)이 출현할 것을 암시하는 것으로 본다. 개천에서 용 난다는 속담이 실현

될 것 같다.

또한 시흥의 처음시(始) 흥할흥(興) 자는 다시 새롭게 시작한다는 의미가 있는데, 2008년은 무자(戊子)년으로 1948(戊子)년 대한민국 정부가 들어선 때와 육십갑자(六十甲子)가 같다. 60년 만에 다시 돌아와 새로운 시작을 알리는 의미가 있기 때문이다. 이처럼 손학규가 시흥시에서 태어난 것은 천운을 받고 태어났음에 의심의 여지가 없다. 지금은 비록 지지율이 미미하지만 출마하면 반드시 대권을 거머쥘 것이다.

만일 손학규가 출마하지 않는다고 해도 이명박이나 박근혜가 대통령이 될 가능성은 없다. 이유는 아주 간단하다. 이명박(李明博)의 이름은 밝을명(明) 자에 화(火) 기운이 강하여 수(水)가 말라 있으니 용으로 승천하지 못함을 암시하고, 이(李)씨는 대권운이 없다.

일부 역학자들이 원시반본의 역사로 돌아가기 때문에 이씨의 운이 도래할 것이라고 전망하나, 다시 시작하는 맹춘(孟春)은 새로운 봄을 의미하기 때문에 옛 성씨로 돌아가는 것이 아니라 새로운 시대를 의미한다. 따라서 이회창·이인제·이해찬·이명박 등 이(李)씨 성 인사들은 대권운이 없다.

박근혜(朴槿惠)도 이름의 무궁화나무근(槿) 자에 목(木) 기운이 강하여 천운이 없다. 더구나 우리나라는 여자가 대통령이 될 수 없다. 일부 역학자들이 선천은 양(陽)이 주도하는 세상이고, 후천은 음(陰)이 주도하기 때문에 음(陰)이 주도하는 하원갑자(下元甲子)인 1984년부터 여자 대통령이 나올 수 있다고 생각한 것으로 보인다. 그러나 선천수(先天數) 1·2·3·4·5에서 후천수(後天數) 6·7·8·9·10으로 이어주는 구심점은 바로 5에 있다는 것을 제대로 이해하지 못하여 이런 예측이 나온 것이다. 5는 양수(陽數)이기 때문에 후천의 시작도 남자이다. 1984년 이후에도 계속 남자가 대통령이 된 것만 보아도 알 수 있다. 부연하면 선천수(先天數) 1·2·3·4·5는 양수(陽數)요, 후천수(後天數) 6·7·8·9·10은 음수(陰數)이다. 물론 선천수(先天數) 1·2·3·4·5 중에서 2·4는 음수(陰數)이나 겉모습은 양(陽)이니 남자이어야 한다.

현재의 흐름으로는 한나라당의 이명박과 박근혜 쪽으로 기운 것처럼 보이나 끝까지 가봐야 안다. 어느 당이든 천운을 타고난 인물을 세워 총력을 기울인다면 대반전을 기대해 볼 수 있다. 그러나 현재 거론되는 정동영·유시민·한명숙·이해찬·문국현 등도 천운이 없다. 거듭 말하지만 지금은 어려워 보이지만 종국에는 손학규가 권토중래(捲土重來)하여 대권을 거머쥘 것이다. 이는 결코 변수가 없는 일이니 역학을 결코 가벼이 보지 말라. 분명 역사는 역학의 이치대로 흐른다.

2. 역학으로 보는 우리나라 현대사

역학(易學)이 오늘날까지 명맥을 이어온 것은 점을 치는 도구로 활용되어 인간의 삶과 밀접한 관계를 유지해왔기 때문이다. 무릇 학문이란 아무리 뜻이 좋아도 실용성이 없어 인간의 삶에 아무런 영향을 주지 못하면 퇴보하기 마련이다. 따라서 필자는 역(易)의 원리를 알면 길흉을 점치는 차원을 넘어 세상의 흐름을 알 수 있다고 확신한다. 역학(易學)의 원리에 의해 우리나라의 근·현대사가 톱니바퀴처럼 맞물려 왔다는 것을 알면 우리나라의 미래도 내다볼 수 있을 것이다.

필자는 지난 1999년에 2000년 6월에는 남북간의 화합이 있을 것이라고 예측했고, 놀랍게도 2000년 6월 13일에 김대중 대통령이 평양을 방문하면서 평화의 물결이 일었다. 내심 통일을 기대했지만 흐지부지되어 아쉬움이 컸다. 또 2005년 8월에는 북한 김정일이 서울을 방문할 것이라고 예측했으나 김정일이 오지 않고 북한대표가 방문했었다. 그러나 김정일이 온 것과 같은 의미로 해석할 수 있다.

이러한 원리는 역(易)이 무극(無極)→태극(太極)→양의(兩儀)→사상(四象)→팔괘(八卦)로 생성되고 완성되는 과정과 일치한다. 수화목금토(水火木金土)로 오행(五行)이 완성되는 것과, 춘하추동 사계절이 지나 새로운 맹춘이 도래하는 것과 같은 것이다.

1950년에 일어난 한국전쟁은 수화(水火 : 남북)의 만남을 의미한다. 50년이 지나면 수화(水火)의 만남이 다시 반복하는데, 2000년 6월 남북대표의 만남이 이것을 상징한다.

음양오행(陰陽五行)의 5수의 연장선인 50년 500년, 5000년, 50000년의 큰 주기로 반복된다. 5수는 근원으로 돌아가는 것을 의미하니 춘하추동이 다 차면 다시 봄이 오는 것으로 이해하면 된다.

1950년에 한국전쟁이 일어났는데 50년이 지난 2000년에 김대중과

김정일이 만났고, 1948년에 대한민국 정부가 수립되었는데 50년이
지난 1998년에는 정권이 바뀌었고, 1945년에 해방이 되었는데 50년
이 지난 1995년에 새봄을 상징하는 큰 사건이 발생했다. 그것이 바
로 삼풍백화점 붕괴사건이다. 삼풍백화점이 무너졌을 때 지하에서
24명의 청소부가 살아난 것은 푸른청(靑) 자는 봄을 뜻하고 삼풍백
화점 외벽에 새긴 'the sign of blue'라는 영문은 '청색의 신호' 즉
봄을 상징한다.

전술한 바와 같이 한국전쟁은 수화(水火)가 목(木)을 탄생시킨 것
이요, 부모가 자식을 낳는 것과 같은 이치로 생긴 것이다. 그런데
많은 사상자가 발생한 것은 정자는 하나만 난자에 착상하여 생존
하는 이치와 같고, 5·18광주민주화운동은 아들과 며느리의 결합이
요, 2000년 김대중과 김정일의 결합은 이후 사스, 911테러, 쓰나미,
대구 지하철참사, 용천역 폭발사건, 해일, 지진 등으로 엄청난 사망
자를 낸 것도 이와 같은 이치이다.

2010년에는 남북통일의 기틀이 되는 중대한 사건이 일어날 것이
다. 2000년 김대중과 김정일이 뿌린 씨앗이 자라 10년이 지나면 꽃
을 피울 것이다. 음양(陰陽)의 교합으로 아이가 10달만에 나오는
것과 같은 이치이다. 산고 끝에 아이가 태어나면 집안에 경사가 있
듯이 2010년에는 우리나라에 천운이 돌아와 국운이 욱일승천하여
천하를 호령하니 그 기세가 세계만방에 미칠 것이다. '수리수리 마
수리'라는 말도 있듯이 수리의 비밀을 풀면 미래를 귀신처럼 꿰뚫
어 볼 수 있다.

— 자연수인 1·2·3·4·5·6·7·8·9는 음양오행(陰陽五行)이 완성되는 이치와 같다.

— 선천수 1·2·3·4·5수는 음양오행(陰陽五行)으로는 6·7·8·9·10수를 낳는다.

— 9수가 끝나면 다시 1에서 시작되는데 10수는 만물의 완성을 뜻한다.

— 9수의 다음에는 반드시 10으로 완성하기 위해 반드시 1이 온다는 사실을 주지하라.

우리나라 100년의 근·현대사에는 이러한 이치가 무수히 많이 숨어 있다. 가장 대표적인 사건들만 정리하면 한일합방·독립운동·독립기념관·한빛탑·한일월드컵이다. 이 사건들은 말의 의미에서도 느낄 수 있듯이 하나라는 뜻이 있다.

— 한일합방은 1901~1909까지 9년의 9수가 차기 때문에 하나를 상징한다.

— 독립운동은 일제 36년은 3+6=9수이니 끊임없이 독립운동이 벌어진 것이고, 홀로독(獨), 설립(立) 자는 즉 하나가 똑바로 선 것이다.

— 독립기념관은 63빌딩(6+3=9)이 세워진 후 건립하게 된다.

박정희가 가을 도수로 궁정(宮井)동에서 사망한 것은 겨울을 알리는 신호요, 전두환이 겨울 도수로 백담(白潭)사로 은둔한 것은 1988년에 겨울이 끝났음을 의미한다. 궁정동의 우물정(井)과 백담사의 연못담(潭)은 오행(五行)으로는 수(水)이며 겨울을 뜻한다. 1988년 노태우의 출현으로 완전한 새봄이 와서 88서울올림픽 마스코트로 호돌이가 선정된다.

1988년을 기점으로 5년이 지나 1993년에는 다시 봄의 아침을 맞이하게 되는데, 대전에서 관광엑스포가 열린다. 대전엑스포의 상징탑으로 세운 한빛탑은 다시 하나에서 시작하는 봄이요, 새아침을 여는 빛을 상징한다. 1993년에서 10년이 지나 9수 끝에서 또 하나를 이루는데 2002년 한일월드컵이다. 한일월드컵에서 4강에 진출한 것도 완전한 천도(天道)를 이루는 이치이다.

필자는 오직 하나의 이치를 설명하기 위하여 지금까지 계속 같은 말을 한 셈이다. 세상은 복잡한 것 같아도 이치는 하나이다. 하나에서 천지가 나오고, 천지는 다시 하나로 돌아간다. 그래서 하나를 알면 다 알게 되고, 하나를 모르면 아무것도 모르게 된다. 종교도 본질은 모두 같다. 같은 씨앗에서 나온 한 줄기이기 때문에 하나로 돌아가야 근원을 밝힐 수 있다. 하나는 하나님의 도(道)요, 하나님

예선	32강	16강	8강	4강
無極	太極	兩儀	四象	八卦
水	火	木	金	土
1	2	3	4	5
춘	하	추	동	맹춘

의 진리요, 하나님의 실체이다. 하나로 통하는 이치를 알아야 하늘이 무너져도 솟아날 구멍을 찾을 수 있다. 궁(窮)하면 변하고, 변하면 통(通)한다. 통하는 문은 오직 하나이다.

적천수집요(滴天髓輯要)
원문

滴天髓輯要

劉伯溫著
淸. 相國海昌陳之庵素庵氏輯

通天論

欲識三元萬物宗, 先觀帝載與神功.

天有陰陽, 故春木, 夏火, 秋金, 冬水, 季土.得時而顯其神功, 命中天
地元之理, 悉本於此, 日干爲天元, 地支爲地元, 支中所爲人元.

坤元合德機緘通, 五氣偏全定吉凶.

地有剛柔, 故五行布於東西南北, 與天合德, 而神其機緘, 賦於人者,
有偏全之不一, 故吉凶定焉.

戴天履地人爲貴, 順則吉兮悖則凶.

凡物莫不得五行, 而戴天履地, 惟人得五行之全, 故爲貴, 其有吉凶
之不一者, 以其得於五行之順與逆也.

欲與人間開聾瞶, 順悖之機須理會.

不知命者如聾瞶, 知命者於順悖之機而能理會之, 庶可以開之耳.

理承氣行荳有常, 進兮退兮宜抑揚.

翕闢往來皆氣, 而理行乎其間, 行之始而進, 進之極, 則爲退之機, 如三月甲木是也, 行之盛而退, 退之極, 則爲進之機, 如九月甲木是也, 學者能抑揚其淺深, 斯可以言命.

配合干支仔細詳, 斷人禍福與災祥.

干支配合, 細詳其進退之機.

五陽皆陽丙爲最, 五陰皆陰癸爲至.

甲, 丙, 戊, 庚, 壬, 爲陽, 獨丙火稟陽之精, 而爲陽中之陽.

乙, 丁, 己, 辛, 癸, 爲陰, 獨癸水稟陰之精, 而爲陰中之陰.

五陽從氣不從勢, 五陰從勢無情義.

五陽得陽之氣, 卽能成其陽剛, 不畏財煞之勢, 五陰得陰之氣, 卽能成其陰順, 故木盛則從木, 火盛則從火, 金盛則從金, 水盛則從水, 土盛則從土, 於情義之所在, 見其勢衰則忘之, 若從得其正, 亦未必於無情義也.

天干論

甲木

甲木參天, 胞胎要火, 春不容金, 秋不容土, 火熾乘龍, 水蕩騎虎, 地潤天和, 植立千古.

甲爲根幹之木, 純陽之本, 參天雄壯, 火者, 木之子也, 旺木得火而愈敷榮, 生於春, 則助火而不能容金也, 生於秋則助金而不能容土也, 寅午戌丙丁多見而坐辰, 能攝之, 申子辰壬癸多見而坐寅, 則能納之, 土氣不乾, 水氣不消, 則能長生矣.

辰爲水庫, 能制火滋木, 而土能洩火, 則甲之根潤, 故不怕火, 甲祿於寅, 寅屬艮, 土厚, 故能納水.

乙木

乙木雖柔, 刲羊解牛, 懷丁抱丙, 跨雞乘猴, 虛濕之地, 騎馬亦憂, 藤蘿繫甲, 可春可秋.

乙爲枝葉之木, 柔如花卉, 然坐丑未能制之, (丑未陰土, 故乙能制) 如宰羊割牛, 只要有一丙丁, 則雖申酉之月, 亦不畏怯, 生於子月, (木葉凋零之時, 水多益寒) 而又辛壬癸透者, 則雖得午, 亦難發生, (乙雖生午, 然午能洩乙, 況一火不能敵眾水也) 若甲與寅多見, 譬之滕蘿附喬木, 春月秋月皆可.

丙火

丙火猛烈, 欺霜侮雪, 能煅庚金, 逢辛反怯, 土眾成慈, 水猖顯節, 虎馬犬鄉, 甲來焚滅.

丙爲焚烈之火, 純陽之性, 故不畏秋而欺霜, 不畏冬而侮雪, 庚金雖頑, 力能煅之, 辛金雖柔, 合而反弱, 土其子也, 見戊己多而慈惠之德, 水其君也, 遇壬癸旺而顯忠節之風, 至丙遂炎上之性, 而寅午戌更露甲木, (身旺遇印) 則燥而焚滅也.

丁火

丁火柔中, 內性昭融, 抱乙而考, 合壬而忠, 旺而不烈, 衰而不窮, 如有嫡母, 可秋可冬.

丁爲溫煖之火, 其性雖烈而屬陰, 則柔而得其中矣, 外柔順而內文明, 豈不昭融乎, 乙乃丁之母, 畏辛而丁抱之, 不若丙抱甲而反能焚甲也, 不若己抱丁而反能晦丁也, 其孝異乎人矣, 壬爲丁之君, 壬所畏者戊, 外則撫恤戊土, 使土不來欺壬也, 內則暗化木神, 使戊不能抗壬也, 其忠異乎人矣, 生於夏合, 其焰不至於烈, 生於秋冬, 得一甲木, 雖衰不至於窮, 故曰可秋可冬, 皆柔道也.

戊土

戊土固重, 旣中且正, **靜翕動闢**, 萬物司合, 水旺物生, 火燥喜喜潤, 若在坤艮, 怕沖宜靜.

戊爲山岡之, 土非城牆之謂, 較己土特高厚剛燥, 乃己土之發源地也, 得乎中氣, 而且正, 大春夏則氣闢而生萬物, 秋冬則氣翕而成萬物, 故爲司命, 其氣屬陽, 喜潤下惡燥, 坐寅怕申, 坐申怕寅, 蓋沖則根動, 非地道之正也, 故宜靜.

己土

己土卑濕, 中正蓄藏, 不愁木盛, 不畏水旺, 火少火晦, 金多金明, 若要物昌, 宜助宜幫.

己爲田園之, 土其性卑濕, 乃戊土枝葉之地, 亦主中正, 蓄藏萬物, 柔土能生木, 非木所能克, 故不愁木盛, 土深能納水, 非水所能蕩, 故不畏水旺, 無根之火, 不能生濕土, 故火少而光晦, 濕土能潤金, 故金多而金之光彩, 反精瑩可觀, 此其無爲而有爲之妙用, 若欲充盛長旺乎萬物, 則宜幫助爲佳.

庚金

庚金帶煞, 剛强爲最, 得水而淸, 得火而銳, 土潤則生, 土乾則脆, 能勝甲兄, 輸於乙妹.

庚乃陽金, 是太白之精, 帶煞而剛健, 健而得水, 則氣流而淸, 剛而得火, 則氣純而粹, 有水之土, 能全其生, 有火之土, 能使其脆, 甲木雖强, 力足伐之, 乙木雖柔, 合而輸之.

辛金

辛金軟弱, 溫潤而清, 畏土之疊, 樂水之盈, 能扶社稷, 能救生靈, 熱則喜母, 寒則喜丁.

辛乃陰金, 非珠玉之謂, 特溫柔淸潤耳, 戊土多則埋故之, 壬水多則秀故樂之, 辛爲丙之臣也, 撫恤壬水, 使不剋丙火, 而匡扶社稷, 辛爲甲之君也, 合化丙火, 使不焚甲木, 而救援生靈, 生於九夏, 而得己土, 則能晦火而存之, 生於隆冬, 而得丁火, 則能敵寒而養之, 故辛金生於冬月, 見丙則男命不貴, (丙辛合而化水) 雖貴亦不忠, 女命剋夫, 不剋亦不和, 若見丁則男女皆貴且順.

壬水

壬水汪洋, 能洩金氣, 剛中之德, 周流不滯, 通根透癸, 沖天奔地, 化則有情, 從則相濟.

壬乃癸水之源, 有分有合, 運行不息, 爲百川, 亦爲雨露, 不可岐而二之, 壬水能洩西方金氣, 其德剛中而又周流不滯, 若遇申子辰, 而又透癸, 則其勢不可遏也, 合丁化木, 又生丁火, 可謂有情, 能制丙火, 不奪丁之愛, 故爲夫義而爲君仁, 生於九夏, 則巳午未中土之氣, 得壬水薰蒸而成雨露, 故雖從火土, 未嘗不相濟也.

癸水

癸水至弱, 達於天津, 龍德而運, 功化斯神, 不畏火土, 不論庚辛, 合戊見火, 火根乃眞.

癸乃純陰而至弱, 然上達天津, 凡柱中有甲乙寅卯, 皆能運用水氣, 生木制火, 潤土養金, 如龍能運水, 火土雖多不畏, 至於庚辛, 則不賴 其生, 亦不忌其多, 惟合戊化火, 必通火根, 乃爲眞也.

地支論

陽支動且强, 速達顯災祥.

子, 寅, 辰, 午, 申, 戌, 陽也. 其性動, 其勢强, 其發至速, 其災祥至 顯.

陰支靜且專, 否泰每經年.

丑, 卯, 巳, 未, 酉, 亥, 陰也. 其性靜, 其氣專, 其否泰之驗, 每經年 而始見.

生方怕動庫宜開, 敗地逢沖子細裁.

寅申巳亥, 四生也;忌沖動. 辰戌丑未, 四庫也;宜沖開. 子午卯酉, 四敗也, 有逢合而喜沖者, 不若生地之必不可沖也;有逢沖而喜合 者, 不若庫地之必不可閉也, 宜詳細裁之.

支神只以沖爲重, 刑與害兮動不動.

沖者必是相剋, 所以必動, 至於刑害之間, 又有相生相合者存, 所以有動不動之異.

暗沖暗會尤爲喜, 彼沖我兮皆沖起.

如柱中所無, 局取多者沖會暗神, 比明沖明會尤佳, 如子去沖午, 柱中有寅與戌會者是也, 日干爲我, 提綱爲彼, 提綱爲我, 年時爲彼, 四柱爲我, 歲月爲彼, 我寅彼申, 是彼沖(剋)我, 我子彼午, 是我沖(剋)彼.

旺者沖衰衰者拔, 衰者沖旺旺神發.

子旺午衰, 則午因沖而本拔, 子衰午旺, 則午因沖而發福, 餘倣此.

陽順陰逆, 其理固殊, 陽生陰死, 其論勿執.

以天干布地支, 而生死之道出焉, 陽順陰逆, 其理非無出也, 然甲木死於午, 午爲洩之地, 理固然矣, 乙木見亥, 亥中有壬水, 乃其嫡母, 何爲死哉, 凡此皆詳其干支輕重之機, 母子相依之勢, 陰陽消息之理, 而論吉凶可也, 若專執生死推斷, 則誤矣.

天全一氣, 不可使地道莫之載.

四甲四乙, 而遇寅申, 卯酉相沖, 爲地莫載.

地全三物, 不可使天道莫之覆.

寅卯辰, 而遇甲乙庚辛相沖, 爲天莫覆.

陽乘陽位陽氣昌, 最要行程安頓.

六陽之位, 獨子寅辰爲陽方, 乃陽位之純, 五陽居之, 其旺無比, 其行運最宜陰順安頓之地.

陰乘陰位陰氣盛, 還須道路光亨.

六陰之位, 獨未酉亥爲陰方, 乃陰位之純, 五陰居之, 其盛無比, 其行運宜陽明光亨之地.

地生天者, 天衰怕沖.

如甲子, 丙寅, 丁卯, 己巳, 皆支生日, 如日主衰弱, 而支逢沖, 則根拔矣.

天合地者, 地旺喜靜.

如戊子(戊子癸水財), 己亥(己亥甲木官, 壬水財), 壬午(壬午丁火財, 己土官), 癸巳(癸巳戊土官, 丙火財)之類, 皆支中人元與天干相合, 此乃下財官, 旺則得其用矣, 不直沖壞.

甲申(申中庚生壬, 壬生甲) 戊寅(寅中甲生丙, 丙生戊), 是爲煞印相生.

庚寅(寅中丙生戊, 戊生庚) 癸丑(丑中巳生辛, 辛生癸), 亦是煞印兩旺.

上下貴乎情協.

天干地支, 雖非相生, 卻有情而不悖.

左右貴乎志同.

左右雖不全一氣三物, 卻化生而不錯.

始其所始, 終其所終, 富貴福壽, 永乎無窮.

年月爲始, 日時不反悖之, 日時爲終, 年月不妒忌之.

凡局中所之神, 本於年支, 有所淵源, 引於時支, 有所歸者, 皆爲始終得所, 則富貴福壽, 永乎無窮矣.

形象論

兩氣合而成象, 象不可破也.

天干屬木, 地支屬火, 天干屬火, 地支屬木, 若見金卽破, 餘倣此.

五氣聚而成形, 形不可害也.

如木必得水以生之, 火以行之, 土以培之, 金以成之, 五者聚而成形或過或缺則害, 餘倣此.

獨象喜行化地, 而化神要昌.

一氣者爲獨, 曲直炎上之類是也, 所生者爲化神, 化神昌旺, 則其氣流行.

全象喜行財地, 而財神要旺.

三合者爲全, 主旺喜行財旺之地.

形全者宜損其有餘, 形缺者宜補其不足.

如甲木生於寅卯辰月, 丙火生於巳午未月, 皆爲形全.

戊土生於寅卯辰月, 庚金生於巳午未月, 皆爲形缺, 餘仿此.

方局論

方是方兮局是局, 方要得方莫混局.

如寅卯辰, 東方也, 雜以亥卯未則太過, 豈不爲混局哉.

局混方兮有純疵, 行運喜南或喜北.

如亥卯未木局, 混一寅辰, 則太强, 行運南北, 則有純疵, 不能俱利.

若然方局一齊來, 須是干頭無反覆.

如木局木方齊來, 須要天干順序, 行運不悖.

成方干透一元神, 生地庫地皆非福.

如寅卯辰全, 而又干透甲乙一元神, 復又遇亥之生, 未之庫, 決不發福, 方不可混以局也.

成局干透一官星, 左邊右邊空碌碌.

如甲乙日遇亥卯未全, 而又干透庚辛一官星, 又見右寅, 左辰, 則名利無成, 局不可混以方也, 甲乙日單遇庚辛, 則亦無成.

格局論

財官印綬分偏正, 兼論食傷格局定.

自形象方局之外而格爲最, 格之眞者, 月支之神, 透於天干也, (格局看月支要緊)以散亂之天干, 而尋其得所附於提綱者, 非格也, 自偏正官財食傷印八格之外, 若曲直等格皆爲格, 而以刑沖破害論者, 亦不可言格也.

影響遙繫旣爲虛, 雜氣財官不可拘.

飛天合祿之類, 固爲影響遙繫, 而非格矣, 如四季月生人, 只當取土爲格, 不可言雜氣財官, 戊己日生於四季, 當看人元透出天干者取格, 不可槪以雜氣論之, 至於建祿陽刃, 亦當看月令透於天干者取格, 若不合形象方局, 又無格可言, 只取用神, 用神又無取, 只得輕輕泛泛, 看其大勢, 以皮面上斷窮通, 不可執其格也.

(用神無取, 便非好命, 然亦有窮通)

官煞相混來問我, 有可有不可.

煞, 卽官也. 同流同止, 可混也. 官非煞也, 各立門庭, 不可混也, 煞重矣, 官從之, 非混也.

官輕矣, 煞助之, 卽混也. 劫財與比肩雙至者, 煞可使官混也, 一煞而遇食傷者, 官助之, 非混煞也, 勢在於官, 官有根, 殺之情依乎官, 依官之煞, 歲助之而混官可不也, 勢在於煞, 煞有根, 官之情依乎煞, 依煞之官, 歲忌之而混煞不可也, 歲官露煞, 干神助官, 合官留煞, 皆成煞氣, 不可使官混也, 歲煞露官, 干神助官, 合煞留官, 皆成官象, 不可使煞混也.

傷官見官果難辨, 可見不可見.

身弱而傷官旺者, 見印而可見官, 官以生印, 印以扶身也, 身旺而傷官旺者, 見財而可見官, 以財生官, 且以財洩傷也, 傷官旺, 財神輕, 有比劫而可見官, (官以制劫) 日主旺, 傷官輕, 無印綬而可見官, (傷輕不能害官, 無印則官不能印克傷) 傷官旺而無財, 一遇官而有禍, (官必遇害).

傷官旺而身弱, 一見官而有禍, (官能剋身). 傷官弱而見印, 一見官而有禍, (助印剋傷). 大抵傷官有財, 皆可見官, 傷官無財, 皆不可見官, 又要看身强身弱, 不必分金木水火土也, 又曰傷官用印, 無財不宜見財, (身弱用印, 見財破印). 傷用財, 無印不宜見印, (身旺用財, 見印則剋傷, 戰財). 須詳辨之.

從化論 ― 眞

從得眞者只論從, 從神又有吉和凶.

日主孤弱無氣, 天地人三元, 絶無一毫生扶之意, 財官等强甚, 乃爲眞從也, 旣從矣, 當論所從之神, 如從財則以財爲主, 財神是木, 又看意向, 或要火, 或要土, 而行運得所者必吉, 否則凶, 從煞等倣此.

化得眞者只論化, 化神還有幾般話.

如甲日主, 生於四季, 單遇一位己土, 在月時上作合, (在年干不是) 不遇壬癸甲乙庚 (印, 劫, 官), 乃爲化得眞, (庚能剋甲) 又如丙辛生於冬月, (化神要通月令) 戊癸生於夏月, 乙庚生於秋月, 丁壬生於春月, 獨相作合, 皆爲眞化, 旣化矣, 又論化神, 如甲己化土, 土遇陰寒, 要火爲印, 如土太旺, 又要水爲財, 木爲官, 金爲食傷, 隨其所在意向, 合其喜忌, 再見甲乙亦不以爭合妬合論, 蓋化者, 如烈女不更二囚, 歲運遇之, 皆閒神也.

從化論 — 假

眞從之象有幾人, 假從亦可發其身.

日主弱矣, 財官强矣, 不能不從, 中有所助者, 便假, 至於行運, 財官得地, 雖是假從, 亦可富貴, 但其人不能免禍, 或心術不端耳.

假化之人亦可貴, 孤兒異姓能出類.

日主孤弱, 而遇合神, 不能不化, 但有暗扶日主, 如合神虛弱, 則化不眞, 至歲運扶起合神, 制伏忌神, 雖爲假化, 亦可取用, 異姓孤兒, 亦能出類, 但其人多執滯偏拗, 作事迍邅, 骨肉刑剋耳.

歲運論

休咎係乎運, 尤係乎歲, 衝戰視其孰降, 和好視其孰切.

日主譬如吾身, 局中之神譬如舟馬引從, 大運譬如所歷之地, 故重地支, 未嘗無天干, 太歲譬如所遇之人, 故重天干, 未嘗無地支. 必先明一日主, 配合七字, 推其輕重, 看其行何運, 如甲日以氣機看春, 以人心看仁, 以物理看木, 大率看氣機而物在其中, 遇庚辛申酉字, 即看其和何令, 又看春之喜忌, 乃行運生甲伐甲之地, 故詳論歲運戰衝和好之勢, 而得勝負適從之機, 則休咎了然在目.

何謂戰

如丙運庚年, 謂之運伐 (剋) 歲.

日主喜庚, 要丙降, 在得戊 (洩) 得壬 (剋) 者吉.

(以剋洩忌神之物爲吉). 如日主喜丙, 歲不肯降, 得戊己和之爲妙.

(太歲爲專神, 故以和解爲上) 如庚坐寅年, 則丙之力量大, 歲自不得不降.

(勢大則太歲無權) 可保無禍.

如庚運丙年, 謂之歲伐 (剋) 運, 日主喜庚, 得戊己以和丙者吉 (通關).

如日主喜丙, 運不肯降, 歲又不可制, (運管十年, 與命較親).

得戊己洩而助庚亦吉, 若庚坐寅午, 則丙之力量, 大運自不得不降,
亦保無患.

何謂衝

如子運午年, 謂之運沖歲, 日主喜子, 則要助子, 又得年干乃制午之
神更妙, 若午之黨多, 或干頭遇丙戊甲者必凶.

如午運子年, 謂之歲沖運, 日干喜午而子之黨多, 干頭又助子, 必凶.

日干喜子, 而午之黨少, 干頭亦不助午, 必吉. 若午重子輕, 則歲不降,
亦無咎(其勢已成, 歲力不能爲禍).

何謂和

如乙運庚年, 庚運乙年, 則和(乙庚化金), 日主喜金則吉, 日主喜木
則不吉.

如子運丑年, 丑運子年, 則和(子丑合而化土), 日主喜土則吉. 喜水
則不吉.

何謂好

如庚運辛年, 辛運庚年, 申運酉年, 酉運申年, 則好.

日主喜陽, 則庚與爲好, 日主喜陰, 則辛與酉爲好.

體用論

道有體用, 不可以一端論也, 要在扶之抑之得其宜.

有以日主爲體, 提綱之食神財官, 皆爲我用. 日主弱, 則提綱有物幫身, 以制其强神者, 亦皆爲我用.

有以提綱爲體, 喜神爲用者, 日主不能用乎提綱矣. 提綱財官食神太旺, 則取年月時上印比生助爲喜神而用之. 提綱印比太旺, 則取年月時上食傷財官爲喜神而用之, 此二者, 乃體用之正法也.

有以四柱爲體, 暗神爲用者, 必四柱俱無可用, 方取暗沖暗合之神.

有以四柱爲體, 化神爲用者, 四柱有合神, 無用神, 即以四柱爲體, 而以化合之神爲用.

有以化神爲體四柱爲用者, 蓋化之眞者, 化神即爲體, 取四柱中與化神相生相剋者爲用.

有以四柱爲體歲運爲用者, 四柱中太過不及, 用歲運琢削滋助有之.

有以喜神爲體輔喜之神爲用者, 蓋所喜之神, 不能自用, 則以爲體, 而用輔喜之神.

有以格象爲體日主爲用者, 格局氣象, 及暗神化神忌神剋神, 皆成一個體段, 卻是一面氣象, 與日主無干, 或傷剋日主太過, 或幫扶日主寸過, 中間要辨體月, 又無形跡, 只得用日主自引生喜之神, 別求一個活路, 有用過於體者, 如用食神, 而財官盡行隱伏, 則太發露浮散,

有體用角立者, 體用皆旺, 不分勝負, 行運又無輕重上下, 則角立之,
有體用俱滯者, 如木火俱旺, 不遇金土, 則俱滯之, 不可一端定也, 然
體用之用, 與用神之用, 有分別, 若以體用之用爲用神, 固不可, 舍此
別求用神亦不可, 只要斟酌體用眞確, 而取其最要緊者爲用神, 卽二
三用神亦得, 須抑揚其輕重, 母使有餘不足可也.

精神論

人有精神, 不可以一偏求也, 要在損之益之得其中.

五行大率以金水爲精氣, 木火爲神氣, 而土所以實之者也, 有神足不
見其精, 而精自足者, 有精足不見其神, 而神自足者, 有精缺神索而
日主孤弱者, 有神不足而精有餘者, 有精不足而神有餘者, 有精神俱
缺而氣旺者, 有精缺而得神以助之者, 有神缺而得精以生之者, 有精
助精而精反洩者, 有神助神而神反斃者, 皆無氣以生也, 凡此不可以
一偏求之, 俱要損益其進退, 勿使過興不及可也.

衰旺論

能知衰旺之眞機, 其於立命之奧, 思過半矣.

旺則宜洩宜傷, 衰則喜幫喜助, 子平之理也, 然旺中有衰者存, 不可
損也. 衰中有旺者存, 不可益也. 旺之極者不可損, 以損在其中矣, 衰
之極者不可益, 以在其中矣. 至於所當損者而損之反凶, 所當益者而

益之反害, 此中眞機皆能知之, 何難於立命之微奧乎.

中和論

能識中和之正理, 而於五行之妙, 有全能焉.

中而且和, 子平之要法, 雖曰有病方爲貴, 無傷不是奇, 然畢竟云：
格中如去病, 財祿兩相隨, 則又中和矣, 是必歸於中和, 乃爲至貴, 若
身弱而財官旺也. 取富貴不必於中也, 用神强, 亦取富貴不必於和也,
偏氣古怪, 亦取富貴不必於中且和也, 則以天下之財官, 止有此數,
而天下之人才, 最邪巧也.

剛柔論

剛柔不一也,　　不可制者, 引其性情而已矣.

剛柔相濟, 不必言也, 若夫剛者濟之以柔, 而不得其情, 反助其剛矣,
譬之武人而得士卒, 則成殺伐, 如庚辛生於七月, 遇丁火而激其威,
遇乙木而助其暴, 遇已土而成其志, 遇癸水而益其銳, 不如以柔之剛
者濟之可也. 壬水是也, 蓋壬水有正性, 能引通庚之情故也, 若以剛
者激之, 其禍可勝言哉！柔者濟之以剛, 而不得其情, 反其柔矣, 譬
之婦人而遇恩威, 則成淫賤, 如乙木生於八月, 遇甲丙壬而喜則舒情,
遇戊寅庚而畏則失身, 不如以剛之柔者濟之可也, 丁火是也, 蓋丁火
有正性, 能定乙木之情故也, 若以柔之柔者合之, 其弊何所底乎, 餘

做此.

順逆論

順逆不齊也, 不可逆者, 順其氣勢而已矣.

剛柔之道, 可順而不可逆也, 源遠流長, 可順而不可逆也, 其勢已成, 可順而不可逆也, 權在一人, 可順而不可逆也, 二人同心, 可順而不可逆也.

寒暖論

天道有寒暖, 發育萬物, 人道得之, 不可過也.

陰支爲寒, 陽支爲暖, 金水爲寒, 木火爲暖, 得氣之寒, 遇暖而發, 得氣之暖, 遇寒而成, 寒之甚, 暖之至, 內有一二成象, 必無好處, 若五行陽遇子月, 則一陽後萬物懷胎, 陽乘陽位, 可東可西, 陰逢午月, 則一陰後, 萬物收藏, 陰乘陰位, 可南可北.

地道有燥濕, 生成品彙, 人道得之, 不可偏也.

過於濕者, 滯而無成, 過於燥者, 烈而有禍, 水有金生, 遇寒土而愈濕, 火有木生, 遇暖土而愈燥, 皆偏枯也, 木火而成其燥者, 言木火傷官要濕也, 土水而成其濕者, 言金水傷官要燥也, 間有火土而宜燥者, 用土而後用火, 金燥而宜濕者, 用金而後用水.

月令論

月令提綱, 譬之宅也, 人元用事之神, 宅之向也, 不可以不卜.

令星, 乃命之至要, 宜氣象得令者吉, 喜神得令者吉, 故如人之家宅, 支藏之人元, 如寅中戊土丙火甲木, 辨其孰爲用事, 則可以取格, 可以取用, 故如宅之向也. (如寅月生人, 立春後七日前, 皆値戊土用事, 八日後十四日前, 丙火用事, 十五日後, 甲木用事, 知此則可以取格, 可以取用矣).

生時論

生時歸宿, 譬之墓也, 人元用事之神, 墓之穴也, 不可以不辨.

子時生人前三刻三分, 壬水用事, 後四刻七分, 癸水用事, 其與寅時生人, 戊土用事何如? 丙火用事何如? 甲木用事何如? 局中所用之神, 與壬水癸水用事何如? 窮其淺深, 如墓之定穴, 斯可以斷人之禍福, 凡同年月日時, 而百人各一應者, 固當究其時之先後, 又當論其山川之異, 世德之殊, 十有九驗, 其不然者, 不過此則有官, 彼則多子, 此則多財, 彼則妻美, 小異耳, 夫山川之異, 不惟東酉南北, 迴乎不同, 卽一吧一家, 而風聲氣習, 不能一律也, 世德之殊, 不惟富貴貧賤, 截然不侔, 卽同門同戶, 而善惡邪正, 不盡齊也, 學者察此, 可以知興替矣.

源流論

何處起根源, 流向可方住, 機括此中求, 知來亦知去.

不必論當令不當令, 以取最多旺, 可爲全局祖者宗爲源頭, 看此源頭, 流到何方, 流去之處, 若是所喜之神, 卽在此住了爲妙, 如:

時	日	月	年
丁	戊	癸	辛
巳	申	巳	酉

以火爲源頭, 至金水方卽住, 所以富貴, 若再流至木地, 則氣洩爲亂, 如未曾流至去方, 中間遇阻, 看其阻在何地, 阻住何神, 可以知其吉凶, 如:

時	日	月	年
壬	癸	壬	癸
子	丑	戌	丑

以土爲源頭, 流至水方, 只生得一個身子, 而戌中火土之氣, 無從引助, 所以爲僧也.

通隔論

兩意本相通, 中間有關隔, 此關若通也, 到處歡相得.

陰陽之氣, 欲和合相生, 木土而得火, 火金而得土, 土水而得金, 金木而得水, 水火而得木, 情本相通, 若中間或被間阻, 或被刑沖, 或被劫占, 皆爲關隔, 如局中及歲運, 得引用會合之神, 去其間阻, 和其刑沖, 制其劫占, 乃爲通關, 關通則滿局皆順遂矣, 豈不歡相得哉.

淸濁論

一淸到底有淸神, 管取平生富貴眞, 澄濁求淸眞得去, 時來寒谷也生春.

淸者, 不必一氣成局之謂也, 如正官之格, 身旺有財, 身弱有印, 並無傷官七煞, 縱有比肩, 食神, 財煞, 印綬, 雜之, 皆循序得所, 有安頓, 或作閒神, 不來破局, 乃爲之淸, 又要有精神, 有氣勢, 不枯不弱方佳, 濁非五行並出之謂也;如正官格, 身弱煞食雜之, 不能傷我之官, 反與官星不和, 印綬雜之, 不能扶我之身, 反與財星相伐, 俱爲濁局, 或得一神有力, 或行運得所, 掃其濁氣, 皆爲澄濁求淸, 亦富貴之命.

滿盤濁氣令人苦, 一局淸枯也苦人, 半濁半淸無去取, 多成多敗度晨昏.

柱中尋他淸氣不出, 行運又不能去其濁氣, 必是貧賤, 若淸而枯, 弱而無氣, 行運又不遇生地, 亦淸苦之人, 至於濁氣又難去, 淸氣又不眞, 行運又不遇淸氣, 又不脫濁氣, 此則成敗不一.

眞假論

令上尋眞聚得眞, 假神休要亂眞神, 眞神得用平生貴, 用假終爲碌碌人.

如木火透者, 生寅月聚得眞, 不要金水亂之, 則眞神得用, 不爲忌神所害, 必然發貴, 如金水猖狂, 而用金水, 是金水不得令, 徒與木火不和, 乃爲碌碌平庸人矣.

眞假參差難辨論, 不明不暗受遭迍 提綱不與眞神照, 暗處尋眞也有眞.

命之眞者得令, 假神得局而黨多, 或假神得令, 眞神得局而黨多, 不見眞假之跡, 或眞假皆得令得助, 不能辨其勝負, 雖無大禍, 一生屯否而少安樂, 寅月生人, 不透木火而透金水爲用神, 是爲提綱不照也, 得巳丑暗邀, 戊巳轉生, 酉沖卯, 乙庚暗化, 氣轉西方, 亦爲有眞, 亦或發福, 以上特舉一端耳, 其會局合神, 從化, 用神, 精神, 形象, 才德邪正. 緩急, 生死, 進退之例, 莫不有其眞假, 最宜詳辨.

隱顯論

吉神太露, 起爭奪之風, 凶物深藏, 成養虎之患.

局中所喜之神, 透於天干, 歲運傷之, 局中所忌之神, 伏於地支, 歲運扶之, 皆爲禍患, 故暗用吉神則吉, 如明露忌神, 制化得所者亦吉.

衆寡論

抑强扶弱者常理, 用强舍弱者元機.

强衆而敵寡者, 勢在去其寡, 强寡而敵衆者, 勢在成乎衆, 强寡而敵衆者, 喜强而助强者吉, 强衆而敵寡者, 惡敵而敵衆者滯也.

奮鬱論

局中顯奮發之機者, 神舒意暢, 局內多沉埋之氣者, 心鬱志灰.

陽明用事, 用神得力, 天地交泰, 神顯精通, 大都奮發, 陰晦用事, 情多私戀, 主弱臣强, 神暗精洩, 大抵困鬱. 純陽之勢, 身旺而財官旺者必發, 純陰之局, 身弱而官煞多者必困.

恩怨論

兩意情通中有媒, 雖然遙立意尋追, 有情卻被人離間, 怨起中間死者灰.

喜神合神, 兩情相通, 又引用神生化, 如有媒矣, 雖遠隔分立, 其情自相和好, 有恩而無怨, 若忌神離間, 求合不得, 或至相害, 則恩反成怨矣! 至於可憎之神, 遠之爲妙, 可愛之神, 近之尤切, 又有一般邂逅相逢者, 得之不勝其樂, 私情牽合者, 去之亦足爲喜.

順反論

一出門來要見兒, 見兒成氣轉相楣, 從兒不論身强弱, 只要吾兒又遇兒.

此與成象從象傷官不同, 只取我生者爲兒, 如木遇火成象, 不論日主强弱, 但看火能生土, 又成生育之勢, 是爲順用, 必然富貴.

君賴臣生理最微, 兒能生母洩天機, 母慈滅子關頭異, 夫健何爲又怕妻.

日干, 君也, 所剋者, 臣也. 皆君賴臣生也.

水泛木浮, 土止水則生木.

木旺火晦, 金伐木則生火.

火炎土焦, 水剋火則生土.

土重埋金, 木剋土則生金.

金旺水濁, 火剋金則生水.

日干, 母也, 所生者, 子也. 皆兒生母也.

木被金削, 火剋金則生木.

火遭水滅, 土剋水則生火.

土遇木傷, 金剋木則生土.

金逢火鎔, 水剋火則生金.

水因土塞, 木剋土則生水.

木, 母也, 火, 子也.

木太旺, 反使火熾而熄, 是爲母慈滅子.

木, 夫也, 土, 妻也, 木雖旺, 土生金而剋木, 是爲夫健怕妻, 此皆反取, 餘如之, 其有水逢烈火而生土, 火逢寒金而生水, 水生金者, 潤土之燥, 火生木者, 解水之 凍, 火焚木而水竭, 土滲水而木枯, 亦皆反局也.

戰合論

天戰猶自可, 地戰急如火.

天干遇甲庚, 乙辛, 謂之天戰, 而得地順靜者無害, 支寅申, 卯酉, 謂之地戰, 則干不能爲力, 其勢速凶, 蓋天主動, 地主靜故也, 如庚申, 甲寅, 乙卯, 辛酉, 之類, 皆見者, 謂之天地交戰, 必凶無疑, 遇運歲合之會之, 視其勝負, 亦有可存可發者, 其有兩沖者, 只得一個合神有力, 或會神, 或庫神, 或貴神, 以收其動氣, 息其爭氣, 亦有佳者, 至於喜神伏藏死絶者, 又要沖動, 引用生發之氣.

合有宜不宜, 合多不爲奇.

喜神有能合助之者, 以庚爲喜神, 得乙合而助之, 以其化金也, 凶神有能合而去之者, 以甲爲凶神, 得己合而去之, 以其化土也, 動局有能合而靜者, 如子午相沖, 得丑合而靜, 生局有能合而成者, 如甲生於亥, 得寅合而成, 皆宜也, 若助其凶神之合, 如己爲凶神, 甲合之, 則助己, 以其化土也, 絆其喜神之合, 如乙爲喜神, 庚合之, 則絆乙, 以其化金也, 或丑未爲喜神, 子午合之, 則成閒神, 或甲木爲忌神, 寅亥合之, 則增凶勢, 皆不宜也, 大率多合則不流通, 不奮發, 雖有秀氣, 亦不爲奇.

震兌論

震兌勢不兩立, 而有相成者存.

震在內, 兌在外, 月日皆木, 年時皆金是也, 主之所喜者在震, 以兌爲敵國, 必用火攻, 主之所喜者在兌, 以震爲奸宄, 備禦之而已, 兌在內, 震在外, 月日皆金, 年時皆木是也, 主之所喜者在兌, 以震爲游兵, 易於滅, 然不可黨也, 主之所喜者在震, 以兌爲內寇, 難於滅, 尤不可助也, 惟水可爲說客, 可以相閒相解, 亦論主之所喜所忌何如, 若金忌木而木帶火, 木不傷土, 不必去木也, 若木忌金而金強者不可戰, 秋金而木茂, 木終不能爲金之害, 反以成金之仁, 春木而金盛, 金實足以制木之性, 反足以全木之義, 其月提是木, 年日時皆金者, 雖問主之所喜所忌, 而亦宜順金之性, 凡月是金, 年日時皆木者, 雖問主之所喜所忌, 而亦宜順木之性.

坎離論

坎離氣不並行, 而有相濟者在.

天干透壬癸, 地支屬離, 爲旣濟, 要天氣下降, 天干透丙丁, 地支屬坎, 爲未濟, 要地氣上升, 天干皆水, 地支皆火, 爲交姤, 身强則吉, 天干皆火, 地支皆水, 爲交戰, 身弱則凶, 坎外離內, 亦謂之未濟, 所喜在離, 要水竭.

按原本缺兩頁, 從主之所喜在坎起, 至水奔而性柔者全金木之神爲止, 原本全缺, 戴從別本抄錄補人, 特誌之.

主之所喜在坎, 則不祥, 離外坎內謂之旣濟, 主之所喜在坎, 要離降, 主之所喜在離, 要木和, 水火相間於天干, 以火爲主, 而水盛者存, 坎離相見於地支, 喜坎而坎旺者昌, 夫子午卯酉, 專氣也, 其相制相持之勢, 宜悉辨之, 若四生四庫之神, 皆所以黨助子午卯酉者, 其理亦可推詳.

謹按震兌者, 金木交爭之局也, 坎離者, 水火相戰之局也, 戰爭之局, 必須有以和之, 金木交爭, 不能缺水, 水火相戰, 不能缺木, 以水與木爲調和通關之神也, 如原局無水木, 必須一路行水運或木運, 方能彌其缺, 否則, 必不爲吉, 又如火爲日主, 見金木爲財印交差, 土爲日主, 見水火亦爲財印交差, 必須有官煞以和之, 原局無官煞, 必須行官煞之運, 亦調和之意也, 此指財印相礙而言, 若上下隔離, 財印不相礙, 則不以此論.

君臣論

君不可抗也, 貴乎損上以益下.

日主爲君, 財星爲臣, 如甲乙日主, 滿盤是木, 內有一二點土, 是君盛臣衰, 要助其臣, 火生之, 土實之, 金衛之, (官制劫以衛財) 其勢要多, 庶幾上全而下安.

臣不可過也, 貴乎損下益上.

日主爲臣, 官星爲君, 如甲乙日主, 滿盤是木, 內有一二點金, 是臣盛而君衰, 要土金勢盛, 方能助其君, 用帶土之火以洩木氣, 用帶水之土以生金, 庶君安而臣全, 若木火太盛, 不得已存君之子, 用水之氣, (用印) 一路行水運, 小能發福.

母子論

知慈母恤孤之道, 方有瓜瓞無疆之慶.

日主爲母, 所生爲子 (食傷) 如甲乙日主, 滿盤是木, 內有一二點火, 是母旺子孤, 要助其子, 行火運, 方有瓜瓞綿綿之慶矣.

知孝子奉親之方, 始能克諧大順之風.

日主爲子, 生我爲母(印綬) 如甲乙日主, 滿盤是木, 中有一二點水, 爲子眾母衰, 要安其母, 用金生水, 用土生金, 則子母之情順矣, 設或無金, 則水之情依乎木, 行木火旺地亦可.

才德論

德勝才者, 局全君子之風, 才勝德者, 用顯多能之象.

淸順中和, 主輔得宜, 所合之物, 所用之神, 皆正氣, 不必節外生枝, 弄假成眞, 才官食印之淸喜用者, 配置合宜, 則其平生不生貪戀之私, 度量寬宏, 施淸必正, 此君子之風也, 財官不向日主, 而日主貪合强求, 混濁破害, 主弱輔强, 用神雜亂, 此心事奸貪, 作事徼倖, 淸多能之象, 大率陽內陰外, 不激不沖者, 淸德勝才, 如丙寅, 戊辰月日, 己卯, 癸卯年時, 皆是, 若陽外陰內, 則畏勢趨利, 淸才勝德矣. 如己卯, 己巳月日, 丙寅, 戊寅年時皆是.

性情論

五行不戾, 惟正淸和, 濁亂偏枯, 性情乖逆.

五行在天, 爲金木水火土之氣, 在人爲仁義禮智信之性, 五氣不乖張, 則其存於人之性, 發於外爲情, 莫不淸和矣, 反此者乖戾.

火烈而性燥者, 遇金水之激.

火烈而性燥, 若能順其性, 則光明磊落, 遇金水激之, 則燥急不可禦, 反激而成患矣.

水奔而性柔者, 全金木之神.

水順而奔, 其性至剛至急, 惟有金以行之, 木以納之, 則柔矣.

木奔南而軟怯.

木之性, 見火而慈, 奔南則仁之性行於禮, 其性軟怯, 得其中者爲惻隱, 得其偏者爲姑息.

金見水以流通.

金之性最方正, 有斷制, 見水則義之性行於智, 而元神不滯, 得氣之正者, 是非不苟, 有斟酌, 有變化, 得氣之偏者, 必泛濫流蕩.

最拗者, 西水還南.

西方之水, 發源最長, 氣勢最旺, 無土以制之, 木以納之, 浩蕩之勢, 不能順行, 而反行南方, 則逆其性而强拗難制.

至剛者東火轉北.

東方之火, 其燄炎上, 局中無土以收之, 水以制之, 焚烈之勢, 若不能順行, 反行北方, 則逆其性而剛暴.

順生之機, 遇擊神而抗.

如木生火, 火生土, 一路順其性序, 自相平和, 遇擊而不能遂其順生之性, 則抗而躁急.

逆折之序, 見閒神而狂.

木生於亥, 見戌酉申則氣逆, 非性之所安, 又遇閒神, 若巳酉丑逆之, 則必發而爲狂猛.

陽明遇金, 鬱而多煩.

寅午戌爲陽明, 有金氣伏於內, 則成其鬱, 而多煩悶.

陰濁藏火, 包而多滯.

酉丑亥爲陰濁, 有火氣藏於內, 則不能發揮而多濕滯.

陽刃局, 戰則逞威, 弱則怕事, 傷官局, 淸則謙和, 濁則剛猛, 用神多者, 性情不常, 支格濁者, 作爲多滯. 凡此皆性情之異, 喜惡之殊, 不得以日主論, 凡局中莫不有性情, 觀其情性, 可知施爲, 觀其施爲, 可知吉凶.

疾病論

五行和者, 一世無災.

五行和者, 不特全不缺, 生而不剋, 只是全者宜全, 缺者宜缺, 生者宜生, 剋者宜剋, , 則和矣, 主一世無災.

血氣亂者, 平生多疾.

血氣亂者, 不特火勝水, 水剋火之類, 五氣反逆, 上下不通, 往來不順, 皆爲亂, 主其人多疾病.

忌神入五臟而病凶.

柱中所忌之神, 不制不化, 不沖不散, 隱伏深固, 克人五臟, 則其病凶.

忌木而入土者脾病, 忌火而入金則肺病, 忌土而入水則腎病, 忌金而入木則肝病, 忌水而入火則心病.

又看虛實, 如木入土, 土旺者, 則脾有餘之病, 發於四季月, 土衰者, 則貏不足之病, 發於春冬月, 餘倣此.

客神遊六經而災小.

客神比忌神爲輕, 遊行六道, 則必有災, 如木遊於土地而胃病, 火遊金地而大腸病, 土行水地而膀胱病, 金行木地而膽病, 水行火地而小腸病.

木不受水者血病.

木逢沖而或虛脫, 則不受水, 必主血病, 蓋肝屬木而藏血, 不納則病矣.

土不受火者氣傷.

土逢沖中虛脫, 則不受火, 必主氣病, 蓋膽屬土而容火, 不受則病矣.

金水傷官, 寒則冷嗽, 熱則痰火, 火土印綬, 熱則風痰, 燥則皮癢, 論痰多木火, 生毒鬱火金, 金水枯傷而腎經虛, 水土相勝而脾胃洩.

凡此皆五行不和之病, 嘗有局中應傷六親, 而不盡驗者, 殆以病免其
咎, 如土爲妻, 土受傷應剋妻, 而不剋者, 或其人恒患脾病, 則亦足以
當之矣.

閒神論

閒神一二未爲疵, 不去何妨莫動伊, 半局閒神任閒著, 要緊之地立根
基.

喜神不必多, 一喜而衆善備矣, 忌神不必多, 一忌而衆害備矣, 自喜
忌之外, 不必以爲喜, 不足以爲忌者, 皆閒神也, 如以天干爲用神, 成
氣成合, 而地支之神, 虛脫無氣, 沖合自適, 升降無情, 如以地支爲用
神, 成局成合, 而天干之神, 遊散浮泛, 不礙日主, 陽輔陽而陰氣停泊,
不沖不動, 不合不助, 陰亦如之, 日月有情, 年時不顧, 日主無氣無情,
日時閒斷, 年月不顧, 日主無沖無害, 此等閒神, 只不去動他, 但有要
緊之地, 自然營寨, 至於運道, 只行自己邊界爲妙.

絆神論

出門要向天涯遊, 何似裙釵恣意留, 不管白雲與明月, 任君策馬上皇
州.

本欲發奮有爲, 而日主有合, 不顧用神, 用神有合, 不顧日主, 不欲貴

而有貴, 不欲祿而遇祿, 不欲合而有合, 不遇生而遇生, 皆有情而反無情, 如爲裙釵所留, 而不能去, 若日主棄閒神而馳驟, 無私意牽制, 用神隨日主而驅策, 無私情羈絆, 足以成其大志, 是無情而有情, 譬之策馬而上皇州也.

六親論

夫妻姻緣宿世來, 喜神有意傍妻財.　局中有喜神, 一生富貴在於是, 妻子在於是, 大率依財看妻, 如喜神卽是財神, 其妻美而且富貴, 喜神與財神不相妒忌, 亦可, 否則剋妻, 或不美, 或欠和, 然看財神, 又須活法, 如財神薄, 須要助財, 財旺身弱, 又喜比劫, 財神傷印者, 要官星, 財薄官多者, 要傷官, 財氣未行, 要沖者沖, 洩者洩, 財旣流通, 要合者合, 庫者庫, 若財太洩, 比肩透露, 及身旺無財者, 必非夫婦全美, 若財旺身强而富貴者, 必多妻妾.

子女根枝一世傳, 喜神看與殺相聯.

大率依官星看子, 如喜神卽官星, 其子賢俊, 喜神與官星不相妒, 亦好, 否則無子, 或不肖, 或有剋, 然看官星又要活法, 如官輕身旺, 須要助官, 殺重身輕, 須要印比, 若官星阻滯要沖發, 官星太洩要幫助, 無官星者以財取論, 財能生官也.

父母或興與或替, 歲月所關果非細.

子平之法, 以財爲父, 以印爲母, 然看歲月爲緊要, 如歲月不傷夫喜神, 及歲氣有益於月令者, 父母必昌, 歲月之氣, 虧喪於時干者, 先剋父, 歲月之氣, 虧喪於時支者, 先剋母, 又須活看局中大勢, 有隱隱露其興亡之機, 而不必在財印者, 再看生財生印, 與財生印生之神, 而損益舒配, 無不驗矣.

兄弟誰廢與誰興, 提綱喜神問重輕.

劫財, 比肩, 陽刃, 皆兄弟, 要與提綱之神及喜神, 較其輕重, 財官弱, 三者顯其攘奪之跡, 兄弟必強, 財官旺, 三者出其助主之功, 兄弟必美, 身與財官兩平, 而三者伏而出助, 兄弟必貴, 比肩重, 而傷官財煞亦旺者, 兄弟必富, 身弱而三者不顯, 有印而兄弟必多, 身旺而三者顯, 無官, 而兄弟必衰.

女命須要論安詳, 氣靜平和婦道彰, 二德三奇虛好話, 咸池驛馬漫推詳.

局中官星明順, 夫貴而吉, 不必言也, 若官星太旺, 以傷爲夫, 官星太微, 以財爲夫, 比肩旺而無官, 以食傷爲夫, 傷官旺而無財官, 印綬爲夫, 滿局官星欺日主者, 喜印綬而官不剋主也, 滿局印星洩官星者, 喜財星而身不剋夫也.

局中食神清顯, 子貴而清, 不必言也, 若傷官太旺, 以印爲子, 食神無氣, 以比肩爲子, 印旺而無傷官者以財爲子, 財旺洩食傷太甚者, 以比肩爲子也, 不必專執一端而論, 總之女命但以安詳順靜爲貴, 二德三奇不必論, 咸池驛總無關, 即或有驗, 於理不長.

小財殺論精神, 四柱平和易養成, 氣勢悠長無嘶喪, 關星雖有不傷身.

格中不黨財生殺, 日主健旺, 精神貫足, 干支安頓和平, 又要看氣勢, 如氣勢在於日主, 而日主雄壯, 氣勢在於財官, 而財官助日主, 氣勢在於東南, 而五七歲之前, 不行西北, 氣勢在西北, 而五七歲之前, 不行東南, 行運不逢嘶喪, 此爲氣勢悠長, 雖有關煞, 亦不傷身.

出身論

巍巍科第邁等倫, 一個元機暗裏尋.

狀元格局, 清奇迥異, 若隱若露, 奇而難決者, 必有元機, 須搜尋之.

清得靜時黃榜客, 雖雜濁氣亦中式.

天下之命, 未有不清而發科甲者, 清得盡時, 不止一二成象, 雖五行盡出, 而生剋制化, 情通理得, 並不混閒神忌客, 決發科甲, 即有一二濁氣, 而清氣或成一個體般, 亦可發達.

秀才不是塵凡子, 清氣只嫌官不起.

秀才之命, 與異路人富人貧人, 無甚大別, 然終有一種清氣, 但官星不起, 故無爵祿.

異路功名莫說輕, 日干得氣遇財星.

刀筆得成者, 與不成者自異, 必是財星成箇門戶, 通得官星, 有一種清旺之氣, 所以得出身, 其老於刀筆, 而不能出身者, 終是官星與財星相拗也.

地位論

臺閣勳勞百世傳, 天然清氣顯機權.

若爲公爲卿, 必清中有一種權勢出人處.

職掌兵權豸冠客, 刃殺神清氣勢特.

掌生殺風紀, 氣勢必起, 清中精神自異, 或刃殺兩顯者.

分藩司牧財官和, 清奇純粹局全多.

方面官財和順, 清奇純粹, 格正局全, 又有一般精神.

便是諸司并首領, 也從清濁分形影.

至貴者一以清而位乎上, 卽膺一命之榮, 如雜職佐貳首領等官, 亦莫不有股清氣, 與濁者自別, 然清濁之形影最難辨, 不專是財官印綬內有清有濁, 凡格局, 氣象, 用神, 合神, 日主化氣, 從氣, 精氣, 神氣, 次序收藏, 發生意向, 節度情性, 理勢源流, 主從之間皆有之, 先於皮面上尋其形影, 得其形影, 而逐可以尋其精髓, 乃論大小尊卑耳.

貴賤貧富吉凶壽夭論

何知其人貴, 官星有理會.

官星身旺, 而印衛官, 忌劫而官能制劫, 喜印而官能生印, 財星旺而星通達, 官星旺而財神有氣, 無官而暗成官局, 官星藏而財神亦藏, 此皆官星有理會, 所以貴也, 夫論官與論子之法, 可相通也, 然有子多而無官者, 身顯而無子者, 亦看刑沖會合, 但官星清而身旺者必貴, 官星濁而身旺者必多子, 至於得象得氣得局得格者, 妻子富貴雙全.

何知其人賤, 官星總不見.

官星不見者, 不但失令被傷也, 財輕官重, 官輕印重, 財重無官, 官重無印者, 皆是官星不見, 中有一位濁氣, 則不貧亦賤, 至於用神無力, 忌神太過, 敵不受降, 助旺欺弱, 主從失宜, 歲運不輔, 既貧且賤矣.

何知其人富, 財氣通門戶.

財旺身強, 官星衛財, 忌印而財能壞印, 喜印而財能生官, 傷官重而財神流通, 財神重而傷官有限, 無財而暗成財局, 財露而傷官亦露, 此皆財氣通門戶, 所以富也, 夫論財與論妻之法, 可相通也, 然有妻賢而財薄者, 亦有妻傷而財厚者, 須看刑沖會合, 但財神清而身旺者妻美, 財神濁而身旺者家富.

何知其人貧, 財神終不眞.

財不眞者, 不但洩氣被劫也, 傷輕財重, 財輕官重, 傷重印輕, 財重劫輕, 皆爲財神不眞也, 中有一位淸氣則不貧. 何知其人吉, 喜神爲輔弼. 柱中所喜之神, 左右終始皆得其力者必吉, 若大勢平順, 內體堅厚, 主從得宜, 縱有一二忌神來攻, 亦不爲凶, 譬之國內安和, 不愁外寇. 何知其人凶, 忌神輾轉攻. 財官無力, 用神無力, 不過無所發達, 少帶刑剋, 至於忌神太多, 或刑或沖, 歲運助之, 輾轉相攻, 局內無備禦之神, 又無主從, 不免刑傷破敗, 災難常侵, 到老不吉.

何知其人壽, 性定元氣厚.

靜者壽, 柱中無沖無合, 無缺無貪, 則其性靜矣, 元神厚者, 不特靜氣神氣皆全之謂也, 官星不絶, 財神不滅, 傷官有氣, 身弱印輕, 提綱輔主, 用神有力, 時上生根, 運無絶地, 皆是元神厚也, 大率甲乙寅卯之氣, 不遇沖戰洩氣, 偏旺浮泛, 而安頓得所者必壽, 木屬仁, 仁者壽, 每每有驗, 若貧賤而壽者, 以其氣淸身旺, 或身弱而運行生地, 小小安康, 食祿不缺耳.

何知其人夭, 氣濁神枯了.

氣濁神枯之命, 極易看, 印綬太旺, 日主無著落, 財煞太旺, 日主無依靠, 忌神與喜神雜戰, 四柱與行運反沖, 絶而不和, 靜而不專, 濕而滯, 燥而鬱, 精流氣洩, 此皆無壽之命也.

貞元論

造化生生不息機, 貞元往復運誰知, 有人識得其中數, 貞下開元是處宜.

三元皆有貞元, 如以八字論, 則年爲元, 月爲亨, 日爲利, 時爲貞, 年月吉者, 前半世吉, 日時吉者, 後半世吉, 以大運論, 初十五年爲元, 次十五年爲亨, 中十五年爲利, 後十五年爲貞, 元亨運吉者, 前半世吉, 利貞運吉者, 後半世吉, 至於人壽旣終之後, 運之所行, 果所喜者, 則世世昌盛, 此貞下起元之妙, 生生不息之機, 所以驗奕世之兆, 而知運數之一定不易者也.

음파메세지(氣) 성명학

신비한 동양철학 51

새로운 시대에 맞는 새로운 성명학

지금까지의 모든 성명학은 모순의 극치를 이루고 있다.
이제 새로운 시대에 맞는 음파메세지(氣) 성명학이 탄
생했으니 차근차근 읽어보고 복을 계속 부르는 이름을
지어 사랑하는 자녀가 행복하고 아름다운 삶을 살아갈
수 있도록 하는데 도움이 되었으면 한다.

· 청암 박재현 저

정법사주

신비한 동양철학 49

독학과 강의용 겸용의 책

이 책은 사주추명학을 연구하고자 하는 분들에게 심오
한 주역의 이해를 돕고자 하는 의도에서 시작되었다.
음양오행의 상생상극에서부터 육친법과 신살법을 기초
로 하여 격국과 용신 그리고 유년판단법을 활용하여
운명판단에 첩경이 될 수 있도록 했고, 추리응용과 운
명감정의 실례를 하나 하나 들어가면서 독학과 강의용
겸용으로 엮었다.

· 원각 김구현 저

동양철학전문출판 삼한

찾기 쉬운 명당

신비한 동양철학 44

풍수지리의 모든 것 !

이 책은 가능하면 쉽게 풀려고 노력했고, 실전에 도움이 되도록 했다. 특히 풍수지리에서 방향측정에 필수인 패철(佩鐵)사용과 나경(羅經) 9층을 각 층별로 간추려 설명했다. 그리고 이 책에 수록된 도설, 즉 오성도, 명산도, 명당 형세도 내거수 명당도, 지각(枝脚)형세도, 용의 과협출맥도, 사대혈형(穴形) 와겸유돌(窩鉗乳突) 형세도 등은 국립중앙도서관에 소장된 문헌자료인 만산도단, 만산영도, 이석당 은민산도의 원본을 참조했다.

· 호산 윤재우 저

명리입문

신비한 동양철학 41

명리학의 필독서 !

이 책은 자연의 기후변화에 의한 운명법 외에 명리학도들이 궁금해 했던 인생의 제반사들에 대해서도 상세하게 기술했다. 따라서 초보자부터 심도있게 공부한 사람들까지 세심히 읽고 숙독해야 하는 책이다. 특히 격국이나 용신뿐 아니라 십신에 대한 자세한 설명, 조후용신에 대한 보충설명, 인간의 제반사에 대해서는 독보적인 해설이 들어 있다. 초보자들에게는 더할 수 없이 훌륭한 길잡이가 될 것이다.

· 동하 정지호 편역

사주대성

•••••••••••••••••••••••••••••

신비한 동양철학 33

초보에서 완성까지

이 책은 과거 현재 미래를 모두 알 수 있는 비결을 실었다. 그러나 모두 터득한다는 것은 어려울 것이다.역학은 수천 년간 동방의 석학들에 의해 갈고 닦은 철학이요 학문이며, 정신문화로서 영과학적인 상수문화로서 자랑할만한 위대한 학문이다.

· 도관 박흥식 저

해몽정본

•••••••••••••••••••••••••••••

신비한 동양철학 36

꿈의 모든 것 !

막상 꿈해몽을 하려고 하면 내가 꾼 꿈을 어디다 대입시켜야 할지 모를 경우가 많았을 것이다. 그러나 이 책은 찾기 쉽고, 명료하며, 최대한으로 많은 갖가지 예를 들었으니 꿈해몽을 하는데 어려움이 없을 것이다.

· 청암 박재현 저

동양철학전문출판 삼한

기문둔갑옥경

신비한 동양철학 32

가장 권위있고 우수한 학문 !

우리나라의 기문역사는 장구하지만 상세한 문헌은 전무한 상태라 이 책을 발간하기로 했다. 기문둔갑은 천문지리는 물론 인사명리 등 제반사에 관한 길흉을 판단함에 있어서 가장 우수한 학문이며 병법과 법술방면으로도 특징과 장점이 있다. 초학자는 포국편을 열심히 익혀 설국을 자유자재로 할 수 있도록 하고 개인의 이익보다는 보국안민에 일조하기 바란다.

· 도관 박흥식 저

정본·관상과 손금

신비한 동양철학 42

바로 알고 사람을 사귑시다

이 책은 관상과 손금은 인생을 행복으로 이끌기 위해 있다는 관점에서 다루었다. 그야말로 관상과 손금의 혁명이라고 할 수 있을 것이다. 여러분도 관상과 손금을 통한 예지력으로 인생의 참주인이 되기 바란다. 용기를 불어넣어 주고 행복을 찾게 하는 것이 참다운 관상과 손금술이다. 이 책으로 미래의 좋은 예지력을 한번쯤 발휘해 보기 바란다. 이 책이 일상사에 고민하는 분들에게 해결방법을 제시해 줄 것이다.

· 지창룡 감수

조화원약 평주

신비한 동양철학 35

명리학의 정통교본!

이 책은 자평진전, 난강망, 명리정종, 적천수 등과 함께 명리학의 교본에 해당하는 것으로 중국 청나라 때 나온 난강망이라는 책을 서낙오 선생께서 설명을 붙인 것이다. 기존의 많은 책들이 격국과 용신으로 감정하는 것과는 달리 십간십이지와 음양오행을 각각 자연의 이치와 춘하추동의 사계절의 흐름에 대입하여 인간의 길흉화복을 알 수 있게 했다.

• 동하 정지호 편역

龍의 穴·풍수지리 실기 100선

신비한 동양철학 30

실전에서 실감나게 적용하는 풍수지리의 길잡이!

이 책은 풍수지리 문헌인 조선조 고무엽(古務葉) 태구승(泰九升) 부집필(父輯筆)로 된 만두산법(巒頭山法), 채성우의 명산론(明山論), 금랑경(錦囊經) 등을 알기 쉬운 주제로 간추려 풍수지리의 길잡이가 되고자 했다. 그리고 인간의 뿌리와 한 사람의 고유한 이름의 중요성을 풍수지리와 연관하여 살펴보아야 하기 때문에 씨족의 시조와 본관, 작명론(作名論)을 같이 편집했다.

• 호산 윤재우 저

동양철학전문출판 삼한

천직·사주팔자로 찾은 나의 직업

신비한 동양철학 34

역경없이 탄탄하게 성공할 수 있는 방법!

잘 되겠지 하는 막연한 생각으로 의욕만 갖고 도전하는 것과 나에게 맞는 직종은 무엇이고 때는 언제인가를 알고 도전하는 것은 근본적으로 다르고, 결과 또한 다르다. 더구나 요즈음은 I.M.F.시대라 하여 모든 사람들이 정신까지 위축되어 생기를 잃어가고 있다. 이런 때 의욕만으로 팔자에도 없는 사업을 시작했다고 하자, 결과는 불을 보듯 뻔하다. 그러므로 이런 때일수록 침착과 냉정을 찾아 내 그릇부터 알고, 생활에 대처하는 지혜로움을 발휘해야 한다.

· 백우 김봉준 저

통변술해법

신비한 동양철학 ㉑

가닥가닥 풀어내는 역학의 비법!

이 책은 역학에 대해 다 알면서도 밖으로 표출되지 않아 어려움을 겪는 사람들을 위한 실습서다. 특히 틀에 박힌 교과서적인 역술의 고정관념에서 벗어나, 한차원 높게 공부할 수 있도록 원리통달을 설명하는데 중점을 두었다. 실명감정과 이론강의라는 두 단락으로 나누어 역학의 진리를 설명했기 때문에 누구나 쉽게 이해할 수 있다. 역학계의 대가 김봉준 선생의 역서 「알기쉬운 해설·말하는 역학」의 후편이다.

· 백우 김봉준 저

주역육효 해설방법 上·下

신비한 동양철학 38

한 번만 읽으면 주역을 활용할 수 있는 책!

이 책은 주역을 해설한 것으로, 될 수 있는 한 여러 가지 사설을 덧붙이지 않고 주역을 공부하고 활용하는데 필요한 요건만을 기록했다. 따라서 주역의 근원이나 하도낙서, 음양오행에 대해서도 많은 설명을 자제했다. 다만 누구나 이 책을 한 번 읽어서 주역을 이해하고 활용할 수 있도록 하는데 중점을 두었다.

· 원공선사 저

사주명리학의 핵심

신비한 동양철학 ⑲

맥을 잡아야 모든 것이 보인다!

이 책은 잡다한 설명을 배제하고 명리학자들에게 도움이 될 비법만을 모아 엮었기 때문에 초심자가 이해하기에는 다소 어려운 부분도 있겠지만 기초를 튼튼히 한 다음 정독한다면 충분히 이해할 것이다. 신살만 늘어놓으며 감정하는 사이비가 되지말기를 바란다.

· 도관 박홍식 저

동양철학전문출판 삼한

이렇게 하면 좋은 운이 온다

신비한 동양철학 ㉗

한 가정에 한 권씩 놓아두고 볼만한 책 !

좋은 운을 부르는 방법은 방위·색상·수리·년운·월운·날짜·시간·궁합·이름·직업·물건·보석·맛·과일·기운·마을·가축·성격 등을 정확하게 파악하여 자신에게 길한 것은 취하고 흉한 것은 피하면 된다. 간혹 예외인 경우가 있지만 극소수에 불과하고 대부분은 적중하기 때문에 좋은 효과를 본다. 이 책의 저자는 신학대학을 졸업하고 역학계에 입문했다는 특별한 이력을 갖고 있기 때문에 더 많은 화제가 되고 있다.

·역산 김찬동 저

말하는 역학

신비한 동양철학 ⑪

신수를 묻는 사람 앞에서 말문이 술술 열린다!

이 책은 그토록 어렵다는 사주통변술을 이해하기 쉽고 흥미롭게 고담과 덕담을 곁들여 사실적인 인물을 궁금해 하는 사람에게 생동감있게 통변하고 있다. 길흉작용을 어떻게 표현하느냐에 따라 상담자의 정곡을 찔러 핵심을 끄집어내고 여기에 대한 정답을 내려주는 것이 통변술이다. 역학계의 대가 김봉준 선생의 역작이다.

·백우 김봉준 저

술술 읽다보면 통달하는 사주학

신비한 동양철학 ㉗

술술 읽다보면 나도 어느새 도사 !

당신은 당신 마음대로 모든 일이 이루어지던가. 지금까지 누구의 명령을 받지 않고 내 맘대로 살아왔다고, 운명 따위는 믿지도 않고 매달리지 않는다고, 이렇게 말하는 사람들이 많다. 그러나 그것은 우주법칙을 모르기 때문에 하는 소리다.

· 조철현 저

참역학은 이렇게 쉬운 것이다

신비한 동양철학 ㉔

음양오행의 이론으로 이루어진 참역학서 !

수학공식이 아무리 어렵다고 해도 1, 2, 3, 4, 5, 6, 7, 8, 9, 0의 10개의 숫자로 이루어졌듯이, 사주도 음양과 목, 화, 토, 금, 수의 오행으로 이루어졌을 뿐이다. 그러니 용신과 격국이라는 무거운 짐을 벗어버리고 음양오행의 법칙과 진리만 정확하게 파악하면 된다. 사주는 단지 음양오행의 변화일 뿐이고, 용신과 격국은 사주를 감정하는 한가지 방법에 지나지 않는다.

· 청암 박재현 저

나의 천운 운세찾기

신비한 동양철학 ⑫

놀랍다는 몽골정통 토정비결 !

이 책은 역학계의 대가 김봉준 선생이 놀랍다는 몽공토
정비결을 연구 ·분석하여 우리의 인습 및 체질에 맞게
엮은 것이다. 운의 흐름을 알리고자 호운과 쇠운을 강
조했으며, 현재의 나를 조명해보고 판단할 수 있도록
했다. 모쪼록 생활서나 안내서로 활용하기 바란다.

· 백우 김봉준 저

쉽게푼 역학

신비한 동양철학 ❷

쉽게 배워서 적용할 수 있는 생활역학서 !

이 책에서는 좀더 많은 사람들이 역학의 근본인 우주
의 오묘한 진리와 법칙을 깨달아 보다 나은 삶을 영위
하는데 도움이 될 수 있도록 가장 쉬운 언어와 가장 쉬
운 방법으로 풀이했다. 역학계의 대가 김봉준 선생의
역작이다.

· 백우 김봉준 저

역산성명학

신비한 동양철학 ㉕

이름은 제2의 자신이다!

이름에는 각각 고유의 뜻과 기운이 있어서 그 기운이 성격을 만들고 그 성격이 운명을 만든다. 나쁜 이름은 부르면 부를수록 불행을 부르고 좋은 이름은 부르면 부를수록 행복을 부른다. 만일 이름이 거지 같다면 아무리 운세를 잘 만나도 밥을 좀더 많이 얻어 먹을 수 있을 뿐이다. 이 책의 저자는 신학대학을 졸업하고 역학계에 입문했다는 특별한 이력을 갖고 있기 때문에 더 많은 화제가 되고 있다.

· 역산 김찬동 저

작명해명

신비한 동양철학 ㉖

누구나 쉽게 배워서 활용할 수 있는 체계적인 작명법!

일반적인 성명학으로는 알 수 없는 한자이름, 한글이름, 영문이름, 예명, 회사명, 상호, 상품명 등의 작명방법을 여러 사례를 들어 체계적으로 분석하여 누구나 쉽게 배워서 활용할 수 있도록 서술했다.

· 도관 박홍식 저

동양철학전문출판 삼한

관상오행

신비한 동양철학 ⑳

한국인의 특성에 맞는 관상법!

좋은 관상인 것 같으나 실제로는 나쁘거나 좋은 관상이 아닌데도 잘 사는 사람이 왕왕있어 관상법 연구에 흥미를 잃는 경우가 있다. 이것은 중국의 관상법만을 익히고, 우리의 독특한 환경적인 특징을 소홀히 다루었기 때문이다. 이에 우리 한국인에게 알맞는 관상법을 연구하여 누구나 관상을 쉽게 알아보고 해석할 수 있도록 자세하게 풀어놓았다.

· 송파 정상기 저

물상활용비법

신비한 동양철학 31

물상을 활용하여 오행의 흐름을 파악한다!

이 책은 물상을 통하여 오행의 흐름을 파악하고, 운명을 감정하는 방법을 연구한 책이다. 추명학의 해법을 연구하고 운명을 추리하여 오행에서 분류되는 물질의 운명 줄거리를 물상의 기물로 나들이 하는 활용법을 주제로 했다. 팔자풀이 및 운명해설에 관한 명리감정법의 체계를 세우는데 목적을 두고 초점을 맞추었다.

· 해주 이학성 저

운세십진법 · 本大路

신비한 동양철학 ❶

운명을 알고 대처하는 것은 현대인의 지혜다!

타고난 운명은 분명히 있다. 그러니 자신의 운명을 알고 대처한다면 비록 운명을 바꿀 수는 없지만 충분히 향상시킬 수 있다. 이것이 사주학을 알아야 하는 이유다. 이 책에서는 자신이 타고난 숙명과 앞으로 펼쳐질 운명행로를 찾을 수 있도록 운명의 기초를 초연하게 설명하고 있다.

· 백우 김봉준 저

국운 · 나라의 운세

신비한 동양철학 ㉒

역으로 풀어본 우리나라의 운명과 방향!

아무리 서구사상의 파고가 높다하기로 오천년을 한결같이 가꾸며 살아온 백두의 혼이 와르르 무너지는 지경에 왔어도 누구하나 입을 열어 말하는 사람이 없으니 답답하다. IMF라는 특수한 상황에서 불확실한 내일에 대한 해답을 이 책은 명쾌하게 제시하고 있다.

· 백우 김봉준

동양철학전문출판 **삼한**

명인재

신비한 동양철학 43

신기한 사주판단 비법 !

살(殺)의 활용방법을 완벽하게 제시하는 책!

이 책은 오행보다는 주로 살을 이용하는 비법이다. 시중에 나온 책들을 보면 살에 대해 설명은 많이 하면서도 실제 응용에서는 무시하고 있다. 이것은 살을 알면서도 응용할 줄 모르기 때문이다. 그러나 이 책에서는 살의 활용방법을 완전히 터득해, 어떤 살과 어떤 살이 합하면 어떻게 작용하는지를 자세하게 설명하고 있다.

· 원공선사 지음

사주학의 방정식

신비한 동양철학 18

가장 간편하고 실질적인 역서 !

이 책은 종전의 어려웠던 사주풀이의 응용과 한문을 쉬운 방법으로 터득할 수 있게 하는데 목적을 두었고, 역학의 내용이 어떤 것이며 무엇이 어디에 속하는지를 알고자 하는데 있다.

· 김용오 저

원토정비결

신비한 동양철학 53

반쪽으로만 전해오는 토정비결의 완전한 해설판

지금 시중에 나와 있는 토정비결에 대한 책들을 보면 옛날부터 내려오는 완전한 비결이 아니라 반쪽의 책이다. 그러나 반쪽이라고 말하는 사람이 없다. 그것은 주역의 원리를 모르기 때문이다. 따라서 늦은 감이 없지 않으나 앞으로의 수많은 세월을 생각하면서 완전한 해설본을 내놓기로 한 것이다.

· 원공선사 저

내가 보고 내가 바꾸는 DIY사주

신비한 동양철학 40

내가 보고 내가 바꾸는 사주비결!

이 책은 기존의 책들과는 달리 한 사람의 사주를 체계적으로 도표화시켜 한 눈에 파악할 수 있고, DIY라는 책 제목에서 말하듯이 개운하는 방법을 제시하고 있다. 초심자는 물론 전문가도 자신의 이론을 새롭게 재조명해 볼 수 있는 케이스 스터디 북이다.

· 석오 전 광 지음

남사고의 마지막 예언

신비한 동양철학 29

이 책으로 격암유록에 대한 논란이 끝나기 바란다

감히 이 책을 21세기의 성경이라고 말한다. 〈격암유록〉
은 섭리가 우리민족에게 준 위대한 복음서이며, 선물이
며, 꿈이며, 인류의 희망이다. 이 책에서는 〈격암유록〉
이 전하고자 하는 바를 주제별로 정리하여 문답식으로
풀어갔다. 이 책으로 〈격암유록〉에 대한 논란은 끝나기
바란다.

• 석정 박순용 저

진짜부적 가짜부적

신비한 동양철학 7

부적의 실체와 정확한 제작방법

인쇄부적에서 가짜부적에 이르기까지 많게는 몇백만원
에 팔리고 있다는 보도를 종종 듣는다. 그러나 부적은
정확한 제작방법에 따라 자신의 용도에 맞게 스스로
만들어 사용하면 훨씬 더 좋은 효과를 얻을 수 있다.
이 책은 중국에서 정통부적을 연구한 국내유일의 동양
오술학자가 밝힌 부적의 실체와 정확한 제작방법을 소
개하고 있다.

• 오상익 저

한눈에 보는 손금

신비한 동양철학 52

논리정연하며 바로미터적인 지침서

이 책은 수상학의 연원을 초월해서 동서합일의 이론으로 집필했다. 그야말로 완벽하리만치 논리정연한 수상학을 정리한 것이다. 그래서 운명적, 철학적, 동양적, 심리학적인 면을 예증과 방편에 이르기까지 아주 상세하게 기술했다. 이 책은 수상학이라기 보다 한 인간의 바로미터적인 지침서 역할을 해줄 것이다. 독자 여러분의 꾸준한 연구와 더불어 인생성공의 지침서가 될 수 있을 것이다.

· 정도명 저

만세력 | 사륙배판·신국판
사륙판·포켓판

신비한 동양철학 45

찾기 쉬운 만세력

이 책은 완벽한 만세력으로 만세력 보는 방법을 자세하게 설명했다. 그리고 역학에 대한 기본적인 내용과 결혼하기 좋은 나이·좋은 날·좋은 시간, 아들·딸 태아감별법, 이사하기 좋은 날·좋은 방향 등을 부록으로 실었다.

· 백우 김봉준 저

동양철학전문출판 삼한

수명비결

신비한 동양철학 14

주민등록번호 13자로 숙명의 정체를 밝힌다

우리는 지금 무수히 많은 숫자의 거미줄에 매달려 허우적거리며 살아가고 있다. 1분·1초가 생사를 가름하고, 1등·2등이 인생을 좌우하며, 1급·2급이 신분을 구분하는 세상이다. 이 책은 수명리학으로 13자의 주민등록번호로 명예, 재산, 건강, 수명, 애정, 자녀운 등을 미리 읽어본다.

· 장충한 저

운명으로 본 나의 질병과 건강상태

신비한 동양철학 9

타고난 건강상태와 질병에 대한 대비책

이 책은 국내 유일의 동양오술학자가 사주학과 더불어 정통명리학의 양대산맥을 이루는 자미두수 이론으로 임상실험을 거쳐 작성한 표준자료다. 따라서 명리학을 응용한 최초의 완벽한 의학서로 질병을 예방하고 치료하는데 활용한다면 최고의 의사가 될 것이다. 또한 예방의학적인 차원에서 건강을 유지하는데 훌륭한 지침서로 현대의학의 새로운 장을 여는 계기가 될 것이다.

· 오상익 저

오행상극설과 진화론

신비한 동양철학 5

인간과 인생을 떠난 천리란 있을 수 없다

과학이 현대를 설정하여 설명하고 있으나 원리는 동양 철학에도 있기에 그 양면을 밝히고자 노력했다. 우주에서 일어나는 모든 일을 과학으로 설명될 수는 없다. 비과학적이라고 하기보다는 과학이 따라오지 못한다고 설명하는 것이 더 솔직하고 옳은 표현일 것이다. 특히 과학분야에 종사하는 신의사가 저술했다는데 더 큰 화제가 되고 있다.

· 김태진 저

사주학의 활용법

신비한 동양철학 17

가장 실질적인 역학서

우리가 생소한 지방을 여행할 때 제대로 된 지도가 있다면 편리하고 큰 도움이 되듯이 역학이란 이와같은 인생의 길잡이다. 예측불허의 인생을 살아가는데 올바른 안내자나 그 무엇이 있다면 그 이상 마음 든든하고 큰 재산은 없을 것이다.

· 학선 류래웅 저

동양철학전문출판 삼한

쉽게 푼 주역

신비한 동양철학 10

귀신도 탄복한다는 주역을 쉽고 재미있게 풀어놓은 책

주역이라는 말 한마디면 귀신도 기겁을 하고 놀라 자빠진다는데, 운수와 일진이 문제가 될까. 8×8=64괘라는 주역을 한 괘에 23개씩의 회답으로 해설하여 1472괘의 신비한 해답을 수록했다. 당신이 당면한 문제라면 무엇이든 해결할 수 있는 열쇠가 이 한 권의 책 속에 있다.

· 정도명 저

핵심 관상과 손금

신비한 동양철학 54

사람을 볼 줄 아는 안목과 지혜를 알려주는 책

오늘과 내일을 예측할 수 없을만큼 복잡하게 펼쳐지는 현실에서 살아남기 위해서는 사람을 볼줄 아는 안목과 지혜가 필요하다. 시중에 관상학에 대한 책들이 많이 나와있지만 너무 형이상학적이라 전문가도 이해하기 어렵다. 이 책에서는 누구라도 쉽게 보고 이해할 수 있도록 핵심만을 파악해서 설명했다.

· 백우 김봉준 저

진짜궁합 가짜궁합

신비한 동양철학 8

남녀궁합의 새로운 충격

중국에서 연구한 국내유일의 동양오술학자가 우리나라 역술가들의 궁합법이 잘못되었다는 것을 학술적으로 분석·비평하고, 전적과 사례연구를 통하여 궁합의 실체와 타당성을 분석했다. 합리적인 「자미두수궁합법」과 「남녀궁합」 및 출생시간을 몰라 궁합을 못보는 사람들을 위하여 「지문으로 보는 궁합법」 등을 공개한다.

· 오상익 저

좋은꿈 나쁜꿈

신비한 동양철학 15

그날과 앞날의 모든 답이 여기 있다

개꿈이란 없다. 꿈은 반드시 미래를 예언한다. 이 책은 프로이드의 정신분석학적인 입장이 아닌 미래판단의 근거에 입각한 예언적인 해몽학이다. 여러 형태의 꿈을 체계적으로 정리했으니 올바른 해몽법으로 앞날을 지혜롭게 대처해 보자. 모쪼록 각 가정에서 한 권씩 두고 이용하면 생활하는데 많은 도움이 될 것이다.

· 학선 류래웅 저

완벽 만세력

신비한 동양철학 58

착각하기 쉬운 썸머타임 2도 인쇄

시중에 많은 종류의 만세력이 나와있지만 이 책은 단순한 만세력이 아니라 완벽한 만세경전으로 만세력 보는 법 등을 실었기 때문에 처음 대하는 사람이라도 쉽게 볼 수 있도록 편집되었다. 또한 부록편에는 사주명리학, 신살종합해설, 결혼과 이사택일 및 이사방향, 길흉보는 법, 우주천기와 한국의 역사 등을 수록했다.

· 백우 김봉준 저

周易·토정비결

신비한 동양철학 40

토정비결의 놀라운 비결

지금 시중에 나와 있는 토정비결에 대한 책들을 보면 옛날부터 내려오는 완전한 비결이 아니라 반쪽의 책이다. 그러나 반쪽이라고 말하는 사람이 없다. 그것은 주역의 원리를 모르기 때문이다. 따라서 늦은 감이 없지 않으나 앞으로의 수많은 세월을 생각하면서 완전한 해설본을 내놓기로 했다.

· 원공선사 저

현장 지리풍수

신비한 동양철학 48

현장감을 살린 지리풍수법

풍수를 업으로 삼는 사람들이 진(眞)과 가(假)를 분별할 줄 모르면서 24산의 포태사묘의 법을 익히고는 많은 법을 알았다고 자부하며 뽐내고 있다. 그리고는 재물에 눈이 어두워 불길한 산을 길하다 하고, 선하지 못한 물(水)을 선하다 하면서 죄를 범하고 있다. 이는 분수 밖의 것을 망녕되게 바라기 때문이다. 마음 가짐을 바로 하고 고대 원전에 공력을 바치면서 산간을 실사하며 적공을 쏟으면 정교롭고 세밀한 경지를 얻을 수 있을 것이다.

· 전항수 · 주관장 편저

완벽 사주와 관상

신비한 동양철학 55

사주와 관상의 핵심을 한 권에

자연과 인간, 음양(陰陽)오행과 인간, 사계와 절후, 인상(人相)과 자연, 신(神)들의 이야기 등등 우리들의 삶과 관계되는 사실적 관계로만 역(易)을 설명해 누구나 쉽게 이해할 수 있도록 썼으며 특히 역(易)에 대한 관심과 흥미를 갖게 하고자 인상학(人相學)을 추록했다. 여기에 추록된 인상학(人相學)은 시중에서 흔하게 볼 수 있는 상법(相法)이 아니라 생활상법(生活相法) 즉 삶의 지식과 상식을 드리고자 했으니 생활에 유익함이 있기를 바란다.

· 김봉준 · 유오준 공저

해몽·해몽법

신비한 동양철학 50

해몽법을 알기 쉽게 설명한 책

인생은 꿈이 예지한 시간적 한계에서 점점 소멸되어 가는 현존물이기 때문에 반드시 꿈의 뜻을 따라야 한다. 이것은 꿈을 먹고 살아가는 인간 즉 태몽의 끝장면인 죽음을 향해 달려가고 있는 인간이기 때문이다. 꿈은 우리의 삶을 이끌어가는 이정표와도 같기에 똑바로 가도록 노력해야 한다.

· 김종일 저

역점

신비한 동양철학 57

우리나라 전통 행운찾기

주역을 무조건 미신으로 치부해버리는 생각은 버려야 한다. 주역이 점치는 책에만 불과했다면 벌써 그 존재가 없어졌을 것이다. 그러나 오랫동안 많은 학자가 연구를 계속해왔고, 그 속에서 자연과학과 형이상학적인 우주론과 인생론을 밝혀, 정치·경제·사회 등 여러 방면에서 인간의 생활에 응용해왔고, 삶의 지침서로써 그 역할을 했다. 이 책은 한 번만 읽으면 누구나 역점가가 될 수 있으니 생활에 도움이 되길 바란다.

· 문명상 편저

명리학연구

신비한 동양철학 59

체계적인 명확한 이론

이 책은 명리학 연구에 핵심적인 내용만을 모아 하나
의 독립된 장을 만들었다. 명리학은 분야가 넓어 공부
를 하다보면 주변에 머무르는 경우가 많아, 주요 내용
을 잃고 헤매는 경우가 많다. 그러므로 뼈대를 잡는 것
이 중요한데, 여기서는 「17장. 명리대요」에 핵심 내용만
을 모아 학문의 체계를 잡는데 용이하게 하였다.

· 권중주 저

쉽게 푼 풍수

신비한 동양철학 60

현장에서 활용하는 풍수지리법

산도는 매우 광범위하고, 현장에서 알아보기 힘들다.
더구나 지금은 수목이 울창해 소조산 정상에 올라가도
나무에 가려 국세를 파악하는데 애를 먹는다. 그러므로
사진을 첨부하니 많은 도움이 되길 바란다. 물론 결록
에 있고 산도가 눈에 익은 것은 혈 사진과 함께 소개하
니 참고하기 바란다. 이 책을 열심히 정독하면서 답산
하면 혈을 알아보고 용산도 할 수 있을 것이다.

· 전항수 · 주장관 편저

동양철학전문출판 삼한

올바른 작명법

신비한 동양철학 61

세상의 부모들에게 가장 소중한 것이 무엇이냐고 물으면 누구든 자녀라고 할 것이다. 그런데 왜 평생을 좌우할 이름을 함부로 짓는가. 이름이 얼마나 소중한지를. 이름의 오행작용이 사람의 일생을 어떻게 좌우하는지를 모르기 때문이다. 세상만물은 음양오행의 영향을 받지 않는 것이 없다. 봄이 가면 여름이 오고, 여름이 가면 가을이 오고, 가을이 가면 겨울이 오고, 겨울이 가면 봄이 오는 것 또한 음양오행의 원리다.

· 이정재 저

신수대전

신비한 동양철학 62

흉함을 피하고 길함을 부르는 방법

신수를 보는 방법은 여러 가지가 있는데 대부분이 주역과 사주추명학에 근거를 둔다. 수많은 학설 중에서 몇 가지를 보면 사주명리, 자미두수, 관상, 점성학, 구성학, 육효, 토정비결, 매화역수, 대정수, 초씨역림, 황극책수, 하락리수, 범위수, 월영도, 현무발서, 철판신수, 육임신과, 기문둔갑, 태을신수 등이다. 역학에 정통한 고사가 아니면 제대로 추단하기 어려운데 엉터리 술사들이 넘쳐난다. 그래서 누구나 자신의 신수를 볼 수 있도록 몇 가지를 정리했다.

· 도관 박흥식

음택양택

신비한 동양철학 63

현세의 운·내세의 운

이 책에서는 음양택명당의 조건이나 기타 여러 가지를
설명하여 산 자와 죽은 자의 행복한 집을 만들 수 있도
록 했다. 특히 죽은 자의 집인 음택명당은 자리를 옳게
잡으면 꾸준히 생기를 발하여 흥하나, 그렇지 않으면
큰 피해를 당하니 돈보다도 행·불행의 근원인 음양택
명당에 관심을 기울여야 한다.

· 전항수 · 주장관 지음

이런 집에 살아야 잘 풀린다

신비한 동양철학 64

운이 트이는 좋은 집 알아보는 비결

힘든 상황에서 내 가족이 지혜롭게 대처하고 건강을
지켜주는, 한마디로 운이 트이는 집은 모두의 꿈일 것
이다. 가족이 평온하게 생활할 수 있는 집, 나가서는 발
전을 가져다 줄 수 있는 그런 집이 있다면 얼마나 좋을
까? 그런 소망에 한 걸음이라도 가까워지려면 막연하
게 운만 기대해서는 안 된다. '호랑이를 잡으려면 호랑
이 굴로 들어가라' 는 속담이 있듯이 좋은 집을 가지려
면 그만한 노력이 있어야 한다.

· 강현술 · 박흥식 감수

사주에 모든 길이 있다

신비한 동양철학 65

사주를 간명하는데 조금이라도 도움이 되었으면 하는 바람에서 이 책을 쓰게 되었다. 간명의 근간인 오행의 왕쇠강약을 세분해서 설명했다. 그리고 대운과 세운, 세운과 월운의 연관성과, 십신과 여러 살이 운명에 미치는 암시와, 십이운성으로 세운을 판단하는 방법을 설명했다.

· 정담 선사 편저

사주학

신비한 동양철학 66

5대 원서의 핵심과 실용

이 책은 사주학을 체계적으로 공부하려는 학도들을 위해 꼭 알아야 할 내용과 용어를 수록하는데 중점을 두었다. 이 학문을 공부하려고 찾아온 사람들에게 여러 가지 질문을 던져보면 거의 기초지식이 시원치 않다. 그런 상태로 사주를 읽으려니 제대로 될 리가 없다. 이 책으로 용어와 제반지식을 터득하면 빠른 시일에 소기의 목적을 이룰 수 있을 것이다.

· 글갈 정대엽 저

주역 기본원리

신비한 동양철학 67

주역의 기본원리를 통달할 수 있는 책

이 책에서는 기본괘와 변화와 기본괘가 어떤 괘로 변했을 경우 일어날 수 있는 내용들을 설명하여 주역의 변화에 대한 이해를 돕는데 주력하였다. 그러나 그런 내용을 구분할 수 있는 방법을 전부 다 설명할 수는 없기에 뒷장에 간단하게설명하였고, 다른 책들과 설명의 차이점도 기록하였으니 참작하여 본다면 조금이나마 도움이 될 것이다.

・원공선사 편저

사주특강

신비한 동양철학 68

자평진전과 적천수의 재해석

이 책은 『자평진전(子平眞詮)』과 『적천수(滴天髓)』를 근간으로 명리학(命理學)의 폭넓은 가치를 인식하고, 실전에서 유용한 기반을 다지는데 중점을 두고 썼다. 일찍이 『자평진전(子平眞詮)』을 교과서로 삼고, 『적천수(滴天髓)』로 보완하라는 서낙오(徐樂吾)의 말에 깊이 공감한다.

청월 박상의 편저

동양철학전문출판 **삼한**

복을 부르는방법

신비한 동양철학 69

나쁜 운을 좋은 운으로 바꾸는 비결

개운하는 방법은 여러 가지가 있으나, 이 책의 비법은 축원문을 독송하는 것이다. 독송이란 소리내 읽는다는 뜻이다. 사람의 말에는 기운이 있는데, 이 기운은 자신에게 돌아온다. 좋은 말을 하면 좋은 기운이 돌아오고, 나쁜 말을 하면 나쁜 기운이 돌아온다. 이 책은 누구나 어디서나 쉽게 비용을 들이지 않고 좋은 운을 부를 수 있는 방법을 실었다.

· 역산 김찬동 편저

인터뷰 사주학

신비한 동양철학 70

쉽고 재미있는 인터뷰 사주학

얼마전까지만 해도 사주학을 취급하는 사람들은 미신을 다루는 부류로 취급되었다. 그러나 지금은 하루가 다르게 이 학문을 공부하는 사람들이 폭증하고 있는 것으로 보인다. 젊은 층에서 사주카페니 사주방이니 사주동아리니 하는 것들이 만들어지고 그 모임이 활발하게 움직이고 있다는 점이 그것을 증명해준다. 그뿐 아니라 대학원에는 역학교수들이 점차로 증가하고 있다.

· 글갈 정대엽 편저

육효대전

신비한 동양철학 37

정확한 해설과 다양한 활용법

동양의 고전 중에서도 가장 대표적인 것이 주역이다. 주역은 옛사람들이 자연의 법칙을 거울삼아 인간이 생활을 영위해 나가는 처세에 관한 지혜를 무한히 내포하고, 피흉추길하는 얼과 슬기가 함축된 점서)인 동시에 수양·과학서요 철학·종교서라고 할 수 있다.

· 도관 박흥식 편저

사람을 보는 지혜

신비한 동양철학 73

관상학의 초보에서 완성까지

현자는 하늘이 준 명을 알고 있기에 부귀에 연연하지 않는다. 사람은 마음을 다스리는 심명이 있다. 마음의 명은 자신만이 소통하는 유일한 우주의 무형의 에너지이기 때문에 잠시도 잊으면 안된다. 관상학은 사람의 상으로 이런 마음을 살피는 학문이니 잘 이해하여 보다 나은 삶을 삶을 영위할 수 있도록 노력해야 한다.

· 이부길 편저

동양철학전문출판 삼한

명리학 | 재미있는 우리사주

신비한 동양철학 74

사주 세우는 방법부터 용어해설 까지!!

몇 년 전 『사주에 모든 길이 있다』가 나온 후 선배 제현들께서 알찬 내용의 책다운 책을 접했다면서 매월한 번만이라도 참 역학의 발전을 위하여 학술세미나를 열자는 제의를 받았다. 그러나 사주의 작성법을 설명하지 않아 독자들에게 많은 질타를 받고 뒤늦게 이 책을 출판하기로 결심했다. 이 책은 한글만 알면 누구나 역학과 가까워질 수 있도록 사주 세우는 방법부터 실제 간명, 용어해설에 이르기까지 분야별로 엮었다.

· 정담 선사 편저

성명학 | 바로 이 이름

신비한 동양철학 75

사주의 운기와 조화를 고려한 이름짓기

사람은 누구나 타고난 운명, 즉 숙명이라는 것이 있다. 숙명인 사주팔자는 선천운이고, 성명은 후천운이 되는 것으로 이름을 지을 때는 타고난 운기와의 조화를 고려함이 중요하다. 따라서 역학에 대한 깊은 이해가 선행되어야 함은 지극히 당연한 일이다. 부연하면 작명의 근본은 타고난 사주에 운기를 종합적으로 분석하여 부족한 점을 보강하고 결점을 개선한다는 큰 뜻이 있다고 할 수 있다.

· 정담 선사 편저

운을 잡으세요 | 改運秘法

신비한 동양철학 76
염력강화로 삶의 문제를 해결한다!

염력(念力)이 강한 사람은 운명을 개척하며 행복하게 살고, 염력이 약한 사람은 운명의 노예가 되어 불행하게 살아간다. 때문에 행복과 불행은 누가 주는 것이 아니라 자기 자신이 만든다고 할 수 있다. 한 마디로 말해 의지의 힘, 즉 염력이 운명을 바꾸는 것이다. 이 책에서는 이러한 염력을 강화시켜 삶에서 일어나는 문제를 해결하는 방법을 알려준다. 누구나 가벼운 마음으로 읽고 실천한다면 반드시 목적을 이룰 수 있을 것이다.

• 역산 김찬동 편저

작명정론

신비한 동양철학 77
이름으로 보는 역대 대통령이 나오는 이치

사주팔자가 네 기둥으로 세워진 집이라면 이름은 그 집을 대표하는 문패라고 할 수 있다. 사람은 태어나면서 사주를 통해 운을 타고나고 이름이 주어진 순간부터 명(命)이 작용한다. 사주와 이름이 곧 운명을 결정한다는 것이다. 따라서 이름을 지을 때는 사주의 격에 맞추어야 한다. 사주 그릇이 작은 사람이 원대한 뜻의 이름을 쓰면 감당하지 못할 시련을 자초하게 되고 오히려 이름값을 못할 수 있다. 즉 분수에 맞는 이름으로 작명해야 하기 때문에 사주의 올바른 분석이 필요하다.

• 청월 박상의 편저

동양철학전문출판 삼한

원심수기 통증예방 관리비법

신비한 동양철학 78

쉽게 배워 적용할 수 있는 통증관리법

이 책을 세상에 내놓는 것은 우리 전통 민중의술도 세상의 그 어떤 의술에 못지 않게 아주 훌륭한 치료술이 있고 그 전통이 수백 년, 또는 수천 년을 내려오면서 전해지고 있는데 현재 사회를 보면 무조건 외국에서 들어온 것만이 최고라고 하는 식으로 하여 우리의 전통 민중의술을 뿌리째 버리려고 하는데 문제가 있는 것 같기에 우리것을 지키고자 하는데 그 첫째의 목적이 있다 할 수 있을 것이다.

· 원공 선사 저